債権者取消権の判例総合解説

債権者取消権の
判例総合解説

下森 定著

判例総合解説シリーズ

信山社

はしがき

1）本書執筆の経緯

本書は、著者の旧著である『注釈民法10巻』（有斐閣、1987年）で執筆を担当した債権者取消権の論稿を土台とし、その後の判例学説の展開、100判例の事実と判旨の紹介、さらにはドイツの倒産法や日本の破産法（否認権）の新立法およびドイツ債権者取消権法の改正を踏まえて、債権者取消権制度の体系的研究を試みたものである。「判例総合解説」と銘打っているが、実態はその域を超えてしまった。そうなった原因の一つは、わが国における民法（債権法）改正作業の進展にある。

著者の当初の予定では、本書とは別に責任財産保全制度についての理論的研究を刊行する予定があり、これを公刊した上でそれを踏まえて判例解説を中心とした本書の執筆に取り掛かるつもりで執筆作業を進め、ほぼ完成していたところ、鎌田薫、内田貴教授等を中心とする民法（債権法）改正委員会が2006年10月に発足し、債権法改正に向けた作業が一挙に進んできた。その過程の中で、債権者取消権についても大きな改正が行われるとの情報を得た。ところが、著者の執筆した原稿の公刊が諸般の事情によりかなり遅れる見通しになったので、2008年初頭、著者の希望により、執筆完了部分のワープロ打ち原稿を民法（債権法）改正委員会の検討資料の一つとして利用していただくようお願いし、これが聞き入れられて、検討の対象資料に加えていただいた（もっとも、未公刊の資料なので、『詳解債権法改正の基本方針』等で引用されてはいない）。

その後、信山社から依頼されていた本書の執筆にこの原稿を利用し、判例解説を加えたうえ早期に公刊し、民法改正論議に間に合わせることとしたいと袖山貴社長に相談したところ、ご快諾いただいた。そこで、この原稿にさらに手を加え、また判例解説部分を付け加える作業に取り掛かったが、法科大学院の教育、論文の執筆といった諸事情で作業が遅れ、ようやく、今日に至って公刊に漕ぎつけることができた。このような事情から、本書の内容は判例の総合解説の域を超えた内容となった次第である。

2）本書の基本構想

ⅰ）近時の民法（債権法）改正論議の検討素材として、本書を役立たせたいという前述した目的から、本書では、現行民法の債権者取消権に関する判例・学説の現状の客観的整理とその問題点の指摘を中心におきつつも（第2章以下第5章まで）、前記目的に有用と思われる範囲で、制度の沿革、比較法特にドイツの破産否認権や債権取消権の新立法の紹介、日本法における破産否認権の新立法とそれが債権者取消権に及ぼす影響等について、総論（第1章）を設け、著者の最近の研究成果を

はしがき

踏まえて論述することとした。

ⅱ）ついで，判例の整理にあたっては，判例の事実関係の整理や判旨の単なる紹介にとどまらず，著者の年来の主張である判例研究方法論に基づく客観的分析を心がけた。

すなわち，判旨の法的構成（法解釈）をもっぱらの対象とする判例研究（いわゆるかつての民商法型）ではなく，事実と結論との対応関係において判例を分析し，法的構成の背後に隠された判決の真の判断基準を探り出し，当該判例の先例的意義（レイシオ・デシデンダイ），先例拘束力の範囲を求めることを目的とするいわゆる判民型の判例研究，これをさらに進めた恩師川島武宜教授の判例研究方法論を継承し，これを基本としつつも，成文法主義を採るわが国の判例法の研究においては，判旨の法的構成にも一定の先例的意義を認めることに有用性・妥当性があることに着目し，この見地から判例の先例的意義につき「本来先例的意義」と「解釈先例的意義」との区分を主張するのが著者の判例研究方法論の基本的発想である（解釈先例的意義につき，下森定「不特定物売買と瑕疵担保責任（１）」法学志林66巻４号88頁参照）。そして判例分析の具体的手法として，①学説の発展との相関における判例の法的構成の史的分析，②紛争類型と当事者の法的主張との関係を分析視点とする類型的分析，③要件論的類型分析にとどまらない，効果論的類型分析等の必要性と有用性などを著者は提唱し，この方法論に基づいて，瑕疵担保責任や債権者取消権の総合判例研究その他多数の個別的判例研究を公表し，多くの問題提起をこれまでしてきた（下森定「判例研究の方法」法学教室100号90頁，同「川島法学における判例研究方法論」ジュリスト1013号42頁参照）。この立場を本書でも貫いている。

ⅲ）次に，学説の整理に当たっては，新旧の体系書や論文を広く取り上げ，客観的な整理・分析・批判を試みると共に，著者の年来の主張である責任説をかなり詳しく紹介し，この立場からする判例・学説の忌憚のない批判も展開した。しかし，見落とした文献，紙数の関係で簡単にしか紹介できなかった学説，理解不十分なまま紹介した学説もあろう。読者からの忌憚なきご批判・反論を頂きたい。

ⅳ）本書においては，現時点における判例学説上の問題点を検討して立法論上の問題点を幾つか指摘しておいたが，民法（債権法）改正委員会試案の検討は後日の課題として残した。この点の本格的検討を始めると本書の刊行が遅れるために他ならない。本書刊行後引き続きこの問題について検討してみたいと思っている。

３）本書執筆に際してとくに留意したこと

最後に，本書を執筆するにあたりとくに留意した点を参考までに挙げておこう。

ⅰ）まず，理論の追究，空理に走らず，全体として理論と実務の架け橋になるような解釈論の展開を心がけた。例えば弁済の詐害性，相当価格を以ってする財産の譲渡や代物弁済などに関する論述がそうである。

ⅱ）次に，要件論や効果論を検討するにあたっては常に両者の関係を総合的かつ相関的に関連付けながら，問題を考察することを心がけた。詐害行為の紛争類型が異なれば，当

事者間の利害関係調整の判断基準がおのずと異なり，法的救済の是非，具体的救済方法が異なる，あるいは異にすべきだからである。たとえば，弁済や代物弁済などの偏頗行為は，取消債権者と受益者が共に債務者に対する債権者であって，債権者同士の争いであるから，ここでは，債務者の財産管理の自由あるいは経済的更生の保護と取消債権者の保護との調整に加えて，債権者間（取消債権者と受益債権者）の利害の調整が問題となる。これに対し，有償の財産譲渡行為の場合には，債務者の利益保護の他，取消債権者の利益と受益者の取引安全の保護との利害の調整が問題となる。しかしこの場合でも，債権者の一人に譲渡して，代金債権と債務とを相殺したような代物弁済型譲渡の場合には，なお，債権者間の利害の調整が問題となる。さらに，有償の譲渡行為においても，弁済その他生活費や教育費といった有用な資金を得るための財産譲渡行為（債務者の生存あるいは経済的更生上の必要行為）とそういう目的でない譲渡行為（不必要行為），さらには，新たな債務負担に伴う担保権の設定行為（同時交換的行為）と本旨弁済（義務行為），既存債務に対する担保権設定行為や弁済期前の弁済（非義務行為），贈与や債務免除（無償行為）等々の紛争類型ごとに，救済の是非とその要件（要件論），救済の手段・方法（効果論）の判断基準が異なるし，また異にするのが妥当であって一律には決しえない。このことは，容易に理解できよう。近時要件論における総合的・相関的判断の有用性・必要性は，判例・学説上認められてきたところであるが，さらに効果論をも含めた意識的な総合的・相関的判断が解釈論・立法論の両者にわたって必要となっているといえよう。

ⅲ）最後に，債権者取消権の要件論・効果論を具体的に考えていくうえで，この制度の体系的理論的考察に力を注いで執筆を進めた。法規定を大前提とし，認定した事実を小前提として，三段論法的な形式論理で一刀両断的に割り切る概念法学的思考には問題があり，利益衡量法学の説くように，最終的には，ケース・バイ・ケースで，紛争当事者間の相互の利益を比較衡量して，公平にして妥当な結論を出す努力をすることの必要性は，今日ではいうまでもないことである。しかし，だからといって体系的理論的考察は無用だとはいえない。利益衡量の判断基準が不明確であれば，裁判官の如何によって結論が異なりがちとなって不公平な結果を招来し（法は公平を尚ぶ），また，裁判の予測を困難にして予防法学上の問題を発生させるし，裁判官の決断の苦しみを加重するからでもある。判断基準を明文で示す成文法主義の長所はこの点にある。しかし，成文の法典は作られた途端に古くなる運命を免れない。法は安定を必要とする，しかし法は社会の進展と共に常に発展し続けなければならない。安定と発展というこの二律背反をどのように調和させるかが，法及び法律家に課せられた永遠の課題であるとは，カードーゾの名言である。

この意味において，成文化されている債権者取消権制度の沿革とその史的展開過程の研究，比較法的研究といった基礎理論の研究が，解釈論においても立法論においても重要かつ

はしがき

有用であることは明確である。その際大切なことは，各国の制度がどの時代にどのような法的紛争を解決するために構築されたものであるのか，その際，その当時のどのような法技術を前提として構築されたものであるかの分析である。たとえば，訴権体系から実体法体系への以降の，どの史的段階で作られた立法か，また立法時点における執行法の存在の有無やその整備の程度如何によって，各国の制度は多様な展開を遂げており，ローマ法，フランス法，ドイツ法，アメリカ法等の比較法的，法制史的研究は多くの示唆を現在の我々に与えてくれる。債権者取消権制度の法的根拠，債権者取消権の法的性質の理論的・体系的研究は，要件論，効果論を考えるうえで決して無駄ではない。

「責任説」の提唱はこのような狙いを持つ。この説を採用するかどうかは別として，このような視点から既存の学説・判例を分析することで，今まで気がつかれなかった問題点が判明し，この制度の運用が抱えている難問解決の糸口が切り開かれてきたことは確かであろう。本書では，既存の判例や学説の客観的整理にとどまらず，責任説的発想による問題点の指摘，問題解決方法の提示を積極的に試みた。本書が債権法改正論議に幾ばくかの寄与ができればこれに越した喜びはない。

4）むすび

本書の校正にあたり，ゼミOBの神尾明彦弁護士の多大な協力を得た。単なる字句の訂正にとどまらず，実務的見地からの問題点の指摘や難解な破産否認権の規定の解釈などについて貴重なアドバイスをいただいた。

最後に，上記のような経緯から，解説の域を越える構成になった本書の出版を快く認めていただいた信山社の袖山貴氏，さらに編集作業，判例索引の作成などに多大かつ綿密なご協力をいただいた信山社の稲葉文子氏に心からの謝意を表して筆をおく。

2010年9月23日

下　森　　定

目　次

はしがき

債権者取消権

第1章　総　　論 …………………………………… 3

第1節　債権者取消権制度の意義 ………………………… 3

第2節　否認権制度との比較 ……………………………… 3

第3節　制度の沿革と比較法 ……………………………… 8
　1　沿　　革 ………………………………………………… 8
　2　現行比較法 ……………………………………………… 8

第4節　制度の法的根拠と取消権の法的性質【1】 ……… 25

第2章　債権者取消権の成立要件 ………………… 43

第1節　要件論概説 ………………………………………… 43

第2節　客観的要件（詐害行為） ………………………… 47
　1　取消権の主体に関する要件（被保全債権の種類・範囲）
　　　【2】〜【12】 …………………………………………… 47
　2　取消権の客体に関する要件【13】〜【25】 …………… 57
　3　詐害性の判断基準【26】〜【35】 ……………………… 69

第3節　主観的要件（詐害の意思ないし認識） ………… 77
　1　債務者の悪意【36】〜【40】 …………………………… 77
　2　受益者または転得者の悪意【41】 …………………… 81

第4節　類型的考察——総合的相関的研究 ……………… 84
　1　財産とくに不動産の贈与あるいは売買【42】〜【46】 … 84
　2　債権譲渡【47】【48】 …………………………………… 93

　　　　　3　弁　　済【49】〜【52】………………………………………… 100
　　　　　4　代物弁済【53】〜【56】………………………………………… 105
　　　　　5　物的担保の供与【57】〜【61】………………………………… 110
　　　　　6　人的担保の負担…………………………………………………… 116
　　　第5節　要件論の今後の立法論的課題……………………………………… 116

第3章　債権者取消権の行使 …………………………………………… 119

　　　第1節　債権者取消権行使の方法…………………………………………… 119
　　　　　1　自己の名における裁判上の行使【62】〜【64】………………… 119
　　　　　2　訴えの原告と被告【65】〜【68】……………………………… 122
　　　　　3　取消訴訟の競合の可否………………………………………… 128
　　　　　4　取消訴訟と債務者の破産……………………………………… 129
　　　　　5　第三者異議の訴えと債権者取消訴訟の関係【69】【70】……… 130
　　　　　6　被保全債権の時効の援用【71】……………………………… 131

　　　第2節　債権者取消権行使の範囲…………………………………………… 132
　　　　　1　被保全債権額との関係【72】【73】…………………………… 132
　　　　　2　他に多数の債権者がいる場合【74】〜【76】………………… 134
　　　　　3　目的物が不可分の場合【77】………………………………… 136
　　　　　4　詐害行為が部分的にのみ成立する場合【78】〜【81】……… 138
　　　　　5　取消債権者の被保全債権額が不確定の場合………………… 147

第4章　債権者取消権行使の効果 …………………………………… 149

　　　第1節　効果論の概説……………………………………………………… 149
　　　第2節　責任財産の回復(取戻)方法………………………………………… 150
　　　　　1　現物返還の原則【82】……………………………………… 150
　　　　　2　取消権者への引渡の可否【83】〜【85】……………………… 151
　　　第3節　価格賠償…………………………………………………………… 156
　　　　　1　価格賠償の法的性質と要件【86】…………………………… 156
　　　　　2　価格賠償額算定の基準時【87】……………………………… 159

第4節　不当利得返還請求権と遅延賠償の請求 ································ 161
1　不当利得返還請求 ·· 161
2　遅延賠償の請求 ·· 162

第5節　425条の意義と内容 ·· 163
1　立法の沿革 ·· 163
2　規定の趣旨 ·· 164
3　取消債権者が満足を受ける方法【88】···································· 166
4　取消の効果が及ぶ債権者の範囲【89】【90】···························· 171
5　特定物債権による取消の場合の満足の方法【91】···················· 179

第6節　取消の相対効【92】～【94】·· 181

第5章　債権者取消権の短期消滅時効 ·· 191
1　426条の立法の沿革と比較法 ·· 191
2　426条の趣旨と内容【95】～【100】······································ 192

判例索引 ·· 197

判例集等略称

大(連)判	大審院民事(連合)部判決	裁判例	大審院裁判例(法律新聞別冊)
最(大)判	最高裁判所(大法廷)判決	判決全集	大審院判決全集(法律新聞付録)
高　判	高等裁判所判決	新　聞	法律新聞
控　判	控訴院判決	高　民	高等裁判所民事判例集
地　判	地方裁判所判決	下　民	下級裁判所民事裁判例集
支　判	支部判決	裁判集民	最高裁判所裁判集民事
民　録	大審院民事判決録	判　時	判例時報
民　集	大審院民事判例集	判　タ	判例タイムズ
	最高裁判所民事判例集	法　学	東北大学法学会誌
		金　法	旬刊金融法務事務

債権者取消権

判例総合解説

第1章　総　論

第1節　債権者取消権制度の意義

　債権者取消権（詐害行為取消権または廃罷訴権 actio Pauliana ともいう）は，破産法上の否認権（破160〔旧破72〕以下）同様，債務者が債権の共同担保（責任財産）の不足することを知りつつ財産減少行為をした場合に，その行為の効力を否認して責任財産の保全を図ることを目的とする制度である。近時の倒産法の諸整備でかなり改善は進んだが，かつては，破産の宣告は各種の政策的考慮から実際にはそう簡単に行われず，また，破産手続は総括執行手続としてきわめて慎重に行われ，その手続も面倒であった。そこで，債務者が詐害の意思をもって財産減少行為をする場合に備え，破産外で迅速に債権の共同担保を保全しうる制度として，この制度が必要とされた。
　ところで，債権者取消権は，債権者代位権とともに責任財産の保全を目的とする制度であるが，債権者代位権は，債権者が債務者の有する権利を代位行使するものであって，債務者にとっても，代位行使の相手方たる第三者にとっても，もともと本来あるべき状態を作り出すものにすぎないから，その影響するところは少ない。ところが，債権者取消権においては，すでになされた債務者の財産処分行為を否認するものであるから，債務者や第三者に与える影響が少なくない。したがって，この制度の適用にあたってはかなりの慎重さが要求されるが，条文が簡単であるため問題が多く，学説・判例ともに多岐にわたっている。

第2節　否認権制度との比較

　（1）　債権者取消権と共通の機能を有する制度として，否認権制度があるが，これを規定する法律として，破産法・民事再生法・会社更生法がある。これらはいずれも集団的債務処理手続の開始を前提とするものである点で，個々の債権者に与えられた権利である債権者取消権と異なる。しかし，資力の不足を来た

した債務者がなした責任財産減少行為の効果を否認することを目的とする制度である点では両者は共通であり、ことに沿革上も共通の起源を有し、わが法上も、大正11年の破産法施行前は、両制度は廃罷訴権として一括して論ぜられてきた。また、平成17年1月1日から施行された新破産法以前の旧破産法上、両制度を規定する条文の体裁も類似し（424と旧破72①、民再127Ⅰ①、会社更生78Ⅰ①）、解釈上の問題点も共通部分が多く（とくに、不動産の売却行為の取消ないし否認、新たな借財に伴う担保の設定、詐害性判定の基準時、故意否認についての客観的要件と主観的要件との関係および詐害意思の内容、否認の訴えの性質、否認権行使の効果等）、判例・学説も相互に共通問題として問題点を取り扱ってきた（兼子監修・条解会社更生法中巻（昭47）、霜島甲一・倒産法体系（平2）303、奥田271以下など参照）。

もっとも、否認権制度は、債務者の総財産の管理権を与えられた管財人に対し、破産という利害関係人の公平な処遇を主眼とした裁判上の手続で認められた権能であり、その適用範囲や行使の手続についても、おのずから積極的な行使が期待されるが、債権者取消権の場合には、一債権者に対して、その債務者のなした財産処分行為への干渉を許すという、異例の制度であり、したがって、その適用範囲については、慎重な考慮が必要とされる点で、大きな相異があった。この点はとくに、債権者取消権と共通の性格を有するとされる故意否認について留意すべきであった（兼子監修・前掲書7〔霜島〕）。このように両者は本来一線を画されるはずの制度であるが、否認権との関係で債権者取消権の運用をどう図るかについては見解が分れ、債権者取消権は総債権者のための権利か、それとも取消債権者個人のための権利かの点をどう考えるべきかの問題とも関連し、否認権との比較で、取消権の実際的行使に当たり消極的立場をとるか、あるいは積極的立場をとるべきかの対立があった。

(2) ところが、バブル経済崩壊後、平成8年から始まった倒産法制度の全面的改正の集大成として新破産法が制定され（平成17年1月1日施行）、この改正で否認権の構成は大きく変えられた。さらに新たな倒産処理制度では、清算型手続きとしての破産および特別清算と、再生型手続きとしての民事再生および会社更生の並立、さらに倒産処理制度の複数型手続制度の維持、それに伴う民事再生手続から会社更生手続への移行、破産手続から更生手続へ・更生手続から破産手続への相互的移行に関する規定の整備（民再第14章、会更第14章）等がなされ、他方において裁判所による再生型手続の積極的運用が行われるようになったことなどにより、旧法下とは面目を一新した新たな問題状況が近時現れた。かくて、これらの新たな問題状況が債権者取消権制度の法解釈・実務的運用に今後どのような影響を及ぼすものかが改めて問われることとなり、両制度の関係をめぐる事態は大きく変化した。とくに、旧法下では、倒産処理法制の不備の故に、本来個別的債務処理手続開始の準備手続きであるはずの債権者取消権制度が、集団的債務処理手続である破産手続の補完的機能

をも担わされていた面もあったが，新たな倒産処理制度の出現は，当然のことながら債権者取消権制度の果たす役割・機能，要件論・効果論に大きな影響をあたえるものであり，近い将来債権者取消権制度の改正へと至るであろうことが予測されていたが（新破産法については，伊藤眞『破産法・民事再生法〔第2版〕』〔有斐閣，平21〕，小林秀之＝沖野眞已『わかりやすい新破産法』〔弘文堂，平17〕，小川秀樹『一問一答新しい破産法』〔商事法務，平16〕等参照），近時の債権法改正の動きのなかで，破産否認権に近い改正の動きが始まっており，今後の展開が注目される。

（3）否認権とは，破産手続開始決定前になされた破産者の行為，またはこれと同視される第三者の行為の効力を覆滅させる形成権であり，破産財団の管理機構たる破産管財人に専属する権能である（伊藤・前掲書385頁）。旧法の下では，否認権は故意否認（旧破72①），危機否認（旧破72②～④），無償否認（旧破72⑤）の3類型に分けられていた。そして，旧法72条1号がいわゆる詐害行為否認，2号がいわゆる偏頗行為否認（本旨弁済など）の対象となるように見え，当初の有力学説はそのように見ていた。しかし判例は，本旨弁済のような偏頗行為も故意否認の対象に含まれるとし（最判昭42・5・2民集21・4・859），後に学説もこれに同調して通説となった。しかしそうなると，故意否認と危機否認の区別が明らかでなく，またここまで否認の範囲を広くとることの妥当性が問題とされていたので，現行法は，否認の類型を詐害行為否認（破160Ⅰ，Ⅱ，161），偏頗行為否認（162），無償行為否認（160Ⅲ）の3類型とした（小林＝沖野前掲書169頁以下参照。また，この3類型の内容の詳細・旧法下の判例・学説との関係については伊藤・前掲書369頁以下参照）。その内容を簡単にまとめておくと以下の通りである。

(a) 詐害行為（財産減少行為）否認

現行法は，詐害行為否認（160Ⅰ，偏頗行為は原則として除かれる160Ⅰ柱書かっこ書，例外160Ⅱ）を，行為の時期に応じて2つの類型に分けた。第1類型は，詐害行為をその行為がなされた時期を問わずに否認の対象とするもので，詐害行為の存在および破産者の悪意が否認の積極的要件，詐害の事実についての受益者の善意が消極的要件である（同①）。第2類型は，支払の停止（15Ⅱ）（破産手続開始原因である支払不能〔15Ⅰ〕を推定するための事実，支払不能の意義と支払停止との関係については，伊藤・前掲書79，80，403頁参照）または破産手続開始の申立（支払停止等と呼ばれる）後になされた詐害行為について，これを否認の対象とするものであり，詐害行為の存在（客観的要件）のみが積極的要件であり（破産者の主観的要件は不要），支払停止等および詐害の事実についての受益者の善意が消極的要件である（同②）。なお，偏頗行為である詐害的債務消滅行為については，詐害の限度で（例えば債務額を超える不相当価格での代物弁済などにおいて超過額部分のみについて），例外的に，当該行為がなされた時期に応じて詐害行為否認が認められる（160Ⅱ，160Ⅰ①②）。しかし，同じく偏頗行為とされる担保供与行為につい

ては，被担保債務額を超える過剰な担保供与がなされても，代物弁済などと異なり担保である以上，過剰部分の価値は破産財団に保持されているとみられるから詐害行為否認の対象とはならない（伊藤・前掲書396頁）。しかし次の偏頗行為否認によって救済されることになる。

なお，注目すべきは，相当対価を得てした財産の処分行為について，現行法は詐害行為否認に関する特則を設け，特別の要件が具備されている場合に限定して，否認を認めることとした点である（161 I 柱書）。

(b) 偏頗行為否認

現行法が認めた偏頗行為否認とは，支払不能または破産手続開始申立てから破産手続開始までの時期（形式的危機時期）になされた既存債務に関する偏頗行為（担保の供与や債務の消滅にかかる行為）について，破産債権者にとってこれを有害な行為として破産者の詐害意思の有無にかかわらず否認の対象とするものである（162）。旧法下で危機否認の対象とされた詐害行為は，現行法では，詐害行為否認の第2類型の対象となる（160 I ②，Ⅱ，危機否認と偏頗行為否認との関係については伊藤・前掲書383頁参照）。

偏頗行為否認の成立には，さらに以下の事実に関する受益者たる債権者の悪意の立証が必要とされる（162 I ①柱書但書）。第1に，支払不能後の行為においては支払不能または支払停止についての受益者の悪意（同イ）。ただし，この場合でも166条による制限がある。第2に，破産手続開始申立て後の行為である場合には，申立てについて悪意でなければならない（同ロ）。

受益者が内部者（161 Ⅱ）である場合には，支払不能等についての悪意が推定され，受益者が善意についての証明責任を負担する（162 Ⅱ）。また，支払不能後の偏頗行為で義務に属しないもの，またはその方法もしくは時期が義務に属しないものについては，支払不能等について受益者の悪意が推定される（162 Ⅱ②）。

この類型で留意しておくべきことは，(i)新規債務についての担保供与は，行為否認の対象とならないこと（同時交換的取引の除外，162 I 柱書かっこ書参照），(ii)また，支払不能前30日以内になされた非義務行為のうち行為自体が破産者の義務に属しないもの（特約なき担保の供与）やその時期が弁済者の義務に属しないもの（弁済前の弁済）について偏頗行為としての性質に着目して否認の要件が緩和され，支払不能になる前でもその30日以内の行為であれば否認の対象となるものとされたこと（162 I ②），さらに支払不能の悪意の推定だけでは十分ではないため，詐害の事実（30日内の支払不能の発生が確実に予想された事実）に関する受益者の悪意について立証責任が転換され，受益者たる債権者側で行為の当時詐害の事実について善意であったことを証明して，はじめて否認の成立が阻却されること（162 I ②ただし書），(iii)集合動産や集合債権譲渡担保の設定も否認権の対象となりうること（伊藤・前掲書405頁参照）などである。

(c) 無償否認

　支払停止等（160Ⅰ②かっこ書）があった後，またはその前の6月以内に破産者がなした無償行為またはこれと同視しうる有償行為は否認の対象となる（同条Ⅲ）。破産者の詐害意思や，支払停止等についての受益者の認識などの主観的要素はこの類型では成立要件とならない。これは，第1に，危機時期に無償でその財産を減少させる破産者の行為が極めて有害性が強いこと，第2に，受益者の側でも無償で利益を得ているのであるから，緩やかな要件の下で否認を認めても不当ではなく，公平性に反しないからである。ここでいう無償行為とは，破産者が対価を得ないで財産を減少させ，または債務を負担する行為である。具体例としては，贈与，債務の免除，あるいは権利の放棄などである。問題となるのは，対価を得ないで債務の保証や物上保証をした場合である。判例は一貫して保証や物上保証の無償性を肯定し（大判昭11・8・10民集15・1680，最判昭62・7・3民集41・5・1068），最近の有力説も判例に賛成する。しかし，かつての多数説は無償行為性を否定していた（学説の問題状況については，伊藤・前掲書408頁参照。伊藤説は肯定説に立つ。私見も肯定説を支持する）。無償行為否認は，詐害行為否認の特殊類型である。

　(4) 最後に，以上に述べた現行破産法における否認権の要件・効果に関する改正の主要点を簡潔にまとめておくと次のとおりである。①詐害行為（財産減少行為）の否認と偏頗行為の否認との区別を明確化したこと，②相当対価による財産の処分行為の否認について否認の要件を明確化し限定したこと，③新規債務のための担保供与等の同時交換的行為を偏頗行為の否認の対象から除外したこと，④危機否認における危険時期を支払停止でなく支払不能によって画することにしたこと，⑤危機否認における内部者概念を合理化したこと，さらに，上記説明では触れなかったが，否認権行使の効果として，⑥財産減少行為が否認された場合に，債務者が受けた反対給付について債務者の取引の相手方が有する権利を財団債権としたことなどが挙げられる（小林秀之，判批，判タ1182・128参照）。

　以上の改正は，債権者取消権規定の解釈・運用に対し今後大きな影響を与えることが予測される。ドイツ法では，倒産法の改正に応じて倒産手続外の債権者取消権法も改正されたので，混乱は少ない。しかし，わが国の場合は，債権者取消権の規定の同時改正は行われず，現行倒産否認権の内容は，その当否はしばらくおき，従来の破産否認権と民法上の債権者取消権規定の解釈・運用上の差異をこれまで以上に大きく拡大する内容のものとなったため，理論的にも実務的にも今後かなりの問題が発生することが予測され，可及的速やかな立法的解決が必要となった。この点については，後に要件論・効果論のところで個別・具体的に言及し，現時点で予測しうる範囲で問題点の指摘をしておく。なお，前述のように，わが国でも近時債権法改正の動きが急速に高まり，各種の研究会で改正案が公表され，その中で，債権者取消権制度についても注目すべき提案がなされているが，未だ流動的であるし，本格的検討を必要とするの

第1章 総　論

で，本書においてはこれらの提案に言及することは避け，今後の課題としておく（これらの動向についてはすでに多くの文献があるが，ここではとりあえず，内田貴『債権法の新時代』（商事法務，平21），民法（債権法）改正検討委員会編『債権法改正の基本方針』，同委員会編『シンポジュウム「債権法改正の基本方針」』（別冊NBL126号，127号，商事法務，平21），同委員会編『詳解債権法改正の基本方針Ⅰ～Ⅴ』（商事法務，平21,22），『民法改正を考える』（法律時報増刊，日本評論社，平20），民法改正研究会編「日本民法典財産法改正試案」（正案は修正責任説・判タ1281・5平21），同研究会編『法曹時報増刊・民法改正国民・法曹・学界有志案』（修正責任説・日本評論社，平21）を挙げておく）。

第3節　制度の沿革と比較法

1　沿　革

　法史上において，いわゆる詐害行為に対する救済制度の出現・発展は，古くローマ法に由来するが，それは強制執行制度の発展，つまり人的執行から財産執行への発展と密接な関連をもつ。すなわち，財産執行が原則となると，債務者は弁済をしなくとも，もはやその生命・身体・自由を脅かされることがなくなった。そこで，債務者の詐害行為からいかにして債権者の利益を守るかの問題が生じた。

ここに，その後 actio Pauliana の名称の下に統合されるに至った債権者取消権制度の萌芽的制度が出現したのである。

　この制度はその後イタリア都市法を経て，フランス法やドイツ法に承継された（沿革の詳細は注釈民法旧版10巻776頁以下の拙稿および近く刊行予定の同書新版の拙稿とそこに引用した諸文献参照。なお，近時の研究として佐藤岩昭『詐害行為取消権の理論』〔東京大学出版会，平13〕，片山直也「一般債権者の地位と詐害行為取消制度——19世紀フランスにおける議論を中心に」半田正夫教授還暦記念『民法と著作権法の諸問題』〔平5〕324以下，淡路268以下等がある）。

2　現行比較法

(1)　フランス法

　(a)　フランス民法1167条は，「債権者はまた，その債務者が債務者の権利を詐害して行った行為を自己の名において争う（攻撃する，attaquer）ことができる。」と定めている。ここにいう「争う（攻撃する）」とは，具体的には，債務者のなした法律行為の廃罷（取消 revocation）と原状への回復それが不可能な場合には価格賠償をなすべきことを裁判上請求することであると解されてきた。しかし，その法的性質については争いがあり，「対抗不能訴権（action en inopposabilite）説」が通説であった（淡路269，佐藤・前掲書70,76注（70））。フランスの近時の考え方によると，対抗不能とは，おおよそ次のような考え方であるという。契約の効果は，直接的効果と間接的効果に峻別され，直接的効果（義務的効果）とは

第3節 制度の沿革と比較法

物権的効果と債権的効果（さらに代理権の付与なども含む）を意味するのに対し，間接的効果（対抗（可能性））とは契約の存在ないしは物権の設定移転などの法律効果の存在を第三者に主張できることを意味する。直接的効果については，1165条の適用があり，（第三者のためにする契約の場合を除き）契約の当事者に対してしか対抗できない。これに対し，間接的効果については，同条の適用がなく，個々の例外規定による対抗不能の援用権者を除き，一般債権者を含む第三者にも対抗できるとの原則を打ち立てる（この対抗（可能）の原則を定めた条文はなく，また第三者などの一定の範疇に対する対抗不能の一般原則があるわけでもない。）。債務者のなした法律行為は，債務者の財産の変動に伴い，債権者の一般担保にも変動を及ぼし，一般債権者に間接的な影響（間接的効果）を及ぼす。債権者取消権の根拠規定である1167条は，この間接的効果に関して，対抗不能の例外規定を定めたものであり，例外として，詐害された債権者に，対抗不能の援用権を付与した結果，詐害行為の受益者・転得者は，詐害行為の間接的効果（詐害行為の目的財産が債権者の一般担保ではないこと）を詐害された債権者に対抗できない（片山直也「詐害行為取消制度の基本構造」私法55号（平5）212以下，同「一般債権者の地位と『対抗』」法学研究66巻5号1以下，奥田昌道他編『法学講義民法4 債権総論』（悠々社，平19）［片山直也］155参照。なお，淡路269参照）。

(b) ところで，債権者取消権行使の効果につき，フランス法の下でも，絶対的効力説と相対的効力説との対立があるが，そこで問題とされているのは，「取消」の効果が原告債権者のみに及ぶのか（相対的効力説…現在の通説・判例），それとも，債務者の総債権者に及ぶと解するのか（絶対的効力説：旧判例）の争いにあり，詐害行為取消判決は，債務者・受益者間の法的行為の効果になんら影響を及ぼすものでないことはフランスの学説・判例の一致して認めるところであって，その状況は対抗不能訴権説の登場以前からそうであった（佐藤・前掲書（96以下，93以下，77）。この点は，日本民法学における「絶対的無効説」（取消債権者との関係のみならず，債務者・受益者間でも絶対的に無効となると説く）と，「相対的無効説」（取消債権者との関係でのみ相対的に無効となり，債務者・受益者間では依然として有効と説く…通説・判例）の対立とは，問題の所在を異にするのであり，フランスで問題とされた点は，日本法では，取消の効果が総債権者に及ぶ旨を明文で規定している425条の存在のゆえに，立法論としてはともかく，解釈論的には問題を生じない。なお，債権者平等主義をとらず，差押優先主義をとるドイツ法の下では，この点は，日本法と逆の意味で問題とならず（フランス法の通説・判例と結果同一），他方において，取消の効果が債務者・受益者間にどのような影響を及ぼすかについての，ドイツ法における債権説（影響を及ぼさないとする相対的効力説…通説・判例）と物権説（のうち影響を及ぼすとする絶対的効力説＝強制執行権拡張説〔下森「債権者取消権に関する一考察」志林57巻3－4合併号182法(6)参照）の対立は，日本法と問題意識を共通にし，フラン

第1章 総　論

ス法とは異なる。

　(c)　以上のことを前提として考えてみると，フランス法学における対抗不能訴権説のいわんとするところは，つまるところ，契約の当事者間（債務者・受益者間）では有効に存在する契約の効力を，廃罷訴権を行使した債権者との関係で否定（剥奪）し，債務者・受益者間に有効な契約が存在しなかったものとして取り扱い（擬制し），原状回復（ただしここでいう原状回復とは，逸出財産を現実に債務者のもとに取り戻すのではなく，その特定財産を差し押さえることを原告たる取消債権者に許すという形での原状回復）それが不可能な場合には価格賠償の請求を認める，というのであり，取消の効果が総債権者に及ぼす影響問題および原状回復の具体的方法を別として，この考え方は日本民法学にいう債権者取消権行使の効果に関する「相対的無効説」の考え方に機能的に類似するものといえよう。さらにいえば，フランス法の下では，前述のように原状回復の具体的方法は，受益者のもとにある財産をそのままの状態で債務者の財産であるものとして差し押さえ，売却し，その売得金から弁済を得るという方法で実現されることから見ると，詐害行為の（責任的）取消の効果として，受益者のもとに逸出した財産をなお債務者の責任財産であるものとして強制執行しうる（攻撃しうる）という責任説的（あるいは訴権説的）発想にまさに機能的に類似するものといえよう。なお，このような対抗不能という概念を使って債権者取消権の法的性質を説明するフランスの近時の学説に対して，かかる概念の内容は，既にこの説の登場以前の「相対的効力説」によって確立されていたのであるから，この考え方に現時点でどのような法技術的意義があるのか，素朴な疑問を抱かされるとの指摘がある（佐藤・前掲書77）。

　思うに，アクチオ・パウリアーナの行使の結果としてフランスで伝統的に行われてきた慣行である原状回復の具体的方法，つまり「債権者が受益者のもとにある財産をそのままの状態で債務者の財産であるものとして差し押さえ，売却し，その売得金から弁済を得るという方法での原状回復」を許すことの法的根拠の説明にあたり，強制執行制度が不備であったフランス法の下では，強制執行の準備手続き（責任財産の保全制度）として債権者取消権制度を説明する発想は思い浮かばず，債権者取消権（1167条）を債権の相対効（1165条）の例外としての債権の対外的効力という位置付けでとらえ，1165条の後に1167条の規定を置き，そのようなものとしてこの制度の法的性質を説明してきたものと私には思われる。しかし，強制執行制度の完備した法制度の下では，この制度は責任財産の保全制度としてその法的性質を位置付けるのが，理論的に簡明といえよう。「債権の対外的効力」あるいは「対抗不能といった回りくどい説明」は不要とはいえまいか。

　(d)　フランス法の下では，詐害行為取消訴訟の被告は受益者または転得者であり，債務者に対しては提起されない。もっとも，債務者を訴訟に参加させてはならないということではないようで，既判力の相対性から生ずる

第3節　制度の沿革と比較法

困難を避けるために実際上訴訟に参加させることが多い，という（淡路270）。

　(e)　債権者取消権行使の結果として，前述したように，取消債権者はそれが可能な場合には，債務者の財産から逸出した財産の原状への回復（不可能な場合には価格賠償）を得られるが，それは，受益者のもとにある財産をそのままの状態で債務者の財産として差し押さえ，売却し，その売得金から弁済を得る，という方法で実現される（川島89，松坂・前掲書118が指摘し，佐藤・前掲書84，とくに86以下が詳細に紹介した）。この方法は，後述するドイツ法における執行忍容訴訟と機能的に同じようであるが，詐害行為取消訴訟の勝訴判決を債務名義として被告たる受益者の手中にある詐害行為の目的物に直接強制執行することを認めたフランスの判決は，その判決主文中に詐害行為の「取消」と金銭（による損害）賠償の「支払い」を命じていること（佐藤・前掲書90以下）が注目を引く。佐藤教授の理解によれば，この損害賠償の支払いを命ずる部分が――フランス法のテキストでは明示されていないが――日本法でいえば給付判決に相当し，したがって，廃罷訴権の判決が執行名義となり得るのだとされる（佐藤・前掲書91）。ところが，後述するように，ドイツ倒産手続外取消法（§10，旧§6）は，債権者取消権行使の要件として，取消債権者が債務者に対する債務名義を有していることを求めており，その債権の回収のために，取消債権者が受益者の手中に帰している逸出財産に直接強制執行することを忍容せよ（給付判決＝受益者に対する債務名義）というのが，強制執行忍容訴訟の仕組みである。ここでは，原告たる取消債権者の被告受益者（あるいは転得者）に対する金銭による損害賠償請求権（実体法上の債権）の存在はその前提とされていない。金銭の支払いが命じられるのは原状回復が不可能な場合の価格賠償請求権（価格賠償請求権と損害賠償請求権の差異については後述する）の場合のみである。詐害行為廃罷訴権の法的性質を不法行為訴権とみるときは，被告に対して原告への損害賠償の支払いが命じられ，それが給付判決であることにはなんら問題がない。しかし，この訴権の法的性質は無効訴権でも不法行為訴権でもなく対抗不能訴権であるという以上，取消権行使の効果として逸出財産それ自体による原状回復でなく，金銭による損害賠償の支払いが命じられうることの法的根拠やこの場合の強制執行の対象となる財産の範囲如何が問題となるはずである。もし，この場合の強制執行の対象たる財産は，債務者のもとから逸出した特定の財産に限られるというのであれば，金銭賠償の支払いを命じながら執行財産の範囲が限定されることの法的根拠，そうではなく被告のその他の一般財産にも執行が可能というのであれば損害賠償と価格賠償との関係をどう考えるかが問題となるはずであり，何らかの議論が学説上なされてしかるべきだと思われる。詐害行為取消訴訟における強制執行忍容訴訟の執行対象たる財産は，債務者のもとから逸出した特定の財産に限られる（物的有限責任）。価格賠償の場合には，逸出財産が受益者のもとになく，原状回復あるいはその特定財産へ

の執行が不可能な場合にそれが命じられるのであるから，その執行対象は当然被告の一般財産ということになる（無限責任）。この点の差異は，執行法上債権者平等主義をとる場合，取消債権者（あるいは債務者の債権者グループ）と受益者の債権者グループとの利害関係の調整を考えるに際して問題となる。かかる意味において，フランス法とドイツ法とを比較した場合，同じく詐害行為取消訴訟の勝訴判決を執行名義あるいは債務名義として被告たる受益者の手中にある詐害行為の目的物に強制執行を行うという点において，両者に一見機能的同一性が認められるとしても，上記法的技術（仕組み）の差異は，その後の効果論上の差異をもたらすものとして無視できないものがある。この点は日本法における解釈論（更には立法論）の検討にあたっても重要である（取消の効果が受益者側の債権者に与える影響問題，つまりこの領域における絶対効か，相対効かの判断問題とも関連する）。

　因みに，このフランス法上の法技術と類似の機能を持つ制度が日本法に存在する。それは，国税徴収法における第二次納税義務制度（国税徴収法32条以下）である。たとえば国税滞納者が当該国税の法定納期限後にその所有財産を自己の債権者に譲渡担保として提供し，納税資力に不足をきたした場合，詐害行為取消権の行使とは別個に，国は，当該譲渡担保財産から納税者の国税を徴収することができる（国税徴収法24条1項，譲渡担保権者の物的納税責任）。その際，その譲渡担保権者は国税滞納者の負担している納税義務につき第二次納税義務者とみなされ，徴収職員はその譲渡担保財産につき滞納処分を執行することができる（同法同条3項）。また，滞納者が当該国税の法定納期限1年前に，その所有財産を無償または著しく低い対価で譲渡した場合，受益者に現存利益の限度で（その者が親族等の場合は受けた利益の限度で）第二次納税義務が課され，国はこれらの者に直接納税請求ができる（同法39条）。これはまさに，他人の（納税）債務についての責任を法律の規定により負わせたものであり，第三者の手中にある債務者の逸出財産への執行を可能とする道を開いたものである。わが執行法に，ドイツ法のような強制執行忍容訴訟制度（あるいはそういう発想ないし後述する責任説的発想）があれば第二次納税義務をわざわざ課すまでもなく，執行法上の制度ないしは責任法上の制度として制度構築することも可能であったはずであるが，それがないため，第二次納税義務を法律上課すという媒介項を介して，執行〔滞納処分〕を可能とする道を開いたものといえよう。しかし，いわば実体法上の義務として第三者に直接の納税義務を課したために，第一次納税義務との関係，さらには，第二次納税義務賦課の反射的効果として，（価格賠償の場合以外に）第三者の一般財産にも執行が可能となる場合が生じ，その者の債権者との間や時効問題などで複雑な問題が生ずるおそれがある（詐害行為取消権と第二次納税義務との関係につき，三ケ月章『民事訴訟法研究』〔有斐閣，昭和49〕第2巻191，浅田久治郎編『第二次納税義務制度の実務と理論』〔大蔵財務協会，昭和54〕264以下参照）。

　推測するに，フランス法の下でも，執行法

第3節 制度の沿革と比較法

上執行忍容訴訟がないために，判例は，媒介項として実体法上の権利たる金銭による直接の損害賠償請求権の支払を命ずることで，債務者に対する執行名義を作出した（あるいは第三者の手中に帰している逸出財産へ直接執行して債権の回収を図ることを許してきた伝統的慣行に法的根拠を与えた）のではないかと思われる。その損害賠償請求権発生の法的根拠をどう説明するかの問題は残るが，それはそれとして一つの有用な解決手段ではあろう。しかし，日本法における「第二次納税義務」と同じような問題が生ずるのではないかの懸念がある。この点，フランス法の実情はどうであり，またフランス法学の下ではどのような議論がなされているのであろうか。この問題に関するドイツ法，フランス法の法技術のどちらが立法技術として優れているといえるか，わが国の将来の立法論にも備えて，ここで問題の提起をしておきたい。

（f）債権者取消権行使の効果は，債務者の他の債権者にも及ぶか。この問題は判決の既判力の問題と関連して問題とされていた。すなわち，フランスのかつての学説は，詐害行為の目的物は総債権者のための共同担保となるべきこと（§2093），取消債権者は他の債権者の代表として取消訴訟を遂行していると解すべきことなどから，その効果は他の債権者に及ぶと主張する説（前述した絶対的効力説）と，債権者取消権は集団的清算のための制度ではなく取消債権者の損害を回復せしめるであること，既判力は相対効しか有しないこと（§1351）などから，その効果は他の債権者に及ばないとする説（相対的効力説）とに分れていた（わが民法に債権者取消権制度が導入されたのはこの時期であり，ボアソナードが採用したのは前説であった。旧民法典343条，これが現行の425条となった）。しかし，現在のフランスでは，債権者取消権の効果は，取消債権者のためにのみ，そしてその者の債権額の限度でのみ生じ，他の債権者に対しては影響を及ぼさないと解されている（通説・判例）。したがって，取消権の対象となった行為は，他のすべての者に対しては対抗性を持ち続け（有効である…相対効），その反面として，債務者の他の債権者は，取消権の対象となった財産を差し押えることはできない（他の債権者は別訴を起すか，あるいは継続中の取消訴訟に参加することができる）という（淡路270，その詳細は，佐藤・前掲書96以下）。そうだとすると，前述したようにこの場合，被告たる受益者側の債権者による当該財産に対する差押が競合した場合にフランス法ではどうなるのであろうか（詐害行為取消の効果につき相対的無効説をとる日本の判例・通説のもとでは，執行法上の債権者平等主義との関係で，この点が問題となる）。

(2) **ドイツ法**

(a) ドイツ法は，イタリア都市法，フランス法の影響の下に破産内外の否認を制度的に区別するとともに，両法が発展させなかった破産外の否認の制度につき，継受したローマ法上の actio Pauliana を整然とした体系をもつ特別立法として発展させた。すなわち，破産否認権は1877年の破産法29条以下に規定され，破産外のそれは1879年の債権者取消権法

第1章 総　論

（Gesetz, betreffend die Anfechtung von Rechtshandlungen eines Schuldners ausserhalb des Konkursverfahrens, 破産外取消法とも略称されている）中に規定された（松坂佐一『債権者取消権の研究』〔有斐閣，昭37〕127以下，下森定「債権者取消権に関する一考察(1)(2)」志林57・2・44以下〔昭34〕，同3＝4合併号176以下〔昭35〕，最近の詳細な文献として佐藤・前掲書131以下参照）。ただ，この当時は未だドイツ民法典は制定されておらず，この債権者取消権法は，民事訴訟法・破産法とともに，実体法と手続法が未分化であった時代の産物であった。その後，約20年後に典型的な実体法典であるドイツ民法典が制定され，1900年から施行された。これに伴って民事訴訟法も改正され，ここに実体法と訴訟法との分化が基本的に確立されたが，債権者取消権法はそのままであった。このことが，その後債権者取消権の法的性質をめぐる論争の原因となったのである。

　ところが，近時，およそ20年にわたる改正作業を経て，ドイツ倒産法が1994年10月5日に公布された後，1999年1月1日から施行され，これと対応して債権者取消権法も改正されて（Gesetz Über die Anfechtung von Rechtshandlungen eines Schuldners ausserhalb des Insolvenzverfahrens Vom 5. Oktober 1994），否認権や債権者取消権をめぐるドイツの問題状況は大きく変わった。また，この新法は日本の倒産法改正にも影響を与えている（ドイツ新法につき，三上威彦編著『ドイツ倒産法改正の軌跡』〔成文堂，平7〕，木川裕一郎『ドイツ倒産法研究序説』〔成文堂，平11〕，Dauernheim, Das Anfechtungsrecht in der Insolvenz 1999, Nerlich, Jorg/Niehus, Christoph, Anfechtungsgesetz (AnfG) Kommentar 2000, Eickmann, Dieter/Flessner, Axel/Irschlinger, Friedrich, Heidelberger Kommentar Zur Insolvenzordnung (InsO) 4 Aufl. 2006等参照）。

　(b)　次に，わが民法の解釈に大きな影響を与えたドイツ旧法の内容とその解釈及び新法の内容の概略を紹介しておこう。まず，ドイツ旧法（1879年法，当初は14条からなる特別法であった）の規定する債権者取消権制度の趣旨および取消権の法的性質に関連する旧法の重要規定とその解釈論の概略を紹介した上で，新法のこの点に関する基本的考え方を紹介しよう（下森定「債権者取消権制度をめぐる近時の動向」(①ドイツ法)」『遠藤光男古稀記念論集』〔ぎょうせい，平19〕）。

　①　旧法の第1条は，「債務者の行った法律的行為は，債権者に満足を与えるために，破産手続外において，以下の規定にしたがって，債権者に対しては無効（unwirksamkeit）として取り消し得る」と規定し，ついで，第7条第1項は，「債権者は満足を受けるために必要な限りにおいて，取り消し得る行為によって債務者の財産から譲渡され，贈与され，あるいは放棄された目的物を，なお債務者に帰属するものとして受益者に対して返還せよと請求することができる。無償給付の善意の受領者は，それによって彼が利得を受けた限度において，そのものを返還しなければならない」と定めていた。また，第9条は，「取消が訴えによって行使される場合には，受領者からの返還がいかなる範囲およびいかなる方法で行われるべきかを請求の趣旨に特定し

第3節　制度の沿革と比較法

て掲げなければならない」と規定していた。

②　ドイツの判例および伝統的通説であり，かつ現在でもそうである債権説は，ここに規定されている詐害行為の「取消」と「返還」の意味および両者の関連性につき，おおよそ次のように説明した。すなわち，取消しうべき法律的行為がなされた場合，債権者と取消の相手方との間に受領したものの返還を求める法定の債権関係が発生する。換言すると，債権者取消権は，債務者の行為そのものを(物権的に) 取り消すものではなく，債権者との関係において債権的な効果のみを生ずるもの，つまり債務者の財産から逸出した目的物の返還を受益者に求める債権的請求権であり，その返還は，目的物が原状のまま受益者に帰属している場合には（その目的物を現実に債務者に返還させるのではなく），その特定の物に対する執行忍容訴訟により行われ，それが原状のまま被告に帰属していない場合には，受益者に対してなされる価格賠償の請求によって行われる。したがって，取消の効果は，被告に目的物をそれが未だ債務者の所有物であるかのごとくに取り扱うべき債務法的義務を課することにつきる。この義務は，要するに，債権者取消訴訟の被告が，他人の債務のために，自己の所有物に対する強制執行を受忍しなければならないことを意味する，と（債権説を採用したライヒ最高裁判所1909年5月18日判決につき，佐藤・前掲書150以下参照）。なお，この債務法的義務の発生根拠については通説である法定債務説の他に，不当利得説，不法行為説などが主張されていた（詳細は，下森・前掲志林論文参照）。

③　これに対して，ドイツ民法典制定後に，物権説が登場した。この説は，ドイツ民法典の制定，それを受けたドイツ民事訴訟法の改正によって実体法と訴訟法の分化が確立されたとの基本認識の下に，両者の体系的峻別を基礎として，債権者取消権の法的性質を再検討し，債権者取消権法第1条にいう「取消」は，民法上の取消と同じ取消であり，したがって，債権者取消権は民法上の取消権と同様に実体法上の形成権であり，取消の意思表示により，詐害行為は本来その当事者間でも遡及的（物権的）に「無効」となるはずのところ，同法第1条が「債権者に対して無効」と定めているから，絶対的無効ではなくドイツ民法第135条にいう「相対的無効」であると解すべきだと主張した。この説に対しては，通説の側から，私法上の意思表示による債権者取消権の行使を認めることは，同法第5条・第9条の定める債権者取消権の行使は抗弁あるいは訴えによる旨の規定を無視するものとの批判が加えられた。その後この物権説を支持しつつその難点の補足を試みる説なども現れたが，債権者取消権制度の目的から見ると，取消権の行使に必要以上の効果を与え，かつ強制執行忍容訴訟で処理してきた実務の伝統的慣行に反する主張であったためもあってか，通説・判例となるには至らなかった。

④　この他に，古くから債権者取消権の効果を「他人の債務に対する責任」という概念で説明する学説があったが，その後〔昭31〕，装いを新たにした独自の「責任説」と呼ばれる学説が登場した（この説を紹介するものとして，下森定「G・パウルス『債権者取消権の意義

と諸形態』」志林56・3・203以下〔昭34〕，中野貞一郎「債権者取消訴訟と強制執行」民訴雑誌6・53以下〔昭35〕，その後，同『訴訟関係と訴訟行為』に所収〕がある）。この説は，詐害行為によって債務者が害されるのは，これまでの学説が考えていたような債務者財産の逸出それ自体によるものというより，その反射的効果としてその財産が債務者の責任財産でなくなってしまう（責任法的反射効という）ことにあるのだから，この制度の目的から見ると，この反射的効果のみを取り消して責任財産の回復を図れば必要かつ十分であること，したがって取消権法第1条にいう「取消」と「無効」とはかかる意味に解釈すべきである（責任法的取消，責任法的無効）と説くものである。具体的には，詐害行為の（責任法的）取消の結果，債務者と受益者との間の行為は，絶対的（あるいは物権的）無効でも相対的（あるいは債権的）無効でもなく，責任法的に無効となるのみであり（しかしこの限りにおいては絶対効），その結果受益者はその特定財産をもって他人の債務のために責任（物的有限責任）を負っているという法律関係になる。そこで，取消債権者は直接その受益者に対し，債権の満足を受けるために当該目的財産に対する強制執行忍容の訴えを提起しうることとなるのだ，と説く。

この説は物権説と同様に，実体法と訴訟法の分化が完成した現行法体系を踏まえたうえで，債権者取消権法を実体法的角度から再検討し，これまでのドイツ法にはなじみのなかった「責任法的無効」という独自な実体法上の法概念の創出を手がかりとして，手続法たる強制執行忍容訴訟との間に架け橋をかけたものといえよう。同様の問題意識をもっていた物権説が，債権者取消権制度の目的ないし機能に関する分析を十分行わず，また，「取消」概念に囚われ，実体法と訴訟法の未分化時代に作られたままの債権者取消権法について，この角度からの形式論的解釈を展開したために，強制執行忍容訴訟で取消権者の法的保護を図ってきた伝統的慣行を無視する結果となり，実務や学説の支持を得られなかったのに比べ，責任説はこれらの諸点に十分に配慮した解釈論を展開しており，理論的にも実務的にも優れ，日本法の解釈論としても有用な理論として，筆者はこれを紹介し，支持した次第である。

その後のドイツにおいて，責任説は有力な学者からの支持を得，さらにオーストリー法の下でも支持者が現れたが（H. Koziol, Grundlagen und Streitfragen der Gläubigeranfechtunng〔1991〕, R. Bartsch, R. pollak, W. Buchhegger〔Hrsg.〕, Österreichisches Insolvenzrecht,〔2000〕257ff.〔koziol〕），目下のところ，判例・学説上の通説とはなっていない。その原因は，この説の実際的結果が従来の判例・通説のそれとさほど変わらないからではないかと思われるが，少なくともこの説は債権説に比べ，理論的に格段の明確性を持っている。すなわち，債権者取消権制度による債権者の法的保護手段として，逸出財産が受益者の手中に現存する限り，その特定の目的物に対して直接に強制執行をなすことを認める方法が，取消債権者の保護や受益者に与える影響から見て一番合理的であり，現にドイツ法のみならず

第3節　制度の沿革と比較法

フランス法の下でも，古くからこの方法が行われていたことは，前述したとおりである。ところが，その法的根拠として，旧ドイツ債権者取消権法が定めていた文言は，前述のように，詐害行為を債権者との関係において「無効として取り消し」（第1条），逸出した財産を「なお債務者に属するものとして受益者に対して返還せよと請求することができる」（第7条1項）というものであった。この法律が実体法と訴訟法が未分化であった時代の産物であり，債権者取消権が訴権であった時代の伝統を受け継いでいるものとしても，この文言のみからは，どうして詐害行為取消訴訟が強制執行忍容訴訟と結びつくのか，明確ではない。この法律は，取消の効果として，取消債権者の受益者に対する逸出財産そのものの債務者への返還請求権（原状回復請求権）を認めたものと解釈するのが素直であろう（日本法のもとで請求権説を主張した雉本博士はこのように理解しているようであることを佐藤・前掲書172注（29）が指摘している）。しかし，「初めに事実ありき」で，立法当時のドイツ法実務の慣行として，債権者取消訴訟は当時既に存在していた強制執行忍容訴訟で行われており，その執行忍容判決を債務名義として受益者の手中にある逸出財産そのものへの執行を認めることによって債権者の保護が図られてきたという長年の慣行があり，立法者は，これを前提として，この法律を起草したのであるから，「〔この法律にいう〕取消の効果は，債権者取消訴訟の被告に，目的物を，それが未だ債務者の〔所有〕物であるかのごとくに取り扱うべき債務法的義務を課することにつきる。

この義務は，債権者取消訴訟の被告が，他人の債務のために，自己の所有物に対する強制執行を受忍しなければならないことを意味する」（ライヒ最高裁判所1909年5月18日判決，佐藤・前掲書151参照）と説明されて初めてやや納得が行く。しかしそういう実状であったとすると，債権説をとる立場では，むしろ直截に，取消債権者の受益者に対する返還請求権ではなく，（実体法上の私法的）強制執行忍容請求権を認める旨の規定（ただし，執行の忍容は国家の強制権力によって被告を執行権者に服従せしめるものであり，「執行忍容」は被告の私法的義務内容たりえないとのパウルスの批判がある。下森前掲G. パウルスの志林紹介論稿208）を設けたほうが立法技術としては簡明であったといえようか。前述したように，フランス法の下でも，同じような実状であったが，こちらは執行忍容訴訟という法手続きを持たなかったために，判例が（実体法上の金銭による）損害賠償請求権を認める便法でこれに対処し，ドイツ法はこの手段を有していたが，目的物の返還請求権を認める形で立法上対処したので，ともに後日に問題を残す結果となったように思われる。

このような状況を前提として責任説をみるとき，実体法と訴訟法の分化が確立した現代法体系のもとでの解釈論として，債権者取消訴訟と強制執行忍容訴訟の関係をめぐるこれらの問題点を簡明に説明しうるこの説の理論的優位性は，債権説が通説とされているドイツ法のもとでも揺るがないように思える。また具体的効果論の面でも，債権説に比し，この説は有用な問題を提起している。例えば，

第1章 総　論

先に指摘した受益者側の債権者と取消債権者間の優劣問題などがそうである（この点の詳細は後に日本法の解釈論で説明する）。責任説の有用性は，とくに，訴訟法上強制執行忍容訴訟手続きを持たないフランス法や日本法の解釈論，立法論でよりよく発揮されることになろう。

⑤　ところが，倒産否認権の改正に準じて改正された1994年のドイツ倒産手続外債権者取消権法は，基本的に従来の判例・通説である債権説の立場を維持した。すなわち，まず，基本原則を定める第1条は，「債権者に不利益を与える債務者の法律的行為は，倒産手続の外で，以下の規定の基準にしたがって取消すことができる。」と改正された（なお，同条第2項で不作為も取消の対象となることが明示された）。また旧第7条は，新法では，「第11条　法律効果」に受け継がれ，「(1)取消すことのできる法律的行為によって債務者の財産から譲渡，贈与又は放棄されたものは，それが債権者を満足させるのに必要である限りで，その者の処分に任せなければならない（zur Verfügung gestellt werden）。この場合，利得者が法律上の原因の欠缺を知っている場合の不当利得の効果についての規定を準用する。(2)無償の給付を得た受領者は，それによって利得を受けた限度でのみ，これを債権者の処分に任せなければならない。受領者が，無償の給付が債権者に不利益を与えることを知っているか，又は諸般の事情からこれを知ることができたはずである場合には，この規定は適用しない。」と改正された。因みに，倒産否認権の法律効果の規定は「取消すことのできる法律的行為によって債務者の財産から譲渡，贈与又は放棄されたものは，破産財団に返還されなければならない（zurückgewährt werden）」となっている（倒産法143条）。新法が目的物を「その者（取消債権者）の処分に任せなければならない」という表現に変えた点は責任説の批判を踏まえ，執行忍容訴訟との関係を考慮に入れたものと推測されるし，また，倒産否認権の場合には従来の表現のままになっているのは，倒産否認権の場合は否認権行使の効果につき現物による原状回復を原則としていることによるものであって，包括的清算手続きたる破産と個別的強制執行の準備手続きたる債権者取消権との差異がその背景にあるものといえよう。

この改正のもつ意義につき大要次のような評価がある。新法で，立法者は，第1条で「債権者に対しては無効として」という文言を意図的に削除することにより，物権的法律効果をもたらす債権者取消権を拒否した。その結果，物権説はその法的根拠を失った。この改正により責任説もまた否定されたのかについては問題が残っている。責任法的無効という概念はドイツ法上なじみのうすい（fremd）概念であり，新倒産法においても十分な根拠が認められない。（倒産法143条の定める）返還請求は，（債権者取消権行使の結果として）その帰属がすでに法的に形成されている逸出財産の，債務者の責任財産への事実上の回復をはかるものではない。むしろ，目的財産は責任財産・拘束（Haftungsvermöegen/Verbund）から有効に逸出したのであり，そしてそれ故に，この逸出を解消するために倒産否認（Insolvenzanfechtung) が必要となったのである。取戻の方法は原則として原状回復であり，それが不可能な場合に価格賠償がなさるべきである。破産管財人が目的物を強制的に換価しようとする場合には，返還請求をこのものに対する強制執行の忍容に止めることができる。なお彼は，その選択にしたがって一方的に原状回復に代えて価格賠償の請求をすることは許されない。これらの点から考えると，必ずしも明確とはいえないが，新法が責任説を採用したものとは考えがたい。もっとも，1995年5月18日判決において，連邦通常裁判所は，破産開始前の原状回復不能事例における価格賠償の請求を取消しうべき受領物の継続的責任法的無効により理由付けたが，この結果連邦通常裁判所が，将来債権説を否定するにいたるのかどうか，この点は後の結果を見ないと分からない (vgl. Dauernheim, Das Anfechtungsrecht in der Insolvenz 1998s. 36, 151)。

ダウエルンハイムの上記指摘は倒産否認権に関するものであることに留意すべきである。前述したように現行債権者取消権法11条は，倒産否認権の143条と異なり，取消の効果につき原状回復を原則としていない。旧法7条の「受益者に対して返還せよと請求することができる」という文言は，新法では「債権者を満足させるのに必要な限りで，その者の処分に任せなければならない」という文言に変えられた。この表現からすると，倒産外の債権者取消権は，債務者から取消の相手方に与えられた目的財産をそれがなお債務者の財産に属しているものとして，取消債権者が強制執行の対象とすることの忍容を義務付けるものであり，それは，単に取消しうべき法律的行為がなかったならば存在していたであろう捕取状態 (Zugriffslage) の回復 (債務者の責任財産の強制執行可能な状態への回復) をもたらすものにすぎないといえよう。そうだとすると，原状回復を原則とする，包括的清算手続き (あるいは再生手続き) としての倒産否認権の場合はともかく (ダウエルンハイムは「破産管財人が目的物を強制的に換価しようとする場合には，返還請求をこのものに対する強制執行の忍容に止めることができる」というが，この場合の説明には倒産否認においても責任説が理論的に優れていよう)，少なくとも個別的強制執行の準備手続きである債権者取消権の場合には，責任説が理論的にも，実務的にもより優れた法的構成といえるのではあるまいか (現行債権者取消権法のコメンタールである Nerlich/Niehus, Anfechtungsgesetz, 2000s. 15, 110参照。本書110頁には，責任説に立つ文献一覧が記され，理論的には債権説より責任説がより適切であること，しかし，実務上これまでに債権説が果たしてきた役割・成果を考慮して本書の叙述は通説である債権説による旨の記述がある)。連邦通常裁判所1995年5月18日判決以降のドイツ判例法の進展が注目される。

⑥ 次に債権者取消権の類型について見ておこう。この点につき，旧法は以下のような類型に分けていた (§3)。

(イ) 故意による加害行為 (詐害行為) の取消 (Absichtsanfechtung)　その内容は，(i)債務者がその債権者を害する意思をもち，かつ相手方 (受益者) がその行為の当時債務者の前記詐害意思を知ってなした行為の取消と，

(ii)取消前1年以内に債務者がその一定の親族と締結した有償契約の取消との2つの場合を含む。後者については受益者に債務者の詐害意思の不知につき立証責任が課されている。

(ロ) 無償行為の取消 (Schenkungsanfechtung) これにも，(i)取消前1年以内に債務者によってなされた無償行為の取消と，(ii)取消前2年以内に債務者からその配偶者になされた無償行為の取消とがある。(iii)このほか，その後の改正で3条aが追加され，相続人の法律的行為の規定が設けられた。その内容は「相続人が相続財産から遺留分請求権，遺贈又は負担による債務を履行した場合，相続財産に関する倒産手続で，その給付の受領者に順位において優先するか又はこれと同順位となるであろう相続債権者は，その給付を相続人の無償給付におけると同様に取り消すことができる。」というものであった。この規定は，このままの内容で現行法の第5条に引き継がれている。

⑦ これに対して現行法は，詐害行為取消の類型につき，故意による加害行為 (3条)，無償給付 (4条)，相続人の法律的行為 (5条)，出資に替わる貸付 (6条) の4ヶ条を設けた。

(イ) 故意による詐害行為の類型はさらに2つの類型に分けられている。すなわち，(i)債務者が取消前10年以内にその債権者に不利益を与える故意 (Vorsatz) をもってした法律的行為　法律的行為がなされた時に債務者の故意を相手方が知っていた場合，取消が認められる。なお，相手方が債務者の支払不能が差し迫っていること及びその行為が債権者に不利益を与えることを知っていた場合には，債務者の故意を知っていたものと推定する。
(ii)債務者が（倒産法138条に定める）緊密な関係にある者との間で締結した有償契約　それによって債権者が直接に不利益を被る場合に取消が認められる。ただし，その契約が取消の2年以上前に締結されたものであるか，又は契約締結の時に債権者に不利益を与える債務者の故意を相手方が知らなかった場合には，取り消すことができない。

上記第3条第2文にいう倒産法138条に定める「緊密な関係を有する者」とはつぎの者をいう。

Ⅰ　債務者が自然人であるときは，以下の者を緊密な関係を有する者とする。
1. 債務者の配偶者，婚姻が法律的行為後に締結され，又はその行為前1年以内に解消したときも同様とする。
2. 債務者又は第1号の定める配偶者の尊属及び卑属にあたる親族，及び債務者又は第1号の定める配偶者の父母の双方又は一方を同じくする兄弟姉妹ならびにこれらの者の配偶者
3. 債務者と家庭的共同生活を行なっているか又は債務者と家庭的共同生活を行為前1年以内に行なっていた者

Ⅱ　債務者が法人又は法人格のない会社であるとき，次の者を緊密な関係を有する者とする。
1. 代表機関又は監査機関の構成員ならびに債務者の無限責任を負担する社員，及び，債務者の資本に対して4分の1を越えて参加をしている者
2. 会社法又は雇用契約と同視しうる債

第3節　制度の沿革と比較法

務者に対する関係に基づいて債務者の経済的事情について情報を得る可能性を有する者又は社員
3．第1号又は第2号に定める者に対して第1項に定める人的な関係にある者，ただし，第1号又は第2号に定める者が法律によって債務者の業務に関して守秘義務を負っているときは，この限りでない。

(ロ)　無償給付の取消し
(i)　債務者のした無償の給付は取消すことができる。ただし，その給付が取消前4年以上前になされたものであるときはこの限りでない。
(ii)　機会ごとになされる慣習的贈与（Gelegenheitsgeschenk）として行なわれた小額の給付は取消すことができない。
(ハ)　相続人の法律的行為の取消しは，旧法第3条aと同様であること前述したとおりである。
(ニ)　出資に替わる貸付（Kapitalersetzende Darlehen）の取消　社員の出資に替わる貸付金の返還を求める債権またはそれと同等の債権のためになされた以下の法律的行為は，取り消すことができる。
(i)　担保を提供した法律的行為は，それが取消前10年以内になされたものである場合
(ii)　満足を与えた法律的行為は，それが取消前1年以内になされたものである場合
(ホ)　この他の現行法の規定内容としては旧法と同じ項目として抗弁による取消，執行力ある債務名義，取消の相手方の請求権，特定した請求の趣旨，仮執行宣言付債務名義・留保判決，権利承継人に対する取消等の規定があり，新たに設けられた項目規定として期間の算定，法律的行為のなされた時点，倒産手続きとの関係に関する3ケ条の規定，国際取消権の規定等があるが，これらの規定内容さらには旧法との関係については紹介を省略する。

(ヘ)　以上の現行法の内容を総括すると，新たに設けられ，かつ部分的により精緻化された現行法の規定は，旧法と基本的には同一性を保っているといえる。しかし，とくに旧法におけるあまりにも短い権利行使期間，立証責任の不利な分配が取消請求を困難ならしめる重要な原因の一つであったという実情に現行法は配慮した。その結果，立法者は，個々の規定の制定にあたりその簡明化をはかるとともに，取消請求の成立要件を厳密に規定し，行使期間を延ばし，債権者の立証責任を軽くした。さらに，債権者取消権法の倒産法への連結は，ただそれのみに止まらず，それを超えて，倒産否認の規定（倒産法129条～147条）に関する判例・学説が，債権者取消権の場合にも妥当することを明瞭にしたといえる。もちろん，個別的強制執行法と倒産法間の差異が個々の具体的事例において異なった取り扱いを必要とする場合は別であるけれども（以上の総括は前掲ネルリッヒ／ニーフスのコンメンタール12頁による）。

(3) アメリカ法

(a) 英米法においても詐害行為取消権制度が存在する。イギリスにおいて最初に制定された詐害行為に関する法律は，1570年に制定された Statute of 13 Elizabeth.c.5 であるという。この法律およびそれに関する判例の諸準則が，その後アメリカ合衆国の各州に，母法として，制定法あるいは判例法の方式で継受された。しかし，その後，各法域の詐害行為取消法の内容が極めて多様となり，そのために統一州法典の制定が望まれ，1918年にいたって，統一詐害行為防止法 (Uniform Fraudulent Conveyance Act, 以下 UFCA と略称する) が，統一州法委員全国会議によって正式に承認された。そして，1978年までに24法域がこの UFCA を採用した。さらに，UFCA は，1985年に Uniform Fradulent Transfer Act (以下 UFTA と略称する) へと名称が変更され，その内容についても大幅な修正が施されるに至った (アメリカ法については，佐藤・前掲書189以下が詳細である。アメリカ法に関する本稿の記述はこの研究に依拠する)。なお，アメリカ法特有の問題として，UFCA 法制定前のアメリカ合衆国においては，債権者の債務者に対する金銭支払請求訴訟はコモン・ロー上の救済方法とされ，詐害行為取消訴訟はエクィティ上の救済方法とされていたために両者の関係・裁判管轄などをめぐって困難な問題が生じ，たとえば前者の給付判決を得ずして，後者の救済を求めることができるかといった問題が争われ，このことが UFCA 制定の重要な一因でもあったという (佐藤・前掲書204以下)。

(b) UFCA は全部で14ケ条の規定からなり，詐害行為の成立要件については第4条 (支払不能 [insolvent] となった者による詐害行為) および第5条 (現実の詐害意図 [actual intent] による詐害行為) に規定があり，詐害行為取消訴訟提起の要件や債権者の救済方法については第9条 (期限の到来している被保全債権の場合) および第10条 (期限未到来の被保全債権の場合) に規定がある。

第9条は，大要次のような規定となっている。(1)ある譲渡または債務の負担行為がある債権者に対して詐害行為となる場合，それによって害された債権者は，被保全債権の弁済期が到来した場合には，善意かつ相当な対価を支払った任意取得者 [purchase]，または，その直接あるいは間接の転得者を除いたすべての受益者に対して，(i)当該債権の満足に必要な限りで譲渡行為を取り消し [set aside]，債務負担行為を取り消す [annul] ことができる。または，(ii)その譲渡を無視して，譲渡された財産に仮差押を行う [attach] か，もしくは，強制執行による差押を行うこともできる。(2)現実の [actual] 詐害意図を有しない任意取得者が，譲渡〔の目的物〕または債務〔免除の対象たる債権〕に対して不相当に安い対価を支払った場合には，その任意取得者は〔この対価の〕払戻 [repaymennt] の担保として，その財産または債権を保有することができる。

第10条の内容は，こうである。譲渡または債務負担行為が，弁済期の到来していない債権を有する債権者に対して詐害行為となる場合には，その債権者は自己の債権の弁済期が

到来しているならば訴訟を提起できるであろうすべての債務者に対して，競合管轄（コモン・ローとエクィティとを同時に審理できる事物管轄）を有する裁判所に訴えを提起することができる。この場合，当該裁判所は，(i)被告の財産処分行為の制限，(ii)財産保管のための管財人の任命，(iii)譲渡行為や債務負担行為の取消，(iv)当該事件における状況が必要とするあらゆる命令を下すこと，ができる。

(c) その後，60年以上の時の経過によって，その内容の修正が必要となったので，前述のようにUFTAが制定されたのであるが，重要な新規定は，① 第4条(b)において，「現実の詐害意図」の判断基準が精密に規定されたこと，② 第5条(b)において，詐害的譲渡の新しい類型としてInsider Preferenceの規定（支払不能[insolvent]である債務者が，その債務者が支払不能であると信ずるについて合理的理由を有する債権者に対して，偏頗的譲渡[preferential transfer]を行った場合）が設けられたこと，③第3条(b)において，involuntary Transfer（非任意的譲渡）の規定（債務不履行を原因とする担保権の実行から生ずる〔非任意的な〕取引の効力を保護した規定）が設けられたことなどである。債権者取消訴訟による債権者の救済方法に関する諸規定については重要な変更がなく，UFCA 9条，10条と同様に①詐害行為の取消判決，②その他の仮の救済，が存在するという。

(d) 近時の佐藤論文で明らかにされた興味深い結論は，現在のアメリカ法の下では，債権者の債務者に対する金銭支払請求訴訟と詐害行為取消訴訟とが併合して提起されることが多く，原告債権者（取消債権者）はただ1回の訴訟で詐害行為の目的物に対して直ちに強制執行をかけ，被保全債権の満足を受け得るようになったこと，したがって，アメリカ法においても，UFCA第9条に基づく取消判決は，その判決を基礎として，受益者の手中にある詐害行為の目的物に対する強制執行を可能とするという機能を持つものであり，その法的機能は正にいわゆる執行忍容訴訟に他ならない，という事実である（佐藤・前掲書229）。

(4) 日本法の沿革

(a) 民法424条はフランス民法1176条にならったといわれる。また，破産否認権は，旧商法の下では同じくフランス商法の規定にならっていたが，旧破産法72条（現行法160条）以下の規定は，ドイツ破産法の影響を強くうけていた。なお，取消の効力が総債権者の利益のためにのみ生ずるとする425条の規定は，現在では，わが民法に独特な規定となっている（前述したように，この規定は，ボアソナードが当時のフランスの絶対的効力説を採用したことに由来する。詳細は佐藤・前掲書123以下および241以下参照）。ドイツ法では取消の効果は取消債権者のためにのみ生じ（Anf.G. §§ 1 u. 7，現行法§11），フランスの判例ならびに学説も，今日ではドイツ法と同様な結果を承認している。

(b) 旧民法典財産編は340条より344条まで

の5ケ条の規定を設けていた（旧民法および現行民法の起草過程の詳細については，佐藤・前掲書241以下および同「民法424条〜426条（債権者取消権）」広中・星野編『民法典の100年Ⅲ』〔有斐閣，平10〕57以下参照。なお，ボアソナードは，基本的には当時のフランス法に依拠しつつも，彼独自の見解をいれて，かなり詳細な規定を設けた）。その特色としては，①詐害的馴合い訴訟についても再審の方法で訴えうることとしていること，②債務者を訴訟に参加せしめることを要するものとしていること，③とくに有償行為の場合につき，債務者・受益者に通謀のあることを取消債権者が立証することを要するものとしていること，④取消債権者は詐害行為以前に債権を取得しているものに限るが，取消の効果は総債権者を利するものとしていること，⑤廃罷訴権は詐害行為の時より30年または詐害行為を知った時より2年で時効により消滅するものとしていること，などである。上記②の持つ意義につき，この規定は，前述のように，ボアソナードが詐害行為取消の効果について絶対的効力説を採用した（上記④）ことと関係があり，債務者を強制的に詐害行為取消訴訟に引き込む（被告としてではない）ことによって，債務者に，彼が行った詐害行為の有効性を主張させる機会を与えるとともに，取消判決の効力（被告ではないから判決主文の効果は及ばないが）を債務者に対抗せしめ，別訴において債務者が彼の行った行為が詐害行為ではないという主張を為すことを封じ込めようという意図があったのではないかとの推測がある（佐藤・前掲書247，なお，淡路272参照）。

（c）現行民法の成立過程についてみておくと，三起草委員は，旧民法の規定を基にして，419条より422条の4ケ条に原案をまとめた。旧民法との主たる差異は，①受益者または転得者を被告とし，それに債務者および転譲者を参加せしむることを要するとしたこと（原案419），②馴合い訴訟に対する再審の規定は，民事訴訟法で十分なので削除したこと（詐害判決に対する救済として旧々民訴483条におかれていた特別再審の規定は，その後削除されたため，今日問題を残している。船越隆司「詐害判決論——債権者取消権と管理処分権に関する考察」新報74巻4＝5号〔昭42〕105以下参照），③有償・無償の区別を廃止し，④通謀を「詐害ノ事実ヲ知ル」に改め，⑤被保全債権の成立は詐害行為に先立つことを要するのは当然として削除，⑥旧民法の一般の消滅時効期間が30年間から20年とされたことに歩調を合わせて取消請求の時効期間を20年としたこと（原案422条）などである。

法典調査会の審議過程では，①取消訴訟の相手方如何や，②次々と譲渡された事例において，間に善意者が入っていた場合はどうなるか，③取消の効果が相手方の債権者にも及ぶかどうか（原案421条，現行425条）などについて，かなり突っ込んだ議論が闘わされた（法典調査会民法議事速記録〔商事法務版〕(3)101以下。なお，吉村良一「〈史料〉債権総則⒁」民商83巻6号149以下参照）。これらの議論を見ると，債権者取消権の法的性質や取消の効果については，立法者の見解は必ずしも一致しておらず，異なった解釈の余地を残しつつ現行424条以下の規定が定められたといえそうであり，

後にさまざまな見解が主張される原因の一端となった（淡路274）。

第4節　制度の法的根拠と取消権の法的性質

1　制度の法的根拠については，取消権の法的性質をどう把握するかの問題との関連で，とくに後述する請求権説を主張する論者が，請求権の法的根拠を説明する必要上から，いろいろの議論を展開している（詳細は，加藤・前掲論文200以下，石坂音四郎「債権者取消権（廃罷訴権）論」『民法研究Ⅱ』〔大2〕95以下，下森・前掲論文65以下，林錫璋「債権者取消権」『民法講座4（債権総論）』〔有斐閣，昭60〕144以下，佐藤岩昭「民法424条～426条（債権者取消権）」『民法典の百年3巻』57以下〔平10〕，同・前掲書285以下，飯原一乗『詐害行為取消訴訟』（以下飯原『訴訟』として引用する）〔悠々社，平18〕17以下参照）。

(a)　不当利得説

債権者取消権の本体を，債権者から受益者に対してその得た利得の返還を請求する権利であるとし，その返還請求権の法的性質，さらには制度の法的根拠を不当利得の思想に求めるもの。

古い判決例の中には，債権者取消権を不法行為上の救済権としたものもあるが（東京控判明44・8・8最近判9・97；判例体系10-4・1443），大審院はこれを否定している（大判明39・7・9民録12・1106）。

(b)　衡平の見地から法がとくに認めたものとする説

債権者取消権の法的性質につき債権説をとるイェーガーが債権発生の根拠づけのためにこの考え方を強力に主張し，ドイツの通説となった考え方であるが，彼によると，法の定める取消の要件に該当する事実がある場合には，当然に債権者と取消の相手方との間に，衡平の見地からとくに法の認めた（取消の目的物の返還請求を目的とする）法定債務関係が発生するという。つまり，債権者取消権＝返還請求権の法的根拠を「衡平の見地からとくに法が認めた」という点に求めるものであり，わが国の通説もこの説の影響の下に，債権者取消権をもって衡平の見地からとくに法の認めた権利とする（雉本朗造「債権者取消の訴の性質」志林18巻1号〔大5〕30，加藤・前掲論文273，鳩山202ほか）。しかし，法が何故にとくに認めたのか，認めるのが何故衡平なのかにつき説明はなく，問をもって問に答えた感がある（星野106）。なお，ドイツ現行法が債権説を維持していることは前述したとおりである。

(c)　責任説（あるいは責任秩序維持説）

債権者取消権制度は，あたかも物権的秩序の維持貫徹のために占有訴権や物権的請求権の制度が設けられているのと同様に，責任秩序維持のためにとくに法が認めた制度と説く

もの。つまり，この制度は，商品流通秩序を害さない範囲において（受益者・転得者の取引安全保護），あるいは，債権者間の平等を顧慮しつつ（受益者が債権者の一人である場合の債権者平等——弁済や代物弁済の詐害性の場合），近代法の承認する債務者の財産管理の自由を，債権法の背後においてこれを支えている責任秩序に調和せしめる（責任財産保全による債権者の保護）という目的と機能とを営むものとみるものである（下森・前掲志林57巻2号77以下および同「債権者取消権の成立要件に関する研究序説」川島還暦記念・民法学の現代的課題〔昭47〕252以下。なお，星野106はほぼこれを支持する。ただし，責任財産維持説という表現による。近時は平野318その他が支持）。

2 債権者取消権の法的性質について，学説は大いに分れている。債権者取消権は前述したように，債務者の一般財産を保全するために，これを不当に減少させる債務者の行為（詐害行為）の効力を否認して，債務者の一般財産から逸出したものを一般財産に取戻し，よってその後の強制執行を実効あらしめることを目的とする責任財産保全の制度であるが，その法律的性質を定めるにあたって，詐害行為の効力を否認することをもってその本体とするか（形成権説），逸出した財産を取り戻すことをもってその本体とするか（請求権説），あるいはまた両者の合したものをもってその本体とするか（折衷説），さらにはもっと直截に，逸出した財産そのものに直接強制執行をなしうる状態の作出をもってその本体とするか（責任説・訴権説）によって説を異にするのである。判例は大審院連合部明治44年3月24日判決（民録17・117）以来，第3の立場をとり，近時の通説も大体においてこれを支持しているが，近時，第4の立場が新たに登場してきた。

学説の対立は，これまで大別して以上の4つに分けて説明されるのが通常であるが，細かくみるとさらにいくつかに細分しうるし，また異なった角度からの分類も可能である（その一つの優れた分類法は，広中俊雄「債権者取消権の性質——法的構成」学説展望〔ジュリ300号〕〔昭39〕150〔『民法論集』所収〕である）。しかし，ここでは従来の分類法にしたがって主要な学説を紹介しておく（ドイツでも同様な学説の対立があり，日本の学説はこの影響をうけているのであるが，この点につき，松坂・債権者取消権の研究所収の2論文，下森・前掲志林57巻2号参照。なお，星野119に問題の鋭い分析がある。また近時の整理として，飯原『訴訟』20以下がある）。

債権者Xの債務者Aが，他に資産がないにもかかわらず，唯一の不動産をY（受益者）に贈与し，YはこれをZ（転得者）に譲渡し，それぞれ移転登記をしたという事例の下に，学説の差異を考察しよう。

(a) 形成権説
詐害行為の効力を否認することをもって取消権の本体とする説（主として石坂）であり，債権者取消権は，意思表示の瑕疵に基づく取消権と同じく，詐害行為（AY間の贈与行為）を取り消し，その効力を遡及的・絶対的に（あるいは物権的に）無効ならしめる形成権であ

るとする。したがって，①その訴えは，取り消されるべき行為の当事者たるAYを被告とする形成訴訟である（因みに，石坂説では詐害行為が債務免除のような単独行為の場合には債務者のみが被告となるという）。②取消の結果，AはYに対して不当利得返還請求権を取得するが，Aが任意にこれを行使しない場合には，Xは，逸出財産の取戻しのためには，債権者代位権によって，Aに代位してこの権利を行使することとなる（石坂・前掲論文82以下。この他，その説くところは必ずしも同一ではないが，仁井田益太郎「債務者の取消権を論ず」法協31巻12号〔大2〕70以下，川名276，岡松参太郎・新報29号〔大8〕5，梅〔424条の注釈〕，鳩山〔旧説〕・旧版167以下等が，この説に属すると思われる）。

なお，③転得者Zとの関係については，Zは悪意の場合には取消の影響を受けるが，この場合にもZは取消の訴えの被告とならず，ただ取消の効果として，Aが返還を請求するか，Xがこれに代位して請求することができるだけという（石坂。もっとも，被告が誰であるかはこの説の中でも議論が分れ，AYZを共同被告とすべしというもの〔梅〕，Y1人を被告とすべきであり，AまたはZは従参加人となりうるとするもの〔川名〕などがある）。

形成権説は，法文の文理にもっともよく適合はするが，取消訴訟のほかに債権者代位訴訟を余儀なくされることの不便さと，すべての法律関係を絶対的に無効ならしめることの不当性の故に，この説を支持する者がほとんどなかったが，近時，新形成権説とも呼ぶべき見解が新たに主張されている（前田説，長井説→(f)）。

(b) 請求権説

詐害行為によって債務者の一般財産から逸出した財産を取り戻すことをもって取消権の本体とする説（主として雉本）であり，債権者取消権をもって純然たる債権的請求権（法律の規定によって直接発生するという）と解し，詐害行為の結果逸出した財産の取戻しを請求する権利であるとする。したがって，①その訴えは，財産返還請求の相手方（YまたはZ）だけを被告とする給付訴訟である（なお，詐害行為が債務の免除である場合には，債権者に対する関係で債務を負担せよという要求であるという〔川島〕）。②また，その請求の効果は，AY・YZ間の行為（贈与契約・売買契約）には直接に影響を及ぼさない（雉本朗造「債権者取消の訴の性質」志林17巻3号〔大5〕1以下，同12号〔大5〕63以下，川島69以下参照）。

この説は，制度の目的を直視するものであって，最も要領よきもののようであるが，取消権をもって債権的請求権と解する条文上の根拠を欠くし，実質的にも民法が取り消すことをもって取消権の効力と規定したのを全然無視するのは妥当でなく，また少なくとも財産の返還を請求する基礎として詐害行為の効力を奪うことをもって取消権の一内容となすのが至当である，との批判がなされている（我妻173。なお，雉本説に対する石坂説の批判参照）。さらに責任説の立場から，債権者取消権の目的をもって財産の現実的取戻しとみることにそもそも問題があり，取戻しは責任財産保全のための一手段にすぎず，他の方法（例

えば，強制執行の忍容の訴え）でも右目的の達成は可能なのであるから，責任財産保全のための法論理的基礎は，やはりこれを詐害行為の効力のなんらかの意味での否認に求めるのが妥当である，との批判がある（下森・志林57巻3＝4号204）。請求権説は今日かつての形そのままでの支持者はほとんどみない（ただし，責任説は，ある意味では，川島・請求権説の延長線上のものという側面をもち，川島博士はPaulsの責任説を高く評価され，その後責任説に改説された（『民法第二部講義案』197，東京大学出版会教材部〔昭39〕，同判批法協81巻6号93参照）。また，竹屋芳昭「債権者取消権に関する一考察」（法政研究24巻3号〔昭32〕）もこの系譜に入るとみうる余地がある。

(c) 折衷説

詐害行為の効力を否認することと財産を取り戻すこととの両者をもって取消権の本体とみる説であり，債権者取消権は詐害行為を取消しかつ逸出した財産の取戻しを請求する権利だとする。この折衷的な立場には，やや取消に重きをおくもの（主として鳩山）と，やや取戻しに重きをおくもの（主として加藤正治），およびその中間に位置するもの（判例・通説）の3説があるが，ここでは判例の採用する物権的相対無効説を紹介しておく。判例は，当初から債権者取消権をもって詐害行為を取り消しかつこれを根拠として逸出した財産の取戻しを請求する権利であるとし，今日までいささかの変化もみない。

すなわち，近時も最高裁は，離婚に伴う財産分与の詐害行為取消の範囲が争われた事件において，詐害行為の成立を認めて逸出財産の取戻しを命ずる場合には，裁判所は判決主文中で当該詐害行為の取消を宣言した上で，逸出財産の返還を命じなければならないと判示して，取消を宣言することなく取戻しを命じた原審判決を破棄し，差戻している（最判平12・3・9民集54・3・1013）。

しかし，詐害行為取消の効果については，明治44年3月24日の連合部判決以来変更をうけ，取消の効果は単に訴訟当事者たる債権者と受益者または転得者との関係において生ずるに止まるとし，いわゆる取消の相対性という解釈論を堅持して，今日に至っている。

【1】 大連判明44・3・24民録17・117

事実 AY間の山林の売買行為を詐害行為として，Aの債権者Xが，AYを相手に取消および移転登記の抹消を訴求したところ，この山林はすでにYからZに転売されていた。そこで，Zをも被告に加えなければならないとして，原判決が先例の立場に従いXを敗訴させたので，Xから上告。大審院連合部は，先例を変更し，大要次のごとく判示した。

判旨 債権者取消権は，債務者の「法律行為（詐害行為）ヲ取消シ，債務者ノ財産上ノ地位ヲ其法律行為ヲ為シタル以前ノ原状ニ復シ，以テ債権者ヲシテ其債権ノ正当ナル弁済ヲ受クルコトヲ得セシメテ其担保権ヲ確保スルヲ目的トス」ものであり，したがって，この目的よりみれば，「債権者カ特定ノ相手人トノ関係ニ於テ法律行為ノ効力ヲ消滅セシメ因テ以テ直接又ハ間接ニ債務者ノ財産ヲ原状ニ復スルコトヲ得ルニ於テハ其ノ他ノ関係人トノ関係ニ於テ其法律行為ヲ成立セシムルモ

其ノ利害ニ何等ノ影響ヲ及ボスコトナシ」(民録17・121)。そこで，具体的には，①債権者Xは，詐害行為の目的物またはこれに代る利得を保有する受益者Yまたは転得者Zに対してその返還を請求することができる。②しかし，債務者Aの詐害行為を取り消すこともこの権利の内容なのであるから，この場合にも，判決の主文において取消を命じなければならない（訴外AとYとの間の契約を取り消す。Y〔又はZ〕は目的不動産の登記名義をAに返還すべし，という趣旨の判決をする。Yが被告のときは抹消登記を命ずる判決が多い）。③のみならず，債権者Xは，Y又はZに対して返還を請求せずに，これらの者に対して取消だけを訴求することもできる。④しかし，いずれの場合にも，詐害行為の取消は，債権者が受益者または転得者から財産の返還を請求するのに必要な範囲において，これらの者に対する関係においてのみ，つまり相対的にのみ詐害行為の効力を否認するものであるから，訴えの被告は利得返還の相手方つまり受益者または転得者に限る（債務者Aを被告とする必要はない）。取消のみを目的とする場合も同様である。

上記判旨の一般論はさておき，本件訴訟の争点は，Xが転得者Zを被告として加えず，さらにYに対して原状回復に代る価格賠償の請求をしていなかったことの当否にあったのであるから，この判決の先例的意義は，事実と結論との対応関係で先例的意義をとらえる厳格な立場から言うと，「詐害行為取消訴訟においては，転得者Zを被告に加える必要は必ずしもなく，また取消のみを訴求してもよい」，という点にあったといえよう（私見はこれを「本来先例的意義」と名づけている）。そして，この結論の根拠付けとして用いられた判旨の法的構成である「相対的無効論」は

第4節　制度の法的根拠と取消権の法的性質

抽象的一般論（傍論）に過ぎないものであったといえる。しかし，この後，大審院は，採掘権のA→Y→Zへの譲渡行為につき，Aの債権者XがZのみを被告として取消訴訟を訴求した事案で，AYをも共同被告とすべきだというZの抗弁を，取消の相対効を理由に排斥し（【64】大判大6・3・31民録23・596），さらに，建物所有権のA→Y→Zへの移転後，ZよりAに対する家屋明渡請求訴訟で，Aが，AY間の譲渡行為がその債権者Xにより詐害行為として取り消されたことを理由として明渡を拒絶したところ，大審院は，取消の相対効を理由としてこの抗弁を排斥した（大判大7・4・29民録24・791）。さらにまた，帆船のA→Yへの譲渡が詐害行為として取り消された後，右帆船がすでに転売されていたので，取消債権者Xが，これに代る価格賠償請求権をAがYに対して取得したものとして，その請求権につき転付命令を得てYに履行を請求した事案で，大審院は，取消の相対効の結果，XはYに対し直接固有の価格賠償請求権を取得するものとして，Xの請求を拒絶した（【92】大判大8・4・11民録25・808）。このような形で，その後，本判例の展開した「相対的無効論」は，この後の判例の判断に影響を及ぼし，重要な先例として機能したのである。判例研究の目的には，将来の裁判の予測（客観的分析）と判例形成への働きかけ（実践的主張）の2面があるが，成文法主義の下での判例研究に当たっては，英米法流の不文法主義の下での（本来）先例的意義の研究と並んで，判例の法的構成（解釈論），抽象的一般論のもつ先例的意義（私見はこれを「解釈先例的意義」と

第1章 総　論

名づけている。この概念の提唱については，拙稿「不特定物売買と瑕疵担保責任(1)」法学志林66巻4号〔昭44〕88頁以下参照）の研究も重要であることを，わが国のこれら一連の判例法の展開は物語るものといえよう。

ところで，判例のこの相対的無効論に対しては，学説の側から，①判決の既判力と実体法上の効力とを混同している，②相対的にではあれ物権的に法律行為を無効ならしめることの必要性・妥当性への疑問，③物権的相対的無効概念の意味内容の不明確性，④取消債権者固有の取戻請求権あるいは価格賠償請求権発生根拠の理論的不明確性，⑤相対的無効といいながら不動産譲渡行為の取消の場合など抹消登記を認める結果，絶対効を認めた場合と実際問題の処理がさほど変りのない結果となることの問題性（現行不動産登記法は相対的抹消登記を認めていない。なお，抹消に代えて移転登記を命ずることもあるが，両者の関連，その理論的根拠は必ずしも明確でない）といった問題点が従来指摘されていた（判例法に対する学説からの批判は，比較的初期のものは前掲加藤論文に要約され，相対的無効概念の内容についての具体的批判は板木論文〔前掲書455以下〕に詳しい。その後の批判については，下森「債権者取消権に関する一考察」志林57巻3＝4号〔昭35〕210以下参照。また近時の整理として，淡路280以下，潮見Ⅱ70以下，大村176以下，平野321以下，加藤（雅）223以下，飯原『訴訟』23以下等参照）。

しかし，相対的無効概念の内容・効果にはかなりの疑問があるものの，判例の具体的考え方は，債権者取消権制度の真の目的を直視し，条文を無視しない範囲内で取消の効力を必要な範囲内に局限せんとするものであって，全体的にみて妥当であること，かつまた明治44年の連合部判決以来この理論を基調とした多数の判例が集積し，強固な判例法が形成されているという事実を踏まえて，学説上の通説の支持を受けるに至った（我妻175以下，柚木＝高木189，於保180，松坂116，鈴木124，星野118以下等。ただし，いずれも若干の留保あり。最近の積極的支持説として近江139，飯原『訴訟』25）。

しかし，その後，通説を支持する論者の中にも後述する責任説の批判を踏まえて，修正的構成を試みる考え方があらわれた。すなわち，折衷説は，責任説が批判するように，逸出財産の原状回復・取戻しに目を奪われ，責任財産保全という制度の究極目的を視野に入れていない。とくに，原状回復を認める結果，取戻財産の処分可能性まで債務者に回復させることとなり，かえって債権者の掴取を脅かしかねなく，そもそもかかる法的構成自体が取消しの相対効という基本的立場と矛盾する。さらにいうと，相対的取消という基本的立場は個別局面において必ずしも貫徹されておらず，たとえば取戻財産が金銭の場合における取消債権者の相殺による事実上の優先的弁済受領において，受働債権とされる債務者の取消債権者に対する不当利得返還請求権の法的根拠の説明が相対効構成の下では困難であり，相対的取消といいつつも，その効果は絶対的取消と変らないようにも見える。かかる反省の上に立って，相対的取消構成を基本としつつ，「債務者（人）」と「責任財産」を分離し，取消判決の効力は人としての債務者（債務の

主体）には及ばないが，責任財産（責任の担い手）には及ぶものとし，取消債権者はあたかもかかる責任財産の管理者としての立場において訴訟を追行し，財産の復元をはかるものである，と説明する考え方である（奥田284以下）。この説明は，責任説に理論的には理解を示す立場に立ちつつ責任的取消あるいは責任的無効及び責任判決という観念のもつなじみにくさから，相対的取消理論を維持しつつ，債務者と責任財産の分離によって執行対象としての適格性の回復を維持しようと試みたものである。取り戻された財産に対する強制執行は常に債権者と債務者との関係において遂行されるものであるのに，債務者に取消しの効果が及ばないという相対的取消説の致命的欠陥（中野貞一郎『民事執行法〔増補新訂5版〕』286以下〔平18〕）が，債務の主体としての債務者と責任の担い手・主体としての責任財産の分離というこの説明で克服できるといえるものかどうか，また，取消判決後はともかく，訴訟の提起時においてすでに取消債権者が債務者の責任財産の管理者としての立場に立つものといえるものかどうか疑問なしとしない。この説明は結局のところ，手続法上のみならず，実体法上も一定の限度で今日なお，債務と責任の分離，物権的秩序・債権的秩序と責任秩序，物権的無効・債権的無効と責任的無効の区別の有用性を主張する責任説の立場に理論的には収斂することとなろう。

他方また，相対的取消構成は，当事者ごとの相対的構成をとるために，関係者が複数存在する場合には，原告・被告間で効力を否定された債務者・受益者間の法律行為が，この相対的関係にとりこまれない当事者（転得者，さらには受益者・転得者の債権者）との関係では依然として有効とされる結果，法律関係が錯綜し，かえって取引関係を不透明にし，混乱させるおそれがある（潮見Ⅱ90頁）。これらの諸点については，近時の判例でも，いくつかの問題点が現れているところなので，後述の各論部分で具体的に指摘したい。

(d) 責任説

この説は，その立論の出発点を，詐害行為によって害される債権者の不利益の分析に求める。すなわち，近代法の下では，債務者には，破産宣告や特定財産への強制執行以前には，その所有財産に対する排他的独占的支配権が承認され，他方，債権者は，債務者の処分行為によって惹起される責任財産の増減・変動を甘受しなければならない。そして，債権者が債務者の財産から強制執行によって債権の満足を受ける権限は，担保物権におけるとは異なって，原則的には単に債務者その人の財産に対してのみ行使しうるのであるから，債務者が譲渡その他の方法によって失った財産は責任財産から除外される。つまり，財産の逸出ないし消失は同時に責任の逸出ないし消失を意味する。いわゆる詐害行為によって債権者が蒙る不利益とは，財産の逸出それ自体というよりは，正確にはそれに伴う責任の消失（これを「責任的反射効」と呼ぶ）ということになる。かくて，責任説は，債権者取消権行使の効果としては，詐害行為それ自体を相対的にではあれ，取り消して無効とする必要はなく，財産逸出に伴う責任的反射効のみ

を取消によって無効ならしめれば必要かつ十分である，と説く。つまり責任説は，債権者取消権をもって責任的無効という効果を生ずる一種の形成権とみるのであるが，その行使としての取消訴訟は形成訴訟だという（当初，確認訴訟説を唱えていた下森説は，その後中野説をいれて改説。なお，第3章第1節参照）。さきにあげた具体例で説明すると，責任説では，取消の効果は債務者の地位に直接影響を及ぼすものではないから，Aを被告とする必要はなく，受益者Yまたは転得者Zを相手とすればよい。かくて，Xは，まずYを相手に取消訴訟を提起し，かつ，すでに転得者Zに目的物が転売されているときは責任の回復に代る価格賠償の請求をなしうる（形成訴訟と給付訴訟）。また，Xは，Zのみを相手として取消訴訟を起してもよく，この場合，取消判決が確定すると，AY間の贈与行為の責任的取消の結果，当該不動産はYの下でAの責任財産を構成していたことになり，その地位をZが承継したことになる（責任的取消の限度で絶対効）。そこで，Zは，その不動産所有権を相対的にではあれ失うわけではないが，その所有名義のままでAの債務につき物的有限責任を負う形となる（物上保証人のような地位にたつ）。これで責任財産の回復の目的は達成されたことになり，債務者のもとへの現実の取戻しを求める取戻訴訟の必要はないが，責任関係の実現のためには，Zに対する強制執行忍容訴訟（責任訴訟＝給付訴訟）を取消訴訟と同時にまたはその後に提起する必要がある。つまり，XはZに対する取消判決および責任判決（Zに対する債務名義）を得た上で，Aに対する債務名義（ただし，中野説はAに対する債務名義は不要とする——後掲論文参照，下森説は必要とする）に基づき，Z名義の当該不動産に対して直接強制執行をなすことで満足を受けうる（回復された責任財産からの債権満足の手続は折衷説の立場と変らない。ZからAに現物や登記名義を現実に取り戻す必要がない点が異なる。責任説を提唱するものとして，中野貞一郎「債権者取消訴訟と強制執行」民事訴訟雑誌6号〔昭35〕『訴訟関係と訴訟行為』〔昭36〕所収〕，下森・前掲志林論文および私法29号〔昭42〕）。その後，この考え方に立法論として，さらには解釈論としても共鳴あるいは妥当性を肯定し，あるいは検討に値するとするものがあらわれてきた。すなわち，この説は債務者の責任財産を保全して強制執行に備える，という債権者取消権制度の目的に適合した形にその制度内容を限定して構成し，判例通説である折衷説の理論的難点を解決した点で優れていると評価するものである（たとえば，前掲川島新説，三ケ月・民事訴訟研究2巻196，新堂幸司・法協82巻6号〔昭41〕151，星野英一・法協83巻1号132，飯原・前掲司法研究報告書18巻2号15・251，林（安永）＝石田＝高木190，安達129以下，林錫璋「債権者取消権」『民法講座(4)』〔昭60〕204など，最近では，潮見II92以下，山野目章夫「詐害行為取消権の法的構成は，どのように展望すべきか」『現代契約と現代債権の展望』〔平2〕114，前掲判夕論文，などが基本的あるいは積極的に支持し，また，平野297，淡路287以下，加藤（雅）234以下が部分的に支持あるいは修正し，その理論的・実務的問題点を具体的に指摘して，問題点を掘り下げた考察をしている）。しかし，責任

訴訟はわが国では明文上認められていないから解釈論としては無理だとするものが多く（たとえば，松坂・債権者取消権の研究139，鈴木124，船越・前掲論文132以下〔ただし，債権者取消権の法的根拠については支持〕，なお，中田淳一・破産法・和議法〔昭34〕150参照。最近では，飯原『訴訟』27,362以下〔実務的見地からの考察に基づき，現段階では実務への移植は困難とする〕，内田300），未だ少数説である。

なお，前述したように相対的取消の考え方を採りつつも，責任説に示唆を受け，取消判決の効力は人としての債務者（債務の主体）には及ばないが，責任財産（責任の担い手）には及ぶものとし，これによって責任財産が執行の対象たりうるという考え方が，近時提唱された（奥田・284）。これも一つの説明の仕方ではあるが，問題は，債務者名義に財産の名義を現実に回復することの可否にある。この考え方によるときは，例えば取戻しの目的物が不動産の場合，受益者名義から債務者名義になおしたうえで強制執行をするのであろうか，それとも受益者名義のままで債務者の責任財産として強制執行をすることができるというのであろうか。前者だとすると，現在の判例・通説の立場と差異はなく，説明の仕方が若干変るというにとどまり，後者だとすると，具体的な執行手続をどうするのかについて答える必要が生ずることになろう（しかし，おそらく，前者と考えられているのであろう）。「取消債権者を取消権行使の限りにおいて責任財産の管理人的立場に立つものと理解する」（奥田281）という説明は分らないではないが，名義を債務者名義に回復することから生ずる様々な障害を考えるとき，端的に受益者名義のままで強制執行を許す方が，法技術としてはベターであろう（ただし，奥田説は基本的には相対的取消の理論を維持する考え方である〔奥田285〕。奥田説に対する近時の批判として淡路280以下参照）。さらに，奥田説と類似の発想に立ち，取消の効果は逸出財産に対する清算手続きとの関係でのみ生ずるという手続的相対効とし（否認の相対効と同様に考える），したがって，手続き内では債務者にも効果が及ぶが債務者は管理処分権を有さず，受益者等は手続きとの関係で取戻財産につきなした処分をなしえない，債権者取消権は形成権であり，その他に請求権としての取消権を観念する必要はないとする見解（奥田説と後述する前田説との折衷説的見解，長井秀典「詐害行為取消権の構造」司研86号82頁以下）があらわれている（この説に対する批判としては，奥田説および前田説に向けられた批判が一部あたろう）。

(e) 訴 権 説

さらに，その後，責任説と基本的には同様の発想に立つ訴権説が提唱された（佐藤岩昭・前掲『詐害行為取消権の理論』，以下佐藤『理論』として引用する）。「訴権説」は，大略次のように説く。①民法424条はその沿革的・比較法的考察に基づけば，実体法的思考と訴訟法的思考が未分化である「訴権」を規定した趣旨と解すべきである。したがって取消権が形成権か請求権かといったその実体権的性質如何にとらわれることなく（この点は責任説と異なる）424条は，端的に執行認容の訴えを規定したものと解すべきである。これにより相

対的取消理論に明確な理論的基礎が与えられ，逸出財産の所有名義を債務者に回復することを要せずに強制執行が可能となり（責任説とはその発想を異にする），相対的取消理論の欠点は克服される。②民法425条は詐害行為取消判決（執行認容判決）の判決効を原告債権者（＝取消債権者）以外の債権者にも拡張するという法技術的意義を有する規定である（これにより債務者の一般財産保全の趣旨が完全に生かされる），③訴権説の立場から相対的取消理論を分析すれば，その内容は民事訴訟法上の「既判力の相対性」原則を明示しているにすぎず，実体法上の意味を全く包含していない概念である。④訴権説によれば，民法424条そのものが訴権であると解するので，取消判決（強制執行忍容判決）だけで足りるから，1回の訴訟ですむという利点がある。

　この訴権説に対しては，①訴権という概念を認めることの問題性，また，かかる概念を使わなければ，訴権説の主張するような効果を導きえないものか，1回の訴訟ですむとはいえ，訴訟の実際では，結局，取消訴訟と給付訴訟（あるいは責任訴訟）の併合審理と同じことになるのでないか（前田達明「詐害行為取消訴訟試論」判タ605号〔昭61〕2，その後前田266で再批判，これへの反論佐藤『理論』367），②今日では，民法典全体が裁判規範なのであり（いわゆる司法的実体法），民法に規定される権利は，訴権を実体法的に「構成」したものである（川島67）から，今日の時点における民法の解釈としては，起草者の立法技術の未熟さにとらわれるべきでなく，実体法的に構成しなおして解釈するのが筋であり，単に債権者取消権が訴権だということから論理必然的に，訴権説の主張するような効果が導き出されうるかは疑問であり，また，取消訴訟が訴権だという一事をもって執行忍容訴訟が実務家によりそうたやすくは認められまい（下森・旧版注民793，これに対する反論，佐藤『理論』314,365）等の批判があった。しかし他方において，訴権説を高く評価する見解もあらわれた。すなわち，この説は，取消権の訴権法的構成に着眼しつつ相対的取消理論の理論的欠陥を克服しようとするものであってその発想の斬新さ，さらにまた425条の法技術的意義を再発見してこれに明確な解釈論的基礎を与えた点においてその功績が大であること，責任説に比し，ドイツの学説のみに依拠せず，沿革的・比較法的に深く掘り下げて問題を検討していること，また，責任説のいう「責任法」・「責任法的無効」といった独特の発想や概念から生じる違和感を与えない点で優れていることから，これを高く評価するとの見解である（平井279以下）。もっともこの見解には，訴権説の解釈論上の帰結は判例・通説とあまりにも遠く，とくに判決効の拡張という認識を現行民法解釈論の基礎におくときは（学説史的認識としては正しいとしても），解決困難な問題が続出し，取消権の利用の道を閉ざすおそれがある，したがって，執行認容の訴えという基本的発想はこれを生かしつつ，判例の準則とさほど離れることのない，理論的基礎付けをもった解釈論を試みるべきである，との論評も付け加えられている（平井281，この論評への応接，佐藤『理論』438）。なお，平井教授自身は訴権説に対する上記の論評の

上に立って、「優先弁済肯定説」と呼ばれる考え方を提唱されているが（「不動産の二重譲渡と詐害行為」鈴木禄弥古稀『民事法学の新展開』〔平5〕169）、この点は後述する効果論のところで取り上げたい（さらに、訴権説に対する近時の批判として、前掲山野目論文、飯原『研究』、同『訴訟』がある）。

(f) 新形成権説

この説は、債権者取消権をもって、逸出した財産を一旦債務者の一般（責任）財産に戻して債権者がそれによって満足を得る制度であるとみる。そして、訴えの相方としては、債権者は、債務者と受益者全員を被告としなければならない、とし、判決主文で、債務者の法律行為を取り消し（不動産の登記は手続上からみて債務者へ戻させ）、さらに債務者に債権者への給付を命じ、したがって、この判決主文をもって債務者の一般（責任）財産（第三債務者の手許にあるものであっても）に民事執行が可能になるというわけで、実質的に1回の訴訟で解決しうる、という。また、価格賠償は民法424条の問題ではないとし、不法行為に基づく損害賠償請求の一種とみる。なお、この考え方に対しては、不動産の場合を別として、民法424条の解釈としては形成権説であり、それとは無関係の債権者の債務者へのごく普通の給付の訴えをくっつけただけではないか、という批判があろうが、そのようにとられてもよいと思量しているとのことである（前田267以下）。この説はかつての形成権説に対する批判に応え、債権者代位訴訟を不要とし、判決主文や民事執行手続きとの

第4節 制度の法的根拠と取消権の法的性質

関係も考慮するものである（中田裕康259）。

この説には形成権説に対する批判の中、とくに、債権者取消権制度の目的からみて過剰な手段を許すものであり、取引の安全に対する侵害が大きいという批判があてはまるであろうが、論者はこれに対して、「そもそも、債務者の一般（責任）財産を構成していた財産であるのだから、全面的に復帰させてもさほど不都合ではあるまい（債務者も受益者も「害意」があるのだから）」とこたえている。しかし、債務者・受益者の悪意は害意たることを要しないのであり、他方、もし主観的要件につき害意を要求するというのであれば、それは沿革的にみて客観主義的色彩を強くしてきた今日の債権者取消制度にそぐわず、制度の機能領域をせばめるものであって、妥当性を欠くといえよう。取戻しの目的物が不可分物で被保全債権の額が目的物の価格をはるかに下回り、しかも他に債権者がいない場合を考えると、この説の結果の不当性が明白のように思われる。また、取消の効果を絶対効とみるのか相対効とみるのか（おそらく前者と思われるが）、悪意（害意でなく単なる認識の場合）の転得者があらわれているときはどうなるのか、従来形成権説の問題点とされている点について必ずしも具体的に明確になっていない、と（その後の前田説批判として佐藤『理論』370以下、淡路278などがある）。もっとも、近時の民法（債権法）改正検討委員会の改正案は、前田説的発想が強く、今後の動向が注目される。

第1章 総　論

(9) その後の学説の展開状況

ここで，責任説の登場後，1980年代以降から最近までにあらわれた学説の問題状況を今一度簡単に整理しておくと，議論の方向は3つに分れる。第一は，既存の見解の修正を試みる方向である。判例・通説に立った上でその修正を試みた奥田説，および形成権説の再評価を試みた前田説がその代表例である（長井説もここに入る）。第二は，責任説と同様な帰結を別の法律構成によって実現しようと試みた訴権説であり（佐藤，平井），ドイツ法固有の「責任法的無効」とか「執行認容判決」といった特殊な概念を使わず，制度の沿革的研究・比較法的研究（仏独米）を基礎にして，424条は逸出財産に対して直接執行できる「訴権」を債権者に付与したものと説明するとともに，これまであまり注意されていなかった425条につき，これは他の債権者に対する判決効拡張の規定であることを明らかにし，これを考慮した解釈の必要性を説いた点に特色がある。しかし，その解釈論上の帰結は判例の準則とあまりにも遠く，難題が生じすぎることから，第三に，訴権説の発想に立ちつつ，425条を無視して判例との整合性を維持しようとする「優先弁済肯定説」（平井）があらわれた。しかし，この説も判例・学説の大勢から大きく離れているというべきかもしれない（1980年代以降の展開に関する以上の整理は，ほぼ大村177の整理による）。

この後，さらに最近の体系書その他で議論が続いている。①従来の判例・通説を積極的あるいは修正を加えて支持するもの（前者は近江155以下，後者として，相対的取消権の理論的精緻化＝奥田説の方向性，破産に至らない段階での実体法規範の発見や民法425条の位置づけ等の必要性を指摘しつつ支持を表明する中田裕康260以下），②責任説を基本的に支持しその方向でさらなる展開を模索するもの（潮見Ⅱ75以下，山野目前掲論文），③基本的に責任説や訴権説的発想に立ちつつ，執行忍容訴訟の解釈論的根拠付けとして形成訴訟と給付訴訟の複合訴訟（こう解すると1回の訴訟ですむ）とみ，この執行忍容訴訟による取消判決によって，被告受益者又は転得者の手許にある目的物が債務者に対する債権の執行対象となり，取消債権者が総債権者のために管理処分できる信託財産を形成する見解（責任説と奥田説との一種の折衷説・小林秀之＝角紀代恵，『手続法から見た民法』〔平5〕194），④一部で相対的取消説と執行忍容訴訟説とを組み合わせ，また一部で責任説および訴権説にしたがうとし，取消の効果は相対効でフランス法にいう「対抗不能」と結論的に同じ，しかし原状回復は認めず，執行忍容訴訟を許容するという新たな折衷説（淡路287以下），⑤責任説に妥当性を認めつつも，裁判所による採用可能性という訴訟戦略的見地から，現在のフランス法にいう「対抗不能」論（一種の形成権の行使，片山直也「詐害行為取消制度の基本構造」私法55号216以下の提唱）に依拠し，詐害行為取消の効果は債務者と受益者間では有効なまま，しかしそれ以外の者との間ではすべて無効，一種の相対効ではあるが，判例のいう相対効とは異なり，取消債権者と受益者との関係においてのみ無効となるのではなく，形成権説のように絶対的無効でもないという点で，相対

的取消の難点は克服できるという見解（平野326以下），⑥現行法下における判例・執行実務を踏まえて，責任説や訴権説（両者をまとめて強制執行忍容説と呼ぶ）の唱える強制執行忍容訴訟の解釈論による導入の可能性を丹念に検討したうえ，この考え方は理論的に優れた面はあるが，わが法制や実務の全く知らない裁判形式・執行形式なので，今すぐその解釈論を採用するための土壌があるとはいいがたいとの見解（飯原前掲判タ論文）等の諸見解である。

(h) 修正責任説

さらに注目すべきは，加藤(雅)説の登場である（債権総論〔平17〕234以下）。加藤説は，①従来の責任説は詐害行為取消訴訟の被告適格を受益者ないし転得者に限定し，債権者－債務者間に存在する債権の消滅につき債務者をどのように位置づけるかという問題に注意を払っていなかったこと，②当初の責任説は，詐害行為取消訴訟（形成訴訟）と同時またはその後に責任訴訟（強制執行忍容訴訟）を提起することが必要という２段階構造をとる迂遠な法的構成であった上，現行のわが国の民事訴訟法が責任訴訟という訴訟形態を知らず，解釈論上の問題があることを自認していた，という２点の問題点を有していたので，その克服を目指すという問題意識に立つ。そこで，まず，①詐害行為取消訴訟の結果，回復された責任財産への強制執行があれば，被保全債権は消滅するのであるから，詐害行為取消訴訟の被保全債権は，詐害行為時以前に発生し，取消権行使時（口頭弁論終結時）までに弁済

第４節　制度の法的根拠と取消権の法的性質

期の到来した金銭債権であることを要する。②詐害行為取消権行使の効果は，取消権者の有する被保全債権の執行力を債務者以外の受益者・転得者にも拡張することにあるのであるから，被保全債権が執行力を有することが必要である。つまり，被保全債権に債務者についての債務名義が必要である。ただし，この債務名義は取消権行使時（口頭弁論終結時）までに取得できれば足りる。しかし，訴え提起の段階ですでにこの債務名義が存在する場合とそうでない場合とでは，訴訟手続きが異なるので，訴訟提起時に債務者に対する債務名義が存在している場合の詐害行為取消訴訟類型（存在型）とそれが存在していない場合の類型（不存在型）の２つの類型に分けて詐害行為取消権行使の手続きを考える必要がある。

まず，存在型においては，詐害行為取消訴訟の被告適格としては，将来の求償権行使を考えると，本来的には債務者・受益者（転得者がいる場合は転得者も含めて）を相手とする固有必要的共同訴訟とするのが論理的であるが，これまでの実務との接合性を考慮して，被告適格は受益者，または転得者に限定することを一応の結論とする（ただし，求償権行使との関係で被告になった者に他の利害関係者に対する訴訟告知義務を課す）。また，詐害行為取消権行使の基本的効果は，責任説の下では，債権者が受益者・転得者に対して逸出財産に対する物的有限責任を追及することを許すものであり，さらに状況によっては，逸出財産の価値の範囲内で人的有限責任を追及するもの（価格賠償の請求）である。そして，425条

により取消の効果は取消債権者以外の債権者にも及ぶとされているので，この訴訟の法的性質は対世的効力としての形成力をもつ形成の訴えとしての性格を帯びる必要があるから，結局，債務名義存在型の詐害行為取消訴訟は形成の訴えと執行受忍の訴えとの複合的訴訟形態になると考える。このように考えてくると，詐害行為取消訴訟判決が確定した後に，責任訴訟等の名の下に特別な訴訟手続きをとる必要も，責任判決の名の下に執行受忍判決等の特別な判決を取得する必要もない（この点は，責任説に賛成する安達説がすでに提唱したところであり，安達説によると，責任説による詐害行為取消訴訟の手続きは，取消訴訟の判決には責任法的取消を宣言するとともに，被保全債権と差押をなしうる被告所有の財産の範囲が明示される，そこでこの判決を債務名義として原告は被告の財産に差押をなしうる。被告はこの差押に第三者異議の訴えでこれを排除することはできなくなる，としている〔安達130〕。さらに，平野説，佐藤説も同一結論を主張しているが，この結論は正当である）。

ついで債務名義不存在型においては，債権者の債務者に対する給付訴訟，債務者－受益者間の責任法的取消を内容とする形成訴訟，受益者または転得者の執行受忍訴訟，以上3種の複合的訴訟形態となり，必ず被告としなければならないのは債務者と受益者（固有必要的共同訴訟），転得者は場合によって被告となり，この場合は三当事者が被告となる。以上いずれの場合も形成判決については対世的効力が付与される。また，取消のみを訴求する詐害行為取消の提起は認められない。この考え方は，強制執行忍容訴訟を解釈論として認めうるかの問題はしばらくおき，従来の責任説の難点とされた問題点を一定の範囲で解決しており，評価できよう。

(i) 近時の学説の展開に関する総括と若干の感想

この問題をめぐる今日の学説状況は，まさに百家争鳴の感がある。ここでこれらの諸見解につき一々応接することは避けるが（後の各論部分で必要に応じ個別的に応接する），大局的見地から一言しておこう。これらの学説の潮流を俯瞰するとき，①従来の確定判例・圧倒的通説に対して，新たに登場した責任説が一石を投じ，その基本的発想の理論的妥当性・実際的有用性が次第に理解されて，学説に流動化現象が生じたこと，②しかし，執行忍容訴訟という手続規定を欠く日本法の下で解釈論としてこの訴訟を認めることが困難であり，その克服のための諸種の努力も目下のところ実務を動かすまでには至っておらず，その可能性も少ないと思われていること，③ただ，比較法的にみるとき，破産否認の場合は別として個別執行における債権者取消権については，独仏米の諸国では，法的構成や手続きは異なるものの，いずれも結果としては取消権行使の効果として原状回復を認めず，原則として受益者あるいは転得者のもとにある逸出財産への直接の強制執行を認めることで責任財産の保全・回復がなされており，それが不可能あるいは許されない場合に例外的に価格賠償による救済が行われていること（この点，とくにフランスの制度の詳しい沿革や

アメリカ法の問題状況を明確にしたのは佐藤研究の功績)，この点で日本法の現状は比較法的に見て異質であり，理論上のみならず，実務的上もいろいろな困難がある（実務上の問題点については飯原『研究』，同『訴訟』が詳しく，参考となる）ことが共通認識となっていること，といった大きな流れがあることが読み取れよう。

ところで，20世紀末から国際社会はグローバル化が進み，国内外の取引法・債権法の改正あるいは立法が大きな流れとなっている。その中で，国際社会における政治的力関係からアメリカ法の影響力が強まり，アメリカ法を中心としたグローバル化が進む一方で，EU諸国を中心に，中国・韓国等の発展途上国でも，グローバル化の影響を受けつつも，それぞれの独自の伝統的法文化を踏まえた法改正や新立法の試みが展開されているのも事実である。この世界的な潮流の中，日本法の下でもまた流動化現象が始まりつつあり，いまや解釈論から立法論の必要な時代に突入しているといえよう。前述したように，すでに手続法とくに倒産諸法・執行法の改正による改革がなされ，ついで債権法改正の取組みも進行中である。この動向は当然ながら責任財産保全制度のあり方についても大きな影響を与えよう。

このことと大いに関連するが，日本民法学の近時の議論をみるとき，やや気がかりな流れがある。責任説批判にも典型的にあらわれているが，「ドイツ法特有の発想だから云々」の一方的切捨て論である。日本民法典が英米法，フランス法，ドイツ法その他の影響の下

第4節　制度の法的根拠と取消権の法的性質

に立法されていることは周知のところであるが，とくに大正時代以来のドイツ法の圧倒的影響への反省から，フランス法，英米法に詳しい研究者からこのような批判がしばしばなされ，それはそれとして一つの有用な問題提起ではあった。しかし，その圧倒的影響のもとでも，既存の判例・学説は外国法の無批判的承継ではなく，相対的取消説にも見られるように，わが国社会や法制度の実状を踏まえ，それなりに独自な合理的解釈論を作り上げ，日本社会に定着させ，強固な法文化を形成して今日に至っているのである。この先人の努力と伝統を踏まえつつ，しかし，未解決の実務的・理論的問題点の克服，さらには新しい類型の法的紛争解決を目指して，民法学は絶え間のない努力を続けるべきであり，その際，広く深く諸外国の法制度を沿革的・比較法的に研究し，個々の問題ごとに是々非々的立場で承継あるいは修正承継し，将来に向けて有用な法システムを構築することが肝要であること，改めていうまでもない。たとえば，詐害行為取消の効果につき，仮に「対抗不能論」を是とする主張がなされたとき，それはフランス法特有の概念であって日本法にはなじまないと一方的に切り捨てる態度は妥当といえようか。「対抗不能」概念がフランス法独自の概念であり，「責任」概念が仮にゲルマン法固有の独自の概念であったとしても（前述したように，ダウエルンハイムによると，責任説の発想はドイツ法にとってなじみの薄い考え方という。つまりこの考え方はドイツ法の下でも独創的な発想であったのである），それが，現時の日本法の問題解決に有用かつ合理的概念であ

るとすれば、これを取り入れるに憚ることはあるまい。問題は、現時点の立法論や解釈論において、伝統的法文化を踏まえ、それとの調和を図りつつも、現代社会のニーズに応えるために、どのような制度設計・システム構築・法技術の開発をするのがより合理的あるいは妥当性に富むかにある。

当面の問題についてみるとき、近代法の下では、特定の人の一般財産に対する「責任」は「債権」の効果として吸収され、特定財産に対する「責任」のみが担保物権として物権法の世界に属することとなり（川島22）、その結果「債務」と「責任」を分離し、独立概念としての「責任」概念を残す必要性が一般的には薄れたとしても、担保物権法の領域では「責任」概念はなお実体法上残っており、一定の有用性を持っているのである（債務なき責任とされる抵当権の実行に給付判決は必要とされていないことを考えよ）。そして、責任財産保全制度の領域において、日本法が債権者取消権を実体法上の制度として制度設計し、このシステムを今後も維持することとする以上、「責任」は実体法上の「債権」の効果として手続法に全面的に吸収されてはいないのであるから、担保物権におけると同様、その目的の範囲内において、かつそれが必要あるいは有用である限り、債務者のもとから逸出した特定の財産に対する「責任」（あるいは「責任的無効」）概念を実体法上の概念として使用することには合理性があろう。仏独米法と異なり、執行法上極めて有用な制度である強制執行忍容訴訟あるいは逸出財産への直接の執行を許す制度・手続きを用意していない日本法の下で、かかる制度の必要性・有用性を認めて解釈論あるいは立法論としてこれを導入するにあたって、「責任」概念は、手続法上の制度である強制執行忍容訴訟に実体法上の根拠を与える有益かつ有力な武器を与えるものといえよう（たとえば、担保権の実行につき、他国では債務名義を必要とするのにわが国ではそれを必要としないことの是非を問題とし、ドイツ法の物権的名義による執行忍容にならって、わが国でも担保権の実行に執行忍容判決を立法論のみならず解釈論でも認めようとする竹下説が注目される〔竹下守夫『担保権と民事執行・倒産手続』〔平2〕178頁）。

先の比較法的考察において前述したように、実体法と手続法の分化が基本的に確立された後のドイツ民事訴訟法の下で、それが未分化であった時代に立法された実体法たる債権者取消権法が、民法典の外に特別法として制定されていたこともあって民法典成立後もそのまま放置されたため、強制執行忍容訴訟と実体法との関連性が不明確となり、詐害行為取消権と執行忍容訴訟との関係をめぐって取消権の法的性質論争が起こった。しかし、債権者取消権法が目的物の返還請求権を認める形で立法していることと、強制執行忍容訴訟で取消権者の法的保護を図ってきた伝統的慣行があったため実務的にあまり支障がなく、債権説が今なお通説的地位を占め、この流れが1994年の現行法にも受け継がれてはいるが、パウルスの提唱にかかる責任説は理論的に見て極めて優れた法的構成であって、それはドイツ現行法や判例にも一定の影響を与えており、今後の動向が注目されることは先に指摘

したところである。他方，強制執行忍容訴訟という執行手続きを持たないフランス法の下では，判例が取消債権者の被告（＝受益者）に対する金銭による損害賠償請求権（実体法上の請求権）を認めるという便法で逸出財産への直接の強制執行を許す道を開いたけれども，その損害賠償請求権の法的根拠や性質は必ずしも明確でなく，またこれを認めたために日本法における「第2次納税義務」をめぐる難問の起こるおそれのほか，取消債権者と受益者の債権者グループとの優先関係（責任説では物的有限責任だが，損害賠償請求権を課すと受益者の全財産が執行の対象〔無限責任〕となるため）が問題となる（日本法の下でも，相対的取消説や対抗不能説をとるときはこの点をどう考えるかまで詰めておく必要がある）。このように，ドイツ法，フランス法もそれぞれ特有の問題点を今日なお抱えているのが実状であるから，それぞれの長所・短所を十分に分析・整理したうえで，これを参考にして日本法の解釈論や立法論を練り上げ，その成果を逆輸出するのが今後の日本民法学の課題といえよう。ここでは，以上のような総論的問題点の指摘に止め，後は各論的研究のところで具体的に検討することとしよう。

第4節 制度の法的根拠と取消権の法的性質

第2章　債権者取消権の成立要件

第1節　要件論概説

1　詐害行為取消権が生ずるための要件として民法が規定するのは、①債務者が債権者を害する法律行為（詐害行為）をしたことと、②債務者および受益者または転得者が詐害の事実を知っていること、の2つである。一般に、前者を客観的要件、後者を主観的要件と呼んでいるが、この2つの要件は、必ずしもその意味内容が明確とはいえず、また両要件を形式的かつ固定的なものと理解することも問題である。判例・学説とも、要件論については今日なお流動的である。たとえば、債権者を害するとは、一般的には詐害行為の前と後とでそれぞれ債務者の財産のプラスとマイナスとを計算し、その行為によって責任財産が減少して債権全額の弁済を得られなくなることと解されているが、単なる計数上の判断で足りるのか、それとも他の要素（たとえば、計数的には変化がないが強制執行がむずかしい財産に代ったことなど）をも加味して判断すべき

かどうか、相当価格をもってする不動産売却行為の詐害性などをめぐって激しい議論の対立がある。

また、主観的要件としての「知って」とは、詐害事実の単なる認識で足りるのか、意欲ないしは積極的な害意ある場合に初めて主観的要件の充足が認められるのかも議論の分れるところである。あるいは、詐害の程度はそれほどでもないが債務者や受益者に通謀的害意がある場合とか（一部の債権者への通謀的害意に基づく本旨弁済など）、悪意の程度は低いが詐害の程度が高い場合（生活費に困って財産を不当に安く売却した場合など）はどうかなど、両要件の関連性をどうとらえるべきかにも問題がある。従来の判例法理は必ずしも明確でない。学説も要件論の体系的構築を目指していろいろの努力を続けているが、最近の学説上は、詐害行為の類型ごとに当事者の主観的態様、詐害行為の客観的態様およびその効果などの一切の事情を総合的かつ相関的に判断して、詐害行為の成否を決すべきだとする主張が有力となっている。判例もまた、事実上そのような総合判断・相関判断の上に立って問題を処理してきたようであり、近時はさらに、判決の論理構成のうえでも、目的・動機

第2章　債権者取消権の成立要件

の正当性と手段・方法の妥当性といったメルクマールを明確に打ち出して，判断の素材とした重要な事実関係をこのメルクマールを基準にして個別的・具体的に吟味したうえで結論を説明するという傾向も認められる（**【45】**最判昭42・11・9民集21・9・2323，同昭43・2・2民集22・2・85〔ただし，否認権の事例〕，**【46】**同昭44・12・19民集23・12・2518など）。

2　なお，詐害行為の類型ごとにその成否を検討する場合，近時の学説上問題とされているいま一つの重要な視角は，詐害行為の相手方が債権者の一人である場合（弁済や代物弁済の詐害性が争われた場合など）と，そうでない場合（不動産の贈与行為や譲渡行為で受益者が債権者の一人でない場合）とを分けて考えるべきだという主張である。後者では，債務者の財産管理の自由ないしは経済的更生の保護および受益者の取引安全の保護を債権者の保護との均衡上どの程度考慮すべきかが問題であるのに対し，前者では，取消債権者と受益者たる債権者との間の公平をどの程度考慮すべきかが問題であって，両者は詐害性判断の基準原理を異にする面があるから，この2つの型を分けて考察することは必要かつ有用であろう（従来，有償か無償か，危機否認か故意否認かといった類型は意識されていたが，本文のような類型化は考えられていなかったようである。もっとも，破産否認権における偏頗行為の否認は結果的にかかる問題意識と共通点を持つ。なお，要件論に関する近時の問題状況および文献については，下森・前掲川島還暦記念論文，淡路289以下，加藤（雅）236以下，飯原『訴訟』35以下参照）。

3　最後に，今日の判例や有力学説の展開する要件論上の重要な判断要素を概括的にまとめておくと，次のごとくいってよいであろう。債務超過により無資力状態に陥った債務者のなした財産管理行為について，(a)その行為によって害されたといわれうる債権者の範囲如何の問題（取消権行使の主体に関する要件），(b)その行為が債権者の干渉になじむ行為であるかどうかの問題（取消権行使の客体に関する要件），(c)行為の詐害性成否の判断基準，たとえば，①債務者の行為の動機や目的の正当性，②手段・方法の妥当性（以上，債務者の財産管理自由の尊重），③受益者や転得者の主観的事情（取引安全保護の尊重），④受益者が既存債権者の一人であった場合には，取消債権者との関係をどうみるかの問題（債権者平等の尊重の是非）などの諸点に留意しつつ，⑤終極的には，債務者の責任財産保全（制度の目的である債権者保護，責任秩序の維持）との調整をいかにはかるべきかの総合判断のうえで取消の可否の判断を下すべきである。たとえば，(i)先の①の点で詐害性の程度が低いときでも⑤の点で問題があることもあり（相当価格による不動産売却行為など），(ii)逆に①の点で詐害性が高い場合でもその後の状況の変化を考慮すると⑤の点で問題がなくなることもあり（詐害行為後の資力の回復），(iii)さらに，債務者・受益者間の通謀的害意性の程度如何によっては，客観的な詐害性が低くても（弁済など），全体的・総合的には詐害行為とみなしうる，といったように一切の事情を考慮

して総合判断を下すことが必要である。

4 最近の体系書においては，相関判断論がすっかり定着しているとみてよいが（内田，潮見，近江，平野，淡路，大村，加藤〔雅〕等），この判例・有力説の判断基準の不透明さを問題視し，①詐害行為成否の総合判断の方向感を探り，②あるいは判例を参考に，より明確な要件を抽出しようとする新しい努力がつづけられている。前者は，債務者に「フロード（債務者が取消債権者を騙し欺こうとする心理）」によって一般担保価値を減少させてはならない」という行為規範が課されているとの仮説を示し，これによって詐害行為取消全体を統合する視点の獲得や，規範の簡明性・予測可能性の向上が図られるのではないかと主張し（早川真一郎「詐害行為取消権からみた債務者の行為規範」別冊NBL60号『倒産手続と民事実体法』（平12）233頁以下），後者は，計数上のプラスマイナスによる詐害行為の判断基準の明確さへの共感から出発して，この意味での責任財産減少行為こそが本来民法424条によって捕捉されるべき詐害行為だとするものである（本来型詐害行為）。この説はこう主張する。相当価格による不動産処分や弁済は本来詐害行為となりえない。判例が相当価格による不動産処分の詐害行為性を一定の要件の下に肯定するのは，本来の制度趣旨を「拡張」したものであって，責任財産を実際に減少させる行為の前段階でこれを危殆化させる行為を詐害行為とするものといえる（拡張型詐害行為＝責任財産危殆化という詐害行為）。また弁済の詐害行為性については，本来，破産手続において否認されるべき偏頗行為を民法424条の処理に仮託するもの（同条の「転用」＝転用型詐害行為＝競合債権者間における不平等弁済という詐害行為）だから，その詐害行為性の評価の基本枠組みは，「破産法によって否認可能な実体的事態があるか否か」になる（錦織成史「詐害行為取消権の拡張・転用」『京都大学法学部創立百周年記念論文集(3)』（平11）125頁以下，以上の2説の簡潔な紹介として小粥太郎，法教299号（平17）129頁参照）。

前者は詐害行為の主観的要件の側面に，後者は客観的要件の側面に焦点を合わせて，要件論の明確化・進化を試みる対照的な方向性を模索するもので興味深い。債権者取消権制度はその沿革を辿ると，Justinian帝の下で統合されたといわれるactio Paulianaの制度の基礎は不法行為思想にあり，ローマ法の下では，受益者の悪意は，債務者の悪意と合して信義誠実義務違背による不法行為を成立せしめるものとして観念され，債権者取消権制度の法的根拠とされたが，イタリア都市法の下では，制度の客観主義的傾向化のため受益者の悪意の有無はほとんど無視された。ところが，その後フランス法の下で，受益者の主観的要件は，取引の動的安全保護の見地から，受益者に免責をもたらすものとして機能することとなり，これが近代立法に継受されたという経緯がある。このことからすると，何をもって「本来型」といい，何をもって「拡張型」あるいは「転用型」というかは，必ずしも簡単ではない。その比重の置き方に差はあれ，詐害行為当事者の主観・客観両態様は行為の詐害性判断上密接な関係を常にもってき

たのである。また，近時の有力説である「総合要件説」が，債権者取消権制度の簡易破産手続機能を承認して，義務なき偏頗行為（弁済）の取消を通謀的害意の存在を加重要件として肯定する判例の立場を支持するのは，必ずしも破産法上の否認権と詐害行為取消権とを同視しようとするものではない。前述したように，両者には確かに共通面が多いが，否認権制度は，債務者の総財産の管理権を与えられた管財人に対し，しかも破産・会社更生あるいは再生という，利害関係人の公平な処遇を主眼とした裁判上の手続で認められた権能であり，その適用範囲や行使の手続についても，おのずから積極的な行使が期待されるが，債権者取消権の場合には（425条が存するとはいえ），一債権者に対して，その債務者のなした財産処分行為への干渉を許すという，異例の制度である。したがって，その適用範囲については，慎重な考慮が必要とされる点で，大きな相異があるから，判例が弁済の詐害性につき通謀的害意を加重要件として要求していることには合理性がある。転用型だから通謀的害意が不要といえるかは疑問である。現在の判例・有力説の判断基準の不透明さを問題視する意図は理解できるが，本来複雑な法現象を主観的態様あるいは客観的態様のいずれかに重点を置き，簡明に割り切って判断しようとしても無理があり，それは，導出した結論の説明原理にはなりえても，結論導出の判断基準原理あるいは裁判予測の基準原理としての有用性を欠くものではあるまいか。困難ではあるが，複雑なものを複雑なものとして把握する判断基準原理構築の努力が必要

と考える。

5 近時の今ひとつの要件論上の潮流は，詐害行為成立の範囲を今後拡大すべきか，縮小すべきかの問題意識の下に，判例法は総合的・相関的判断に基づいて，詐害行為成立の範囲をやや広く認めすぎている一方で，取戻しの目的物が金銭の場合，事実上取消債権者の優先弁済を認めており，ここでは，債権者平等原理が必ずしも貫徹されていないこと，また，詐害行為の成立を広く認めることで，債権回収に遅れをとった債権者が先の債権回収を取り消すことができるという不合理な結果となること，さらには債務超過に陥った債務者の財産管理権が制約を受け，債務者の再建の途が閉ざされあるいは受益者・転得者の取引安全が害されるので，今後の方向性としてはむしろ抑制の方向に向かうべきではないか，それが取引実務界の要請に応ずることにもなるのではないか，との問題提起である（林錫璋「詐害行為取消権制度は，その適用上，拡大と縮小のどちらを向くべきか」前掲『現代契約と現代債権の展望』65頁以下）。

6 最後に，留意しておくべき重要課題は，現行倒産否認権の要件論との関係である。先に見たごとく，現行法は，否認の成立要件について，①否認の類型を詐害行為否認（破160Ⅰ，Ⅱ，161），偏頗行為否認（新破162），無償行為否認（160Ⅲ）の3類型としたこと，②詐害行為（財産減少行為）の否認と偏頗行為の否認との区別を明確化したこと，③相当対価による財産の処分行為の否認について否認

の要件を明確化して限定し（161），④一定の内部者を相手としてなされた行為につき，その相手方の悪意を推定する規定を設けて立証責任の緩和化を図ったこと（161Ⅱ，162Ⅱ），⑤新規債務のための担保供与等の同時交換的行為を偏頗行為の否認の対象から除外したこと（162Ⅰ柱書かっこ書）等の改正規定を設けることで，判断基準の精緻化・厳格化を行ったが，これが倒産外の債権者取消権の要件論にどのような影響を与えるかの問題である（中田裕康225以下もこの点を指摘する。因みに，日本倒産法の改正にあたり，ドイツ現行法が一定の影響を与えていることは伺えるが，ドイツ法の改正とはかなり異なった内容となっていることが注目されるべきである）。

このように，近時の学説は，多面的な展開を遂げつつあり，この傾向は現行倒産否認権立法の影響との関係で今後さらに強まるものと思われるが，本章では，以下，一応従来の基準にしたがって客観的要件と主観的要件とに分けて重要な問題点を考察したうえ，これらの近時の学説や倒産否認権にもできる限り応接しつつ，詐害行為の類型ごとの総合的相関的考察に基づいた判断基準原理構築の努力を試みることとしよう。

第2節　客観的要件（詐害行為）

1　取消権の主体に関する要件（被保全債権の種類・範囲）

債権者取消権は債権者に与えられる固有の権利であるから，被保全債権の存在が取消権発生の前提要件となることはいうまでもない（その存否の判断をせずに取消を認容した場合に理由不備の違法があるとした判例あり——物上保証人のなした永小作権設定行為の詐害性が争われた事例〔大判昭7・2・26裁判例6民42〕）。さらに，関連して，被保全債権の種類（たとえば，金銭債権に限られるかどうか），発生時期（取消権の成否との関係が問題となる），額（無資力や詐害意思の判定，取消の範囲の決定）等が問題となる（近時の文献としては飯原『訴訟』35以下が詳しい）。

(1)　被保全債権の種類

明文の規定はないが，責任財産保全のための制度であるから，被保全債権は本来金銭債権に限ることは，債権者代位権の場合と同様である。しかし，ここでも特定物債権について取消権の行使が認められるかが問題となったが，債権者代位権におけると異なり，主として二重売買に関して問題となった。対抗要件を充足しなかった第1の買主が，それを充

足した第2の買主に対し，取消権を行使しうるか，という問題である。古い判例は見解が分れていた（肯定説──【2】大判明35・12・3民録8・11・9〔無資力者による立木の二重売買の例〕，否定説──大判明33・7・9民録6・7・31〔不動産の二重売買の事例〕，大判明39・3・14民録12・351〔一番抵当権の二重設定の事例〕，同明43・12・2民録16・873〔土地賃借権保全のために賃借土地の譲渡を詐害行為として取消を請求した事例〕など）。大正7年に大審院は連合部判決により，否定説に統一した。

【2】　大判明35・12・3民録8・11・9

事実　Aがその所有山林の立木をXに譲渡した後，その山林をYに譲渡して登記を終えたことにより無資力となったので，Xが取消を求めた事例で，取消を肯定したもの。

判旨　Aの立木の2重譲渡によりXの引渡請求権は履行が不能となる。そして，「立木ノ所有権ガ善意ナル第三者ニ移転シタルトキハ無資力ナルAニ対シテ損害賠償ヲ請求スルモ其効ナキコト論ヲ俟タズ。此場合ニ於テXハ民法第424条ニ規定シタル方法ニ依ルノ外其債権ヲ保全スベキ方法アルコト無ク，同法条ノ規定ハ此等ノ場合モ亦之ヲ包含スルモノニシテ直接ニ金銭上ノ債権ヲ原因トスルトキノミニ限定シタル精神ニアラズ。」

【3】　大連判大7・10・26民録24・2036

事実　木材の二重売買がなされた事例で引渡しを受けなかった第1の譲受人が引渡しを受けた第2の譲受人に対して取消を求めた事例で先例を変更し，取消を否定したもの。

判旨　「金銭ノ給付ヲ目的トセザル債権ハ他ノ一般債権者ノ債権ト共ニ平等ノ割合ヲ以テ弁済ヲ為スニ適セザルヲ以テ，其債権ニ基キ債務者ノ法律行為ヲ取消スコトヲ得セシムルハ詐害行為ノ取消権ヲ認メタル法律ノ精神ニ背馳スルニ至ルベケレバナリ。故ニ前ニ掲ゲタル特定物ノ引渡請求権ヲ有スル債権者ノ如キハ民法第424条ニ基ク取消権ヲ有セザルモノト謂ハザルヲ得ズ」

本判決以前に否定説を採っていた判例は否定の根拠を民法177条に求めていたが，この判決は，否定説を採る理由を民法425条に求め，この規定の趣旨からすると，債権者取消権によって保全される債権者は取消の結果として債務者に復帰した財産から平等の割合をもって弁済をうけることによって救済されるべきものでなくてはならないから，取消権を有する者は金銭債権者に限る，とした点に特色がある。しかし，特定物債権であっても債務者の債務不履行行為（二重譲渡）の結果，債務の履行が不能となり，その時点で債務者の資力が充分でないため債権者が害された場合には，取消権の行使を認めても，民法第425条の趣旨に反するとは当然にはいえまい。その後，後述する学説の批判の影響をうけたのか，若干の補正がなされたが（大判大11・11・13民集1・649〔鳩山・判民大正11年度98事件。第2の譲渡前にすでに第1の特定債権が損害賠償債権に転化していた事例で取消を肯定したもの〕），その後も基本的にはその立場が踏襲され，不動産の二重譲渡の事例で取消を認めると民法177条の趣旨に反するとの理由をつけ加えた（大判昭8・12・26民集12・2966〔穂積・判民昭和8年度207事件。第1の贈与と第2の売買の例〕，同明11・4・30民集15・744〔福井・判民昭和11年度47事件。代位弁済者が代位による抵当権の付記登記をしない間に債務者が抵当不動産を第三者に譲渡し移転登記をした事例〕）。

第2節　客観的要件（詐害行為）

上記連合部判決に対しては，学説の多くがこれに反対した。その理由は，①特定物債権も終局においては債務者の一般財産によって担保されることは金銭債権と異ならない，②問題の場合に第1の買主の他に金銭債権者があればその者は取消権を行使しうるのであるから，買主が取り消せないはずはあるまい，③第2の売買が詐害行為となるためには，債務者（売主）の無資力要件と主観的要件（債務者および受益者または転得者につき）とが必要とされるから，普通の二重譲渡の場合と要件を異にし，取消を認めても特に177条の原則に反することにはならない，というのである（鳩山207。これを支持する者多数──我妻179以下，於保191以下，柚木＝高木193以下，松坂・総判民(7)155以下等。なお，当時の学説・判例の問題状況については，柚木＝高木，松坂・総判民(7)が詳しい）。その後昭和36年に，最高裁大法廷は，上記学説の立場をいれて先例を変更した（最大判昭36・7・19民集15・7・1875，下森・民法判例百選Ⅱ〔昭50〕19事件，同・民法の判例2版〔昭46〕108）。

【4】　最大判昭36・7・19民集15・7・1875（【27】）

事実　債務者（抵当権設定者）Aが，他にみるべき資産もないのに，10万円以上の価格を有する抵当家屋を抵当権者Yに対し，その被担保債権（8万円）に対する代物弁済として譲渡し，それがさらに転得者Zに譲渡され，AからZに直接所有権移転登記がなされた。その後，先にこの家屋を買いうけることとなっていたXが（債権担保のための売買つまり譲渡担保権者であったようである），Zを相手に取消訴訟を提起し，代物弁済の取消とZからAへの所有権移転登記手続を訴求した事例。

事実　「民法424条の債権者取消権は，総債権者の共同担保保全を目的とする制度であるが，特定物引渡請求権（以下特定物債権と略称する）といえどもその目的物を債務者が処分することにより無資力となった場合には，該特定物債権者は右処分行為を詐害行為として取り消すことができるものと解するを相当とする。けだし，かかる債権も，究極において損害賠償債権に変じうるのであるから，債務者の一般財産より担保されなければならないことは，金銭債権と同様だからである。大審院大正7年10月26日民事連合部判決（民録24輯2036頁）が，詐害行為の取消権を有する債権者は，金銭の給付を目的とする債権を有するものでなければならないとした見解は，当裁判所の採用しないところである。…（中略）…

なお論旨は，原判決のような判断が許されるときは，Xは登記を了しないのに，既に登記したZに対し所有権の移転を対抗し得ると同一の結果となり，民法177条の法意に反すると主張するが，債権者取消権は，総債権者の利益のため債務者の一般財産の保全を目的とするものであって，しかも債権者の無資力という法律事実を要件とするものであるから，所論177条の場合と法律効果を異にすることは当然である。」

この判決には補足意見があり，それによると，特定物債権が金銭債権に変じ，これが害されてはじめて取消権を行使することができると解すべきであるとし，またこの損害賠償債権は特定物債権と同一性を持っているから，被保全債権は詐害行為以前に成立していることを要するとの要請に反しない，という。

この立場は，先例の金銭債権限定説を基本的に踏襲し，その補修につとめつつ，同一の

結論を導いたものといえるが，詐害行為のときに金銭債権に変じていることを厳格に要求する必要はなく，取消権を行使するまでに金銭債権に変ずればよいと解すべきだという指摘があり（我妻180），また，この指摘のように解さなければ被保全債権が種類債権の場合に障害が生ずるであろうとの指摘がある（下森・民法の判例初版〔昭42〕113。因みに，大判大11・12・8評論12民176は，一定量の玄米引渡債権を被保全債権とする取消権の行使を認め，その理由として，種類債権にあっては，目的物は直ちに金銭に代えることができ，またいつでも金銭で購入しうるものだから，金銭債権と同視すべし，としたが，本文のようにいえば十分であろう）。

この昭和36年判決に対しては多くの評釈があるが，判旨の基本的立場に賛成のものがほとんどである（判批——我妻栄・ジュリ234号12頁，三淵乾太郎・法曹時報13巻9号（昭36），柚木馨・判評41号，板木郁郎・民商46巻2号，竹屋芳昭・不動産取引判例百選など。なお，取消の効果については議論が分れる）。しかし，今日でも，取消の事後処理問題との関連で疑問を呈するむきもある（星野108，なお，この判例に関する近時の判批として，早川真一郎・法教205号204，森田修・民法判例百選Ⅱ債権〔5版〕38などがある。）。また，この批判と関連するが，この判決で残された問題として，取消債権者は取り戻された目的物自体を直接自己の債権の弁済に充てうるかの問題があり，この後これを否定する判決（【91】最判昭53・10・5民集32・7・1332）があらわれたが，これらの問題については取消の効果のところで検討したい（第4章第5節5）。

(2) 被保全債権の成立時期と履行期
(a) 成立時期

古くから判例は，債権者取消権によって保護さるべき債権は，詐害行為がなされる以前に発生したものであることを要する，との立場をとっている。

【5】 大判大6・1・22民録23・8

判旨「詐害行為以後ニ発生シタル債権ニ在リテハ債権者ハ其既ニ減少シタル債務者ノ財産ヲ目的トシテ債権関係ヲ発生セシメタモノト看做スベク，毫モ債権者ノ予期シタル担保ノ利益ヲ害セラレタルモノト謂フコト能ハザルヲ以テナリ。」

この趣旨はその後の判例にも受けつがれ，最高裁もこれを踏襲した（最判昭33・2・21民集12・2・341〔手形保証債務の負担前に不動産の売買がなされ，債権成立後に登記がなされた事例〕。その後，最判昭38・10・10民集17・11・1313〔判批，星野・法協83巻1号〕，【11】同昭55・1・24民集34・1・110〔判批，下森・民商83巻3号〕も同旨）。因みに，大正6年判決の事案は，債務者による15筆の土地売買の取消を認めるに際し，売買後に貸しつけられた債権をも加算して取消の範囲を決定した原判決を大審院が破棄差戻したものである。したがって，厳密にいうと，詐害行為後に発生した債権のみを被保全債権とする取消の可否が直接問題となったものではなく，むしろ，成立した詐害行為の取消の範囲との関係で，行為後に発生した債権額をも含めて取り消しうるものかどうかが問題となり，その前提として先の問題が問題とされ

たものである。しかし，詐害行為の成否と取消の範囲とは必ずしも直結させる必要はなく，この点は民法425条にいう総債権者の範囲如何の問題とも関連して検討さるべき問題であった（この点の検討は後に行う〔第4章第5節4）〕）。なお，取消権行使の可否が問題となった債権の具体例としては詐害行為後の遅延損害金，手形の書き換えの場合，準消費貸借による債権，裁判上の和解による債権，財産分与請求権などがある（飯原『訴訟』51以下参照）。

通説も判例法理を認めている（鳩山219，勝本・中(3)311，我妻178，於保193，柚木＝高木198，松坂・総判民(7)168など）。詐害行為当時未だ存在しない債権はその行為によって害されることがない，というのが主たる理由である。かつての学説には，行為後に成立した債権も被保全債権たりうるとするものがあった。その理由は，①債権者取消権は個別執行における執行財団の増殖をはかる権利であって，取消の効果は総債権者に及ぶから（425），詐害行為後の債権者もこの利益を享受しうるものであり，そうだとするとこの者に取消権を認めても背理ではない，②また，債務者の詐害の意思は，特定の債権者を害するということを知る意味ではなく，共同担保の不足により一般債権者を害することを知ることで足りるのだから，この点も問題ないという（加藤正治・前掲論文320）。また，行為の当時少なくも1人の債権者が存する以上は，行為後の債権者といえども取消権を行使しうるというものもあった（石坂・前掲論文125）。

思うに，債権者取消権制度は，総破産債権者のために行われる総括執行手続としての破産制度とは異なり，特定の金銭債権者のために認められた個別執行の準備手続制度であるから，通説・判例の立場が正当である。民法425条は取消の効果に関するものであるから，成立要件はこれとは別異に解しても差支えない。さらにまた，取戻しの目的物が金銭の場合，相殺による事実上の優先弁済を認め，あるいは取消の相手方の配当加入を認めない判例法の立場では，行為後の債権者に取消権を認める結果の不当性は明白である。またこの判例法理をとらない立場でも，取消の効果の及ぶ範囲と取消権者の範囲とは同一に解さなければならない必然性はなく，行為後の債権者には消極的利益享受を認めるにとどめておくことがむしろ妥当であろう（船越・判評261号〔後掲最判昭55・1・24の判批〕参照，なお，詳しくは飯原『訴訟』50以下参照）。

取消の範囲の問題に関しては，さらに別の要素をも加味して判断すべき必要があり，前述したごとく大正6年判決は再検討を要する。

(b) 被保全債権の弁済期到来の要否

債権自体が行為以前に発生したものである以上，詐害行為の時までに弁済期が到来していることは必要でない（通説・判例）。

【6】 大判大9・12・27民録26・2096

判旨 「詐害行為取消権ハ債権者ガ債務者ノ財産ニ対シ有スル此担保ノ利益ヲ害セラルルヲ防止スルヲ目的トスルモノナルコト民法第424条ノ法意ニ照シテ明カニシテ，其共同担保ハ債権ノ弁済期

ニ在ルト否トニ拘ハラズ其債権ノ為ニ存スルモノナレバ，債権ノ弁済期未ダ到来セザル場合ニ於テモ弁済ノ資力ニ乏シキ債務者ガ其有スル財産ヲ処分スルトキハ債権者ニ不利益ヲ来スコト債権ノ弁済期既ニ到来シタル場合ト択ブ所ナキモノトス。故ニ詐害行為取消権ハ債権者ノ債権ガ行為当時未ダ弁済期ニ達セザルモ之ヲ行使スルコトヲ得ベキモノト解スルヲ相当トス。」

① では，取消権行使の時までに履行期が到来している必要があるか。債権者代位権（423Ⅱ）と異なり，明文の規定を欠く。取消権行使の要件として債務名義を要求しない日本民法の下では，履行期が到来していなくとも訴えの提起は許される。しかし，口頭弁論終結時までに履行期の到来しない債権においては詐害性の判断上支障が生ずる場合が考えられないではない（履行期がはるかに先である場合など，同旨内田306）。実際問題としてはあまり問題が生じないためか，これまでここまで詰めて十分に議論されていないようであるが，理論的には一つの検討課題である（勝本・中(3)323参照。また竹屋・前掲法政研究24巻3号76は，債務者は詐害行為によって期限の利益を失うという。なお→(c)⑤，この説への批判として山野目前掲95頁）。近時，訴権説に立つ佐藤説は，母法であるフランス法を参考に履行期前の取消権行使を否定する（佐藤・前掲書430，441注16，なお，平井282参照。これに対する批判，山野目前掲105，また，被保全債権につき債務名義を必要とする加藤〔雅〕説では，詐害行為取消権行使時〔口頭弁論終結時〕までに被保全債権の履行期が到来することが必要となる）。

② 詐害行為の後に債権を譲り受けた者も取消権を行使しうる（通説・判例，大判大12・7・10民集2・537〔平井・判民大正12年度101事件評釈〕）。害された特定の債権について（債権者についてでなく）取消権が生ずるのだからである。

③ 詐害行為時にその債権の数額・範囲が確定していたことを要しない。

【7】 大判大8・5・20民録25・788 (柚木＝高木199，松坂・総判民(7)172)

被保全債権が不法行為に基づく損害賠償債権であった事例。

判旨 「Ｘノ債権ガＡノ法律行為ヲ為シタル当時現ニ存在セザルベカラザルコトハＡニ債権ヲ詐害スル意思ノ存スルコトヲ必要トスルニ依リ勿論ナリト雖モ，Ａノ法律行為ヲ為シタル当時Ｘノ債権ノ現ニ存在セル以上ハ其債権ノ数額範囲ハ必ズシモ確定セルコトヲ要セズ。蓋シ詐害行為廃罷訴権ヲＸニ付与シタル所以ハ一ニ債権ヲ保護シテ其満足ナル弁済ヲ受ケシメントスルニ在ルヲ以テ，現ニ其保護セラルベキ債権ノ存スル以上ハ其数額範囲ノ未ダ確定セザル場合ト雖モ之ヲ害スルコトヲ知リテ為シタルＡノ法律行為ハ之ヲ廃罷スル必要存スルヲ以テナリ。」

④ 詐害行為前に成立していた売掛代金債権が，その後に準消費貸借契約債権に改められた場合，この債権者は取消権を行使しうるか。かつての判例はこれを否定していたが（【6】大判大9・12・27民録26・2096〔準消費貸借の性質上，債権がその同一性を失うからという理由〕），学説の批判をいれ（我妻178，同・債権各論中Ⅰ368），最高裁は取消権の行使を認めた。

第2節　客観的要件（詐害行為）

【8】　最判昭50・7・17民集29・6・1119（星野・法協93巻11号）

判旨　「準消費貸借契約に基づく債務は，当事者の反対の意思が明らかでない限り，既存債務と同一性を維持しつつ，単に消費貸借の規定に従うこととされるにすぎないものと推定されるのであるから，既存債務成立後に特定債権者のためになされた債務者の行為は，詐害行為の要件を具備するかぎり，準消費貸借契約成立前のものであっても，詐害行為としてこれを取り消すことができるものと解するのが相当である。」

⑤　保証人は，その求償権によって主たる債務者の詐害行為を取り消しうるか。学説は，取消権を取得しうる債権は詐害行為前に現実に成立していることを必要とすると解すべきであるから，保証人が予め求償権を行使しうる場合 (460) の他は否定すべきである，という(我妻178)。保証人としては，代位によって取得した債権を被保全債権として取消権を行使する道があるから，かく解しても保証人の不利益とはなるまい（なお，次項(c)②参照）。

(c)　詐害行為後に発生した債権による取消（例外的措置）

厳密な意味では未だ債権が発生していなくとも，債権発生の基礎となる法律関係はすでに存在するとか，あるいは債権発生の蓋然性を見越して，債務者があらかじめ財産を処分したような場合には，行為後発生した債権を被保全債権として取消権の行使が認められてよかろう（石田，勝本，石本，柚木等が早くから指摘．飯原『研究』30，同『訴訟』54以下）．

判例や下級審判決例でも認められている。

①　租税債権（佐賀地判昭32・12・5訟務月報4・2・163，福岡地判昭36・3・30下民12・3・671など，この点に関する近時の判例については飯原『訴訟』58，注39参照）．

②　共同保証人の求償権　XA共同でBの保証人となり，Xが保証義務を履行したときはAが全額を弁償すべき旨約束したところ，Xの保証義務の履行に先立って，Aがその所有の土地を負債整理のためYに譲渡して無資力となった事案の下で，その後保証債務を弁済したXがYを相手にAY間の土地売買契約の取消を訴求した事件において，取消権が成立することを前提とした上で，Aの善意を認定してXの取消権の行使を否定した判例がある（【39】大判大5・10・21民録22・2069，厳密には傍論．その他東京控判昭12・4・22新聞4139.7，東京地判昭46・10・4判時658・51参照）．

③　出資請求権　旧々会社法の時代，株主＝取締役が株金の払込催告を予期して事前に財産処分行為をなした事案で，払込催告後の会社の取消権行使が認められた（大判昭3・5・9民集7・329，吾妻・判民昭和3年度33事件評釈）．なお，旧会社法の下では，株式申込人は発起人の割り当てた株式の数に応じて払込をなす義務を負い（旧商176），しかも会社設立に際して発行する株式の総数の引受があれば，発起人は遅滞なく各株につきその発行価額の全額の払込をなさしめることを要するのであるから（旧商177Ⅰ），この払込催告前の申込人の行為は，以前よりさらに強い理由をもって詐害行為となりうる，との意見がある（柚木＝高木199，松坂総判171，飯原『訴訟』56）．

第2章　債権者取消権の成立要件

④　財産分与請求権　　1審では認容されたが，上訴審に係属しているため未確定の，離婚に基づく財産分与請求権を被保全債権とする取消権の行使が否定された判決例がある（仙台高判昭35・7・4高民13・9・799）。被保全債権が具体的に確定してない段階での取消権の行使が認められないことはいうまでもない。しかし，後に具体的に確定した以上，確定前の財産処分行為を詐害行為として取消権を行使することが許されよう。当該行為の時点で，財産分与請求権の具体的発生の基礎たる法律関係がすでに発生している以上，確定を見越しての財産処分行為を債権成立前の行為として取り消しえないものとするのは妥当でないからである（柚木＝高木200）。

⑤　婚姻費用分担請求権　　最高裁は，調停により将来発生することになった婚姻費用分担請求権を被保全債権とする取消権の行使を認めている。

【9】　**最判昭46・9・21民集25・6・823**（星野・法協91巻5号，千種・法曹時報24巻1号，飯原・判タ271号，島津・判評160号，下森・家族法判例百選2版〔新版・増補〕300以下参照）。

[事実]　X女・A男夫婦は不仲であり，Aは調停によって決められていた生活費の支払いを滞らせ，離婚調停中であったところ，Aがその所有不動産をYに譲渡した。そこで，XがYに対し詐害行為取消訴訟を提起。1審はXの請求を認容。ところが控訴審でAが滞っていた生活費を弁済供託したので，控訴審判決は，将来の婚姻費用分担請求権は被保全債権たり得ないとしてXの請求を認めず，X上告。

[判旨]　破棄差戻し。

「将来の婚姻費用の支払いに関する債権であっても，いったん調停によってその支払いが決定されたものである以上，詐害行為取消権行使の拒否にあたって，それが婚姻費用であることから，ただちに，債権としてはいまだ発生していないものとすることはできない。すなわち，一般に，婚姻費用の分担は，婚姻関係の存続を前提とし，そのときの夫婦の資産，収入，その他一切の事情を考慮してその額が決せられるものであって，右事情の変動によりその分担額も変化すべきものであるから，その具体的分担額の決定は，家庭裁判所の専権に属するものとされているのであるが，そうであるからこそ，一旦家庭裁判所が審判または調停によってこれを決定した以上，他の機関において，これを否定し，あるいはその内容を変更しうべきものではなく，家庭裁判所が，事情の変動によりその分担額を変更しないかぎり，債務者たる配偶者は，右審判または調停によって決定された各支払期日に，その決定された額の金員を支払うべきものといわなければならない。その意味においては，この債権もすでに発生した債権というを妨げないのである。けだし，これを未発生の債権とみるときは，調停または審判の成立直後，いまだ第1回目の弁済期の到来する以前に，債務者が故意に唯一の財産を処分して無資産となったような場合には，債権者は，詐害行為取消権の行使により自己の債権を保全する機会を奪われることになり，右調停または審判が無意味に帰する結果を甘受しなければならなくなるからである。」

正確にいうと，この事件では，詐害行為以前に調停によって基本的定期金債権ともいうべき婚姻費用分担請求権は確定していたのであり，詐害行為時に存在していた具体的債務の大部分が取消訴訟の継続中に弁済されたため，口頭弁論終結時には若干の未払部分（遅

第2節 客観的要件（詐害行為）

延利息）が残るのみとなり，その時点での詐害性の判断にあたり，詐害行為後に具体化し，さらには具体化すべき定期金債権を被保全債権とする取消権行使の可否が問題となったのである。判旨は，取消を認めなかった原判決を破棄し，「右調停または審判の前提たる事実関係の存続がかなりの蓋然性をもって予測される限度においては，これを被保全債権として詐害行為の成否を判断することが許される」とした（なお，柚木＝高木200は，原審判決の段階でこれを支持していた）。この限りでは妥当といえるが，被保全債権の範囲ないし額の決定は，詐害性の判定上重要な意義をもち，かつまた詐害行為取消の範囲の決定にも影響を及ぼすので，事後処理上，法技術的困難さが残っている。解釈上の試みもすでにあるが難問である（星野・飯原・下森本件判批，飯原『訴訟』55参照）。

⑥　停止条件付債権　債権が停止条件付の場合は，債権はまだ発生しないから取消権を発生させないとするもの（勝本・中(3)319，松坂122）と，民法が条件付権利を保護していることを理由に取消権を肯定するもの（於保193）とに分れる。ここでも場合により取消権の発生は認めてよいであろうが，口頭弁論終結時までに条件の成否が未定の場合には問題があることに留意しておく必要がある。要するに，取消権の発生の要件と行使の要件とは分けて考える必要がありそうであるが，従来の議論はこの点明確でない（なお，飯原『訴訟』63参照）。

⑦　その他　損害賠償の予定がある場合，白地補充後の手形債権，連帯債務履行請求権について下級審判例がある（飯原『訴訟』56以下参照）。

(d)　取消債権者の被保全債権成立前になされた法律行為に基づいて，被保全債権成立後に履行行為たる登記などの対抗要件具備行為がなされた場合，債権者は被保全債権成立前になされた前記行為を詐害行為として取り消しうるか。古くから判例は否定説をとり，最高裁もこれを踏襲した。

【10】　大判大6・10・30民録23・1624

判旨　「債権者ノ債権ヲ詐害スベキモノハ，債務者ノ財産ノ減少ヲ目的トスル法律行為其ノモノニシテ，登記ハ其行為ノ成立ニ関係ナキモノナレバ，其為サレタル時期ノ如何ハ取消権ノ存否ヲ決定スベキ標準ト為ルベキモノニ非ザルノミナラズ，行為ガ債権発生前ナルガ為メ詐害行為ノ要件ヲ具備セザル」ものである。

【11】　最判昭55・1・24民集34・1・110（下森・民商83巻3号，同・ジュリ743号）

事実　会社経営と農業を営んでいたAは，長男のYにその所有の農地を昭和49年11月ごろ贈与し，その登記は昭和51年の3月になされた。その間の昭和50年7月にAに対して400万円の約束手形債権を取得したXが満期にその支払いを受けられなかったので，AのYに対する上記農地の贈与を詐害行為としてその取消を求めた事例。

判旨　「債務者の行為が詐害行為として債権者による取消の対象となるためには，その行為が右債権者の債権の発生後にされたものであることを必

第2章 債権者取消権の成立要件

要とするから，詐害行為と主張される不動産物権の譲渡行為が債権者の債権成立前にされたものである場合には，たといその登記が右債権成立後にされたときであっても，債権者において取消権を行使するに由はない（大審院大正6年(オ)第538号同年10月30日判決・民録23輯1624頁参照）。けだし，物権の譲渡行為とこれについての登記とはもとより別個の行為であって，後者は単にその時からはじめて物権の移転を第三者に対抗しうる効果を生ぜしめるにすぎず，登記の時に右物権移転行為がされたこととなったり，物権移転の効果が生じたりするわけのものではないし，また，物権移転行為自体が詐害行為を構成しない以上，これについてされた登記のみを切り離して詐害行為として取り扱い，これに対する詐害行為取消権の行使を認めることも，相当とはいい難いからである（破産法74条，会社更生法80条の規定は，これらの手続の特殊性にかんがみて特に設けられた規定であって，これを民法上の詐害行為取消の場合に類推することはできない。）

通説は判例に賛成しているが（松坂・総判民(7)169，於保193，柚木＝高木198，星野109など），有力な反対説がある（我妻179，近時修正責任説の立場からこの説を支持するものとして加藤〔雅〕261がある）。その理由は，「登記のない間は，一般債権者は受益者の権利取得を無視して差し押えることができるのだから，……〔受益者は〕債権者に対する関係でも登記をしたときに移転行為が行なわれたことを対抗しうるにとどまり，従って取消の対象となりうるといわねばならない」という。この考え方は一般債権者との関係でも登記の時に詐害行為があったとみる，いわば法律行為（所有権移転行為）と登記移転行為を一体的に捉える考え方といえよう。しかし，債権者の差押等によって当該財産が具体的に捕手され，特定の責任財産となった場合には，担保物権に準じて優先効を登記の先後によって決定してよいが，差押前の単なる一般債権者の段階では，不動産の譲受人は移転登記を得ていなくとも債務者の責任財産からの逸出効を主張しうる（つまり単なる一般債権者と所有権の取得者とは対抗関係に立たない＝通説）とみるのが妥当であろう。かくて，当該逸出財産に差押をしていなかった一般債権者に関しては，債権者取消権により保護をうけうるのは行為前の債権者のみであり，行為後の債権者はその保護をうけえなくてもやむをえまい。本来その財産は特別事情のない限り（通謀的害意により登記を遅らせてその間に信用を得た場合など），客観的には，彼が責任財産として期待できるべきものではないものだからである（同旨飯原『訴訟』66）。ただ，他の債権者が取り消した場合に，425条により消極的に利益享受の道が開かれていることで満足すべきものといえよう（この点の詳細については，下森前掲判批参照。なお，この判決については，多数の評釈〔半田・Law School 24号，篠田・ジュリ720号，船越・判評261号，目崎・判タ439号〕があるが，いずれも判旨に賛成である）。但し，被保全債権成立前になされた法律行為から生じた債務の履行行為である登記移転行為や債権譲渡の通知行為が被保全債権成立後になされた場合に，両者を切り離して，履行行為のみの詐害行為取消が許されるかの問題がなおあるが，この点は後述する（準法律行為の取消し，債権譲渡，弁済の詐害性の項参照）。

（e）詐害行為取消権は，個別債権の強制執行の準備手続きであるから，詐害行為が成立しても，害された債権が詐害行為後に弁済その他の事由で消滅した場合には，詐害行為取消権の行使が認められなくなることはいうまでもない。問題となるのは，債務者が詐害行為後に破産して破産免責を受けた場合である。かかる事例において最高裁は，取消権の行使を否定した。

【12】 最判平成9・2・25判時1607号51

[事実] 訴外A会社のXに対する2億円の債務を連帯保証していたB（A会社代表取締役の妻）は，A会社の倒産数ヶ月前，Yにその所有のC会社の株式を譲渡し無資力となった。A会社の倒産後，Bは自己破産の申立をし，破産宣告および破産廃止の決定（同時破産廃止決定）を受けた。XがYを相手として上記株式譲渡行為につき詐害行為取消訴訟を提起したところ，1審継続中に，Aが破産免責を受け，連帯保証人のBもこの免責の効力を受けることとなった。そこで，この場合Xの取消権行使が許されるかが問題となった。

[判旨] 詐害行為取消権は債務者の責任財産を確保し将来の強制執行を保全するためのものであるから，「BがXに対する本件連帯保証債務につき破産法第3編第1章の規定による免責決定を受けてこれが確定したことにより，XのBに対する右連帯保証債務履行請求権は，訴えをもって履行を請求しその強制的実現を図ることができなくなったものであり，……その結果詐害行為取消権行使の前提を欠くに至ったものと解すべきである。」（判批・潮見金法1524・22，早川倒産法判百〔3版〕202等）

2 取消権の客体に関する要件

（1）取消の対象となる行為は債務者のなした債権者を害する法律行為であるが（424Ⅰ本文），「財産権を目的としない法律行為」にはこの規定は適用されない（424Ⅱ）。

（a）そこで，債務者以外の者のなした行為，たとえば債務者のために自己の不動産の上に抵当権を設定することを約した者がその不動産を第三者に譲渡するような行為は，取消の目的とならない（大判明36・2・9民録9・132〔債権者と物上保証人との間には債権関係不存在〕）。なお，受益者のなした法律行為も取消の目的とはならない（【13】大判大5・3・30民録22・671，同大7・11・25民録24・2254）。

【13】 大判大5・3・30民録22・671

[事実] 債務者A所有の不動産がY_1（受益者），Y_2（転得者）に順次譲渡され，Y_2がこの不動産の上にY_3のために抵当権を設定したという事案の下で，債権者Xが上記AY_1間，Y_1Y_2間，Y_2Y_3間の各行為の取消を求めた事例。

[判旨] 「民法第424条ノ規定ニヨリ債権者ノ取消権ノ目的タル行為ハ債務者ノ為シタル法律行為即チ所謂詐害行為ヲ謂フモノニシテ，受益者ガ転得者ト為シタル法律行為ノ如キハ其内ニ包含スルモノニアラズ。故ニ債権者ガ受益者又ハ転得者ニ対シ詐害行為ノ目的タル財産ノ回復又ハ之ニ代ハルベキ損害賠償ヲ求メント欲セバ，其受益者又ハ転得者ニ対スル関係ニ於テ債務者ノ為シタル詐害行為

ノ取消ヲ請求スベキモノトス。然ルニ本件ニツキ第1審裁判所ハ単ニ債務者及ビ受益者ノ関係ニ於テノミ本訴詐害行為ヲ取消シタルモノナルニ拘ハラズ、X八転得者タルY₂等ニ対スル関係ニ於テ詐害行為ノ取消ヲ求メズ、詐害行為ニアラザル受益者及ビ転得者等ノ為シタル法律行為ノ取消ヲ求メタルハ不当ト謂ハザルヲ得ズ。尚ホY₂ニ対スル所有権保存登記抹消請求及ビY₃ニ対スル抵当権設定登記抹消請求モ、転得者タルY₂Y₃ニ対スル関係ニ於テ詐害行為ノ取消ヲ求メ其目的タル財産回復ノ方法トシテ其請求ヲ為スハ格別、本件ハ受益者及ビ転得者ノ行為ノ取消ヲ原因トシテ右登記抹消ノ請求ヲ為スモノナルヲ以テ是亦不当ト謂ハザルヲ得ズ」

(b) 婚姻、縁組、相続の承認・放棄といった身分行為は、たとえそれが債務者の財産状態を悪化させるような場合であっても、取消の目的となりえない（最判昭49・9・20民集28・6・1202〔相続放棄の事例〕）。債権者保護の理想といえども債務者のこのような行為にまで干渉することを許すべきではないからである（我妻177）。

【14】　最判昭49・9・20民集28・6・1202

事実 Y等の被相続人Aは、B会社の株主で同社に対して株金支払い債務を負担していた。Aの死亡後その相続人であるY等は家庭裁判所に相続放棄の申述をし、これが受理された。B会社は破産し、その破産管財人であるXがY等の上記相続放棄を詐害行為としてその取消と株金の支払いを求めて訴えを提起した。

判旨 「相続の放棄のような身分行為については、民法424条の詐害行為取消権行使の対象とならないと解するのが相当である。なんとなれば、右取消権行使の対象となる行為は積極的に債務者の財産を減少させる行為であることを要し、消極的にその増加を妨げるにすぎないものを包含しないものと解するところ、相続の放棄は、相続人の意思からいっても、また法律上の効果からいっても、これを既得財産を積極的に減少させるというよりはむしろ消極的にその増加を妨げる行為にすぎないとみるのが、妥当である。また、相続の放棄のような身分行為については、他人の意思によってこれを強制すべきでないと解するところ、もし相続の放棄を詐害行為として取り消しうるものとすれば、相続人に対し相続の承認を強制することと同じ結果となり、その不当であることは明らかである。」

もっとも、立法の沿革や比較法の詳細な分析に基づき、家督相続の場合はともかくとして、遺産相続の場合には、相続人の債権者（被相続人の債権者については否定）による債権者取消権の行使を認めるべきだ、との主張がある（大島俊之・債権者取消権の研究〔昭61〕30）。さらに、離婚に伴う財産分与、相続放棄、遺産分割協議と詐害行為取消権の関係につき、その後重要な判例・学説の展開がみられた。以下この点を検討しておこう。

(イ) 離婚に伴う財産分与

離婚に伴う財産分与について、かつて下級審判決例は、財産分与はそれが不相当に過大であるときは、取消の目的とすべきこともありうるとしていた（東京地判昭31・10・11下民7・10・2891、高松地判昭37・9・24下民13・5・1940、東京地判昭38・2・15判タ145・70参照）。その後、財産分与はそれが相当のものである限り詐害行為

とならないが，それが不相当に過大であるときは，財産分与に仮託してなされた処分行為として詐害行為となりうるとの見解があらわれ（於保183），この見解がその後の通説となった（柚木＝高木191，星野110，下森「債権者代位権と債権者取消権」『新民法演習3』〔昭43〕87他）。なお，不相当の判断基準をどこに認めるかにつき，民法768条3項に求めるもの（前掲東京地判昭31・10・11）と，無資力者または分与によって無資力となる者の分与行為は，そもそも768条3項の基準をはずれているから分与義務の逸脱として詐害行為になるとみるもの（前掲高松地判昭37・9・24，柚木・判評8号16以下）との対立があった（飯原『研究』114，柚木＝高木190）。

昭和58年，最高裁は，離婚に伴い財産分与をした者が，既に債務超過の状態にあったとしても，その分与が768条3項の趣旨に反して不相当に過大であり，財産分与に仮託してなされた財産処分であると認めるに足りるような特段の事情のない限り，詐害行為取消の対象とならない旨判示した。

【15】 最判昭58・12・19民集37・10・1532

[事実] 結婚後21年以上経過し2男3女の子がある，クリーニング店を経営していた夫婦が，夫の不貞行為によって離婚することとなり，この事業の利益で取得した土地を，離婚後，子等とクリーニング業を継続する妻に，財産分与及び慰謝料として給付した行為が詐害行為として取消の可否が争われた事例。

[判旨] 「離婚における財産分与は，夫婦が婚姻中に有していた実質上の共同財産を清算分配するとともに，離婚後における相手方の生活の維持に資することにあるが，分与者の有責行為によって離婚をやむなくされたことに対する精神的損害を賠償するための給付の要素をも含めて分与することを妨げられないものというべきであるところ，財産分与の額及び方法を定めるについては，当事者双方がその協力によって得た財産の額その他一切の事情を考慮すべきものであることは民法768条3項の規定上明らかであり，このことは，裁判上の財産分与であると協議上のそれであるとによって，なんら異なる趣旨のものではないと解される。したがって，分与者が，離婚の際既に債務超過の状態にあることあるいはある財産を分与すれば無資力になるということも考慮すべき右事情のひとつにほかならず，分与者が負担する債務額及びそれが共同財産の形成にどの程度寄与しているかどうかも含めて財産分与の額及び方法を定めることができるものと解すべきであるから，分与者が債務超過であるという一事によって，相手方に対する財産分与をすべて否定するのは相当でなく，相手方は，右のような場合であってもなお，相当な財産分与を受けることを妨げられないものと解すべきである。そうであるとするならば，分与者が既に債務超過の状態にあって当該財産分与によって一般債権者に対する共同担保を減少させる結果になるとしても，それが民法768条3項の規定の趣旨に反して不相当に過大であり，財産分与に仮託してされた財産処分であると認めるに足りるような特段の事情のない限り，詐害行為として，債権者による取消の対象となりえないものと解するのが相当である。」

問題は「特段の事情」の判断基準であるが，この点につき，この判決は，離婚における財産分与の内容として，①実質上の夫婦共同財

産の清算，②離婚後の相手方の扶養，③精神的損害（慰謝料）の賠償の三要素をあげ，財産分与の額及び方法の不相当性判断にあたっては，当事者双方がその協力によって得た財産額その他一切の事情の総合判断によるべきであり，したがって，分与者が債務超過であるという一事によって，詐害行為取消の可否を一律に決めるべきではない，とした。

この判決後に残された問題として，第1に，財産分与の上記三要素のそれぞれの特性をどのように按分して「不相当性」を判断すべきか，第2に，「財産分与が不相当に過大である」とされた場合における，詐害行為取消の範囲と取戻の方法をどう考えるべきかの問題があった。

これらの問題につき，その後の学説上の議論をみておくと，第1の問題についてまず，財産分与行為は身分行為というよりは財産行為とみるべきだとしつつ，したがって債権者取消権の要件がみたされているかぎり取消の対象となる，しかし，相当な財産分与については，取消を認めるべきでないが，相当性の判断基準は，財産分与のうちの清算的要素のみに注目すべきであり，扶養的要素は考慮すべきでない（債務超過の分与者は，一時金の形で離婚後の扶養料を支払うべきでなく，定期金の形で支払うべきものという），との主張があらわれた（大島・前掲書70以下——それまでの判例・学説を詳細に整理している）。この説に対して，問題は分与者の債権者の保護と離婚後の配偶者の生存権保護との利益衡量にかかるが，扶養的要素を全く捨象しうるかについては疑問が残る（定期金支払が確実に保証されるとは限らないからである）との批判がなされた（下森・旧注民(10)804）。なお，離婚後の扶養として分与された財産については，取消対象とならないとする説がつとに主張されていた（島津一郎・旧注民(21)（昭41）216）。

また，夫婦共同財産関係の清算的要素について，相当性の判断基準につき，民法768条3項の枠内と見るか枠外と見るかにつき，上記のように学説・判決例が分れていたが，新たに，これは一方配偶者名義の財産についての潜在的持分の取戻しなのであるから，額が相当である限りは民法424条に該当するとしても取消しえない（破産における別除権と同様に考えるもの），さらに，扶養的要素については，島津説主張のようにその額が相当である限り取消しえない，しかし，損害賠償（慰謝料）の要素を持つ財産分与については，一般の財産権としての債権債務であるから，他の財産権を目的とする法律行為として詐害行為取消しに親しむとの説があらわれた（前田達明「財産分与と詐害行為」『民法随筆』所収（昭64）180）。

第2の問題については，多数の学説は，財産分与が不相当に過大である場合の詐害行為取消しの範囲は，詐害行為取消債権者の被保全債権の範囲ではなく，超過部分に限り，その限度で取消の対象となるとしていた（中川淳「財産分与契約の取消をめぐる一考察（二）」立命館法学53号（昭39）61,66），鈴木真次・判批，法協105・9・66他）。平成12年に至り，最高裁はこの点についての判断を示した。

【16】 最判平12・3・9民集54・3・1013（判批，野村豊弘，ジュリ．平12重判解62）

事実 B会社役員のAとYが婚姻後約3年経過後に協議離婚し，その際，AはYの再婚まで毎月10万円の生活費，離婚に伴う慰謝料を2,000万円支払うことを約し，執行認諾文言つき公正証書が作成された。この当時，Aは億単位の債務を負い，資産は殆ど全て差押えられていた。Aに対して6,000万円の貸金債権を有するX銀行がAの役員報酬債権を差押え，Yもまたそうしたため，B会社が債権額261万円余を供託した。執行裁判所が各請求金額に応じて按分した配当表を作成したところ，Xから異議の申立てがなされ，本訴においてXは，財産分与が通謀虚偽表示で無効，予備的に詐害行為として取消す旨主張し，配当表の変更を求めた。原審判決は，不相当に過大な財産分与として，本件贈与行為全体の取消を認めた。最高裁は上記昭和58年判決を引用して，本件贈与行為の詐害性を認めた原判決を正当としたが，詐害行為取消しの範囲につき，不相当に過大な部分について，その限度で取消されるべきものとして破棄差戻しの判決を下した。

判旨 破棄差戻。

「離婚に伴う財産分与は，民法768条3項の規定の趣旨に反して不相当に過大であり，財産分与に仮託してされた財産処分であると認めるに足りるような特段の事情のない限り，詐害行為とはならない（最高裁昭和57年(オ)第798号同58年12月19日第二小法廷判決・民集37巻10号1532頁）。このことは，財産分与として金銭の定期給付をする旨の合意をする場合であっても，同様と解される。

そして，離婚に伴う財産分与として金銭の給付をする旨の合意がされた場合において，右特段の事情があるときは，不相当に過大な部分について，その限度において詐害行為として取り消されるべきものと解するのが相当である。」

「離婚に伴う慰謝料を支払う旨の合意は，配偶者の一方が，その有責行為及びこれによって離婚のやむなきに至ったことを理由として発生した損害賠償債務の存在を確認し，賠償額を確定してその支払を約する行為であって，新たに創設的に債務を負担するものとはいえないから，詐害行為とはならない。しかしながら，当該配偶者が負担すべき損害賠償債務の額を超えた金額の慰謝料を支払う旨の合意がされたときは，その合意のうち右損害賠償債務の額を超えた部分については，慰謝料支払の名を借りた金銭の贈与契約ないし対価を欠いた新たな債務負担行為というべきであるから，詐害行為取消権行使の対象となり得るものと解するのが相当である。」

本判決は詐害行為の一部取消にとどめる学説の立場を採用したものといえよう（近時の判例・学説については，潮見99以下，飯原『訴訟』252以下が詳しい）。

さて，財産分与の三要素である「清算・扶養・慰謝料」ごとに相当性判断をすべしという最高裁昭和58年判決の問題提起は傾聴に値し，それが有用かつ可能な場合もあろうが，この判決も指摘したように，最終的には一切の事情の総合判断で取消の可否を決定することが多いであろうから，実際問題としては，一応の考慮に入れつつ後は総合判断でということになろう（なお，内田Ⅳ130，加藤〔雅〕263参照）。

問題は取消の範囲である。判例は詐害行為取消の範囲については，取消債権者の被保全債権額を原則とし，一部取消を認めるにとどめるのは，抵当権者などの優先弁済受領権者への代物弁済や譲渡などの場合である。この場合は正確に言うと，一部取消というよりは，

詐害行為の一部不成立というべきであろう。財産分与についても，相当額の範囲では，被分与者の潜在的持分の取戻（清算）・生存権保障（扶養），人格権の尊重（慰謝料）の観点から，他の一般債権者に対する優先権を認め一部取消（一部不成立）とするのが妥当であろう。なお，取消・取戻の目的物が不動産などの金銭以外のものであるときの，取消の範囲・取戻の方法如何の問題が残る。可分物の場合はともかくとして，不可分物の場合に，判例・通説の原則とする原状回復でよしとするか，被分与者の今後の生活にそれが必要なもの（たとえば被分与者が営業を引き継ぐ場合の営業用の動産・不動産など）である場合などに例外を認めて，価格賠償にとどめるかの問題である（ここでも，取戻しを必要としない責任説ではこの問題は生じない）。

　㈡　相続の放棄

　相続放棄は債権者取消権の対象となるかの問題につき，前掲【14】判例は，①相続放棄の法的効果は，既得の責任財産を積極的に減少させる行為ではなく，消極的にその増加を妨げる行為にすぎないから取消権行使の対象とならない，さらに，②相続放棄のような身分行為は，他人の意思によってこれを強制すべきではなく，取消を認めることは相続人に対して相続の承認を強制することとなって不当である，との2点を理由として取消を否定した。

　このような解釈の背後には，そもそも相続は，相続人の債権者（以下「相続人債権者」という）に法律上保護される期待権を与えるようなものではないとの判断があり，相続を遺族の生活保障によって正当化する立場からは当然のことであるとの指摘がある（内田Ⅳ351以下）。もっともこの判決の事案は，被相続人の債権者（以下「相続債権者」という）が債権者取消権の行使をしたケースであり，相続人はその者に対して債務を負っていたわけではなく，424条にいう債務者のなした行為とはいえない事例であるから，この点からしてすでに取消権行使が認められない事案であり，判旨の一般論は傍論であった（もっとも，相続放棄の遡及効との関係で，否定の根拠の説明方法につき議論がある。大島・前掲書50以下参照）。

　問題は相続人の債権者からする取消権行使の可否である。従来は，判例支持説が通説であった（我妻177，於保183，林＝石田＝高木194〔石田〕，奥田291）。しかし近時は，例外的に肯定の余地を認めようとする説が有力である（星野・判批，法協85・5・804，椿寿夫「相続の承認・放棄と債権者」判タ403・12以下〔昭55〕，大島・前掲書30以下，吉田邦彦・判批『家族法判例百選』〔第4版〕204，潮見106，片山直也・判批『民法判例百選Ⅱ』〔第5版〕43，飯原『訴訟』237他多数）。その根拠としては，債務者の意思の尊重は重要ではあるが，他方において，相続財産がプラスの場合には相続人の債権者の相続による責任財産増加への期待利益保護も無視しえない（とくに相続開始後，放棄までの間に被保全債権が発生した場合など）。それがマイナスの場合には，そもそも相続放棄の詐害性が否定されるから問題がない。他方，相続人には，自己の債権者を害する自由はない。②これに対し，被相続人の債権者が取消債権者である場合には，相続債権者は相続人から取

り立てることだけが唯一の道ではなく，債務者＝被相続人からの回収をはかる手段がいくつかあるので，責任財産増加への期待利益保護の必要性はない。他方，相続人にとって債務の相続は不利益であり，相続債権者が（放棄の取消によって相続が承認される結果として）相続人の固有財産から受けられる利益を保障するあまり債務の相続を強制されるのは正当化しがたいから，取消権の行使を認める必要はない，といった理由が挙げられている。なお，後者の場合，被相続人側の債権者からの取消権の行使を肯定すると，取消債権者の債務者ではない者のなした行為なのに何故取消が許されるのかの問題の他，相続人側の債権者にとっては，相続放棄の取消の結果，相続人が相続人の債務を強制的に承継させられて無資力になるおそれがあり，相続人固有の責任財産に対する相続人債権者の期待権侵害となることも考えておかなければなるまい（相続人がマイナス相続財産の相続を承認することにより無資力となる場合の，相続人債権者からの相続承認の詐害行為取消問題と関連する）。

(ハ) 遺産分割の協議

遺産分割協議の詐害性について，判例は近時取消を認めた。

【17】 最判平11・6・11民集53・5・898（判批・大島俊之平11重判解80，片山直也『民法判例百選Ⅱ』（第5版）42他）

事実 被相続人Aの共同相続人であるB，Y₁，Y₂の間で成立した遺産分割協議につき，Bの債権者（相続人債権者）Xが，これを詐害行為としてY₁およびY₂に対して取消を主張し，法定相続分に応じた持分となるようにBに対する所有権移転登記手続きを求めた事案。

判旨 「共同相続人の間で成立した遺産分割協議は，詐害行為取消権行使の対象となり得るものと解するのが相当である。けだし，遺産分割協議は，相続の開始によって共同相続人の共有となった相続財産について，その全部又は一部を，各相続人の単独所有とし，又は新たな共有関係に移行させることによって，相続財産の帰属を確定させるものであり，その性質上，財産権を目的とする法律行為であるということができるからである。」

この判決は大審院・最高裁を通じて初めての判例であり，これまでの下級審判決例に若干の肯定例があるのみであった（奈良地判昭27・11・8下民集3・11・1582，神戸地判昭53・2・10判時900・95）。これに対して学説は，詐害行為取消権の行使を広く認めることによる遺産分割の安定性に及ぼす影響への考慮から，かつては原則否定説も有力であった。債権者の保護は財産分離制度の活用や，共有物分割への債権者等の参加制度（260条）によるべしというものである（星野英一「遺産分割協議と審判」『民法論集3巻』所収517他）。しかし，肯定説が多数説であった（甲斐道太郎「法定相続分に従わない遺産分割の効力」『家族法体系Ⅵ相続(1)』266，高木多喜男『口述相続法』（昭63）309他）。

近時の学説は原則肯定説に立ちながら，相続放棄などと対比しつつ，類型的考察に基づくより緻密な議論を展開している。たとえば，取消債権者が相続債権者（被相続人の債権者）か相続人債権者か，あるいは，被保全債権の発生が相続開始前か開始後かなどによる類型

第2章　債権者取消権の成立要件

的考察である（たとえば，潮見101以下，最高裁平11年判決の前掲判批，大島，片山の他，吉田邦彦『家族法判例百選』（第4版）205，等参照）。基本的方向性としては，遺産分割と相続放棄の差異からして，遺産分割についてはいったん相続により権利・義務が被相続人から相続人に承継された後での財産処分行為であるから，相続債権者および相続人債権者の如何を問わず原則取消肯定が妥当であり，放棄については前述したごとく原則否定（例外的に肯定）が正当と考える（なお，飯原『訴訟』248以下参照）。

なお，近時，家族法上の行為の詐害行為性につき，婚姻，縁組，認知等の純粋な家族法上の行為と，「財産権を目的」とする要素がある家族法上の行為を区別し，後者については，相関関係説的な枠組みのもとで，強い詐害の意図が認められる場合には取消権の対象となると主張する説がある（加藤〔雅〕263）。

（2）　債務者のなした法律行為はその種類に限定がないから，契約に限らず，債務免除などの単独行為（大判大9・6・3民録26・808）や，合名会社あるいは合資会社の設立行為等の合同行為（大判大7・10・28民録24・2195，【30】同昭20・8・30民集24・60）なども取消の目的となりうる。もっとも，会社設立行為については，詐害行為となるのは設立行為自体か出資行為であるのかについて争いがあったが（柚木＝高木190参照），商法の改正規定（昭13法72）は明文をもって詐害行為となりうることを認めた（旧商141，有75①，現行会社法832条参照）。なお，この条文と民法424条の関係につき，判例は，商法141条（旧）は民法424条の特則であるから，同規定の適用あるいは準用のある会社についての詐害設立取消には，民法424条を適用する余地はないという（最判昭39・1・23民集18・1・87，なお，会社の設立行為の詐害性については飯原『訴訟』293以下が詳しい）。

（3）　法律行為たることを要するから，単なる不作為や事実行為（抵当権設定者が物を目的不動産に附属せしめる行為については，370条但書の規定がある）は取り消しえない。ただ，責任財産保全という制度の趣旨から，財産減少の法律効果を伴う債務者の行為であれば，法律行為に限らず，催告，債権譲渡の通知，時効中断のための債務承認のごとき準法律行為については424条を準用すべきである，とする者が多く，また，同様の理由から，不作為でも法律上追認（民19）もしくは追認拒絶（民114）がなされたと認められる場合や，民法125条の法定追認，民法414条2項但書により裁判をもって債務者の意思表示に代えた場合のごとく，法律上法律行為をしたと同一の効果を生ずるときは，取消権を行使しうる，という（これらの点に関する学説の状況については，松坂・総判民(7)152，近時のものは飯原『訴訟』70以下に詳しい）。

なお，前述のように（第2章第2節(2)(d)），債務者がなした登記移転行為の詐害行為取消の可否について，登記をする実体的な法律行為を問題とすべきであって，それと切り離して登記をする行為だけをとりあげて詐害性を判断すべきではなく，両者は一体としてとらえるべきだ，という学説がある（我妻177，前

第2節　客観的要件（詐害行為）

掲【11】最判昭55・1・24参照）。旧破産法74条1項（現行法164条），旧会社更生法88条1項（現行法88条，民事再生法129条）には登記移転行為のみの否認を認める規定があるが，これはこれらの手続の特殊性によるものであって，これと債権者取消権の場合とは同一視できないと考えるものである。一般論としてはそういってよいであろうが，弁済行為の詐害性との関連で，なお検討してみる必要がある（前掲【11】最判昭和55年判決に対する判批＝下森・民商83巻3号104参照）。

その後，債権譲渡の通知のみの詐害行為取消を否定した判決が現れた。

【18】　最判平10・6・12民集52・4・1121

取消権者の被保全債権の発生前になされた債権譲渡に基づいてその発生後に債権譲渡の通知がなされたという事案。この場合，この譲渡通知を詐害行為として取り消し得るかが争われた事例において，原審判決は以下のような理由で債権譲渡の通知行為の取消を認めた。

「㈠　債務者の責任財産の保全という詐害行為取消制度の趣旨からすると，詐害行為取消しの対象となるのは，債務者の法律行為に限定されることなく，責任財産を減少させる法律効果を伴う債務者の行為である限り，債権譲渡の通知，時効中断事由たる債務承認，追認等の準法律行為についても，民法424条の規定を準用すべきである。

㈡　債権譲渡における債務者に対する通知は，純然たる私法行為である上，債務者に対する関係では，債権者の変更を債務者に主張し得る必須の要件であって，これによって初めて当該債権が譲渡人の責任財産から確定的に逸出することになるものであり，第三者に対する関係での対抗要件の具備以上の機能を有しており，債権譲渡における通知と不動産譲渡における対抗要件具備行為たる登記とはその性質において異なるものがあるから，登記について詐害行為該当性が否定されるとしても，債権譲渡の通知について詐害行為該当性を肯定する妨げとはならない。」

しかし，最高裁は取消権の行使を否定した。

判旨　「債務者が自己の第三者に対する債権を譲渡した場合において，債務者がこれについてした確定日付のある債権譲渡の通知は，詐害行為取消権行使の対象とならないと解するのが相当である。けだし，詐害行為取消権の対象となるのは，債務者の財産の減少を目的とする行為そのものであるところ，債権の譲渡行為とこれについての譲渡通知とはもとより別個の行為であって，後者は単にその時から初めて債権の移転を債務者その他の第三者に対抗し得る効果を生じさせるにすぎず，譲渡通知の時に右債権移転行為がされたこととなったり，債権移転の効果が生じたりするわけではなく，債権譲渡行為自体が詐害行為を構成しない場合には，これについてされた譲渡通知のみを切り離して詐害行為として取り扱い，これに対する詐害行為取消権の行使を認めることは相当とはいい難いからである（大審院大正6年(オ)第538号同10月30日判決・民録23輯1624頁，最高裁昭和54年(オ)第730号同55年1月24日第一小法廷判決・民集34巻1号110頁参照）。」

この判決によって前述した我妻説の考え方は否定されたことになる（潮見84。登記移転行為や債権譲渡通知行為自体の詐害性については，さらに，後述の債権譲渡や弁済の詐害性の項で詳しく検討する）。

(4) 純然たる訴訟行為は取り消しえないが，訴訟上の相殺・和解，請求の放棄・認諾など訴訟行為が同時に法律行為たる場合には取り消すことができる（於保181，松坂118，林＝石田＝高木170など，）。ドイツ債権者取消法1条は，取消の目的となりうる行為を法律的行為（Rechtshandlungen）としている。この概念は法律行為（Rechtsgeschäft）より広く，訴訟行為や不作為もまた取消の目的となりうる。かかる規定を欠くわが民法の場合（旧民法，旧民訴483条については前述〔→第1章第3節(4)(c)〕），馴合い訴訟がなされた場合に債権者の保護に欠けることがあり，解釈論上の工夫がこれまでにいろいろなされているが（板木郁郎『否認権に関する実証的研究』〔昭18〕561，同「債権者取消権・債権者代位権」『民法演習Ⅲ』〔昭33〕97，柚木＝高木191，兼子・民事訴訟法体系413，船越・前掲「詐害判決論」など。なお，松坂・総判民(7)143，参照），さらに検討を要する問題である（訴訟行為の詐害性につき，近時，飯原『訴訟』275以下が詳しく検討している。実務的見地からの掘り下げた論述で有益である）。

(5) 農地の贈与契約について，知事の許可があった場合でも詐害行為となり，取消の対象となりうる（最判昭35・2・9民集14・1・96，下森・法協78巻5号，柚木＝高木191）。農地移転についての知事の許可は認可であり，認可は，基本たる行為の効力を補充するものであって，基本たる行為の不成立，無効・取消性に影響を与えるものではない（田中・行政法総論308）からである。

(6) 債務者の法律行為は，有効に成立したものであることを要する。たとえ登記によって表象されていても，真実に存在しない法律行為は取消の目的とならない。

【19】 大判大7・5・11民録24・915

不動産がA→B→Yと移転されたが登記がA→Yとなっていたので，Aの債権者XがAY間の売買の取消を訴求した事例。

[判旨]「登記ハ物権ノ得喪及ビ変更ヲ第三者ニ対抗スルニ必要ナル条件タルニ止マルヲ以テ，登記ノ有無ハ法律行為ノ成立及ビ不成立ヲ決スルノ標準トヲスニ足ラズ。又未ダ成立セザル法律行為ハ民法第424条ニ依リ之ヲ取消スノ必要ナキコト言ヲ俟タズ。故ニ原裁判所ガ『甲第6号証ニAヨリYニ直接売渡シタルガ如キ登記ノ記載アルハ，YガBヨリ該不動産ヲ買受ケタル当時ニ於テハA及ビB間ノ所有権移転登記ナカリシニ因リ，便宜上AヨリYニ所有権ヲ移転シタルガ如キ登記ヲ受ケタルノ結果ニスギズシテ』云々，『故ニA及ビY間ニ該不動産ヲ目的トスル売買契約ノ成立シタルコトヲ前提トシ其取消ヲ求ムルXノ請求ハ之ヲ棄却ス』ト判示シX敗訴ノ判決ヲ為シタルハ正当ニシテ所論ノ違法ナシ」。

さらに，未だ効力の発生していない法律行為，法律上当然無効な法律行為（93但書，94・95・90等）は取り消しえない。無効な行為は，理論的にその取消が考えられないこと，債権者の責任財産に不利益が生じないから取り消す必要がないからである。したがって要素の錯誤ある法律行為，虚偽表示も取消の目的とはならない（判例・通説）。

【20】 大判昭9・2・22法学3・9・民14

判旨 「株式売買ガ虚偽ノ意思表示ニ基ク場合ニ於テハ其ノ行為ハ当事者間ニ於テ無効ナルモノナルヲ以テ, 売主ハ特別ノ事情ナキ限リ何時ニテモ無効ヲ主張シ該売買ニ因ル株主権ノ移転登録ノ抹消ヲ訴求シ得ルモノニシテ又売主ニ対スル債権者ハ民法第423条ノ代位権ヲ行使ニ依リ其ノ抹消ヲ求メ得ベキモノト云フベク其ノ行為ガ有効ナル場合ニアラザル限リ, 債権者ハ民法第424条ニ依ル取消権ヲ行使シ得ベキモノニアラズ」。(同旨【24】大判明41・6・20民録14・759, 大判明41・11・14民録14・1171)

　この虚偽表示に基づいて登記または占有の移転が行われ, もしくは虚偽表示が裏書をもってなされた場合に, これらを原状に復する(登記の抹消, 占有の返還または裏書の抹消)ために債権者取消権を行使しうるであろうか。判例は当初これを肯定していたが, 後に否定した。

【21】 大判明34・4・26民録7・4・87

事実 Aの債務を代位弁済した連帯債務者Xが, AY間の不動産譲渡行為を詐害行為としてその取消および登記の抹消を求め, 仮にAY間の不動産譲渡が虚偽表示で無効であったとしても, この売買に基づいてなされた移転登記の抹消を求めうるのは当然と主張した。

判旨 「債務者ガ債権者ニ弁済スル資力ナキコトヲ了知シナガラ, 売買名義ヲ仮装シテ第三者ニ不動産ノ所有名義ヲ移シ若クハ動産ノ占有ヲ移シタル場合ニ於テ, 債務者ト第三者トノ間ノ売買ハ虚偽ノ意思表示ニ因リ本来無効ナルガ故ニ, 債権者ハ只其無効ヲ主張スレバ足レリ。別ニ之ガ取消ヲ求ム可キモノナシト雖モ虚偽ノ意思表示ニ原因シテ変更セラレタル不動産ノ所有名義又ハ引渡サレタル動産ノ占有ハ右売買ノ無効タルニ拘ハラズ依然トシテ存在シ債権者ノ為メ害トナル勿論ナルガ故ニ, 債権者ハ此ノ如キ場合ニ於テ売買ノ無効ナルコトヲ主張スルト同時ニ廃罷訴権ニ依リ売買名義ニ依レル不動産ノ登記取消若クハ動産ノ占有取戻ヲ請求スルコトヲ得ルモノトス」。

【22】 大判明37・7・8民録10・1057

　虚偽表示に基づく消費貸借契約と抵当権設定契約につき債権者が抵当権設定登記の抹消のみを求めた事例。

判旨 「本訴ニ於ケルXノ主張ハAY両名ガ共謀シテXノ債権ヲ害センガ為メAY間ニ於テ消費貸借並ニ抵当権設定ノ行為ヲ仮装シ之ガ登記ヲ為シタルニ付其登記ノ抹消手続ヲ求ムト云フニ在レバ, 民法第424条ノ債務者ガ債権者ヲ害スルコトヲ知リテ為シタル法律行為ノ履行トシテ為サレシ所ノ抵当権設定登記ノ取消手続ヲ請求スルモノナリ。此ノ如キ場合ニ於テハXハ係争行為ノ取消ヲ得ルニ非ザレバ仮装抵当権者ノ為メニ其目的物ニ対スル弁済ニ付必然優先セラルルコトヲ免カレザル可ク, 殊ニ取消訴権ヲ許サルル場合ナルガ故ニ, 原判決説明ノ如ク又AY弁解ノ如ク決シテ債務者並ニ受益者ヨリ損害賠償ヲ得テ足ルモノニアラズ。然ルニ原判決ガX金銭ヲ以テスル賠償ノ外抵当登記ノ抹消ヲ求ムルコトヲ得ザルモノトシ其請求ヲ排斥シタルハ上告論旨ノ如ク不法ニシテ破毀ノ原由アルモノトス」。

　なお, この判決前に虚偽表示に基づく預り

証券の譲渡および裏書につき裏書のみの取消が認められるかが争われ，取消が認められた判例がある（大判明34・10・21民録7・9・76）。これらの判例の事案を比較してみると，前記【21】判例は，債権者が原因行為と登記との両者の取消を併せて求めつつ，仮に原因行為が虚偽表示で無効であるとしても登記行為のみの詐害行為取消ができると主張し，これが認められたものであるのに対し，その後の2判例は債権者が原因行為の取消請求をせず，登記・裏書のみの抹消を424条により求め，それが認められた点で一歩踏み出している。

しかし，その後判例は登記法上の行為は424条にいわゆる法律行為にあたらないとし，ただ債権者が424条によって法律行為（詐害行為）を取り消しうる場合にだけ，その取消によってすでになされている登記が登記原因を欠くこととなって無効となるので，取消と同時にその登記の抹消請求ができるとした。

【23】 大判明39・9・28民録12・1154

|判旨|「登記抹消ノ行為ハ一種ノ登記法上ノ手続ニシテ民法上ノ法律行為ヲ包含セザルコトハ上告人所論ノ如クナリト雖モ，不動産登記法ノ規定ニ依リ登記権利者タル者ハ其義務者ニ対シ之ガ抹消ヲ訴求シ得ベキコトハ上告人モ既ニ認ムル所ナリ。而シテ本件ハ被上告人ガ民法424条ノ規定ニ依リ法律行為ノ取消権ヲ有シ，此請求ガ認容セラルルニ於テハ其結果登記権利者ノ地位ニ立ツベキ筋合ナルヲ以テ，之ヲ予想シ併セテ其登記抹消ヲ請求スルモ敢テ法律ノ禁ズル所ニ非ズ」。

これに対し，原因行為が虚偽表示によるもの（無効行為）であり，それに基づいて登記がなされた場合には，債権者は債権者取消権によってその登記の抹消を求めることはできないとした。

【24】 大判明41・6・20民録14・759

事実 Xに対し抵当権設定登記の抹消義務を負っていたY₁が，この抵当権をY₂に譲渡して付記登記をしたので，Xが，上記Y₁Y₂間の行為は抵当権の譲渡を仮装したものとして，債権者取消権によって譲渡登記の抹消を求めた事例。

判旨 「Xノ原院ニ於ケル主張ヲ観ルニY₁ガXトノ契約ニ因リ本件抵当権設定登記抹消ノ手続ヲ為スベキ義務ヲ負担シナガラ，Xノ債権ヲ害スル為メY₂ニ抵当権ヲ譲渡シタルガ如ク装ヒ其登記手続ヲ為シタルヲ以テ民法第424条ニ基キ譲渡登記ノ抹消手続ヲ求ムト云フニ在リシコト原判決事実摘示ニ徴シ明白ニシテ，即チY等ガ抵当権ノ譲渡ヲ仮装シタルニ因リXニ民法第424条ノ廃罷訴権即チ取消権ヲ発生シタリトテ本訴請求ヲ為スモノナルコト疑ヲ容レズ。抑債権者ガ債務者ト第三者間ノ行為ニ因リ債権ヲ害セラレタルコトヲ理由トシテ其行為ノ取消ヲ求ムルニハ民法第424条ノ廃罷訴権ニ依ルノ外途ナシ。而シテ其廃罷訴権ハ債務者ノ為シタル法律行為ノ取消ヲ訴求スル権利ニシテ債務者ガ債権者ヲ害スルコトヲ知リテ法律行為ヲ為シタル場合ニ於テ発生スルモ，法律行為ガ仮装ニシテ眞ニ成立セザル場合ニ於テ発生スベキニ非ザルコト多言ヲ俟タザル所ナレバ，Y等ガ抵当権ノ譲渡ヲ仮装シ登記ヲ為シタルガ為メXノ権利ヲ害セバトテXノ為メ民法第424条ノ廃罷訴権即チ取消権ヲ発生シタルモノト謂フ可カラザルヤ明ケシ。故ニ原院ガXノ主張事実ハ民法第424条ノ

第2節 客観的要件（詐害行為）

取消権ヲ発生セズトシXノ請求ヲ理由ナシト判定シタルハ正当ニシテX所論ノ如ク請求ノ目的若クハ其原因ヲ誤認シタルニ非ズ」。

この判例の後に，債務者受益者間及び受益者転得者間の売買と登記との取消を求めるが，受益者転得者間の行為は虚偽表示と債権者が主張した事例において，無効行為の424条による取消は認められず，さらに登記上の行為の取消も認められないとした判例がある（大判明41・11・14民録14・1171）。

学説は，この判例の立場を支持している。債権者としては，債務者が仮装行為の無効に基づいて有する登記抹消，占有の返還または裏書の抹消請求権を代位行使することでその債権の保全を図ることができるのだから，その手段によるべきだとする。

ただ，判例は，転得者に対する関係では，転得者が虚偽表示につき善意であるが（94Ⅱ），詐害の事実について悪意であるときは，取り消しうるという。

【25】 大判昭6・9・16民集10・806

[事実] 無資力の債務者Aがその所有の不動産をBに譲渡し，Bがその上にYに抵当権を設定した事案の下で，XがYに対して抵当権設定行為の取消を求めた事例。

[判旨] 「原判決ハA及B間ノ右不動産売買行為ハ当事者相通ジテ為シタル虚偽行為ニシテ無効ノモノナレバ民法第424条第1項ニ依ル取消ノ目的ト為ラザル旨判示シタレドモ，虚偽行為ノ無効ハ之ヲ善意ノ第三者ニ対抗スルコトヲ得ザルヲ以テ，今若シ転得者タル第三者ニ於テ債務者ノ行為ノ虚偽表示ナルコトヲ知ラザル場合ナリトセムカ，債務者ト受益者トノ間ニ詐害ノ要件具備スル限リ債権者ト転得者トノ関係ニ於テハ虚偽行為ト雖仍ホ同条同項ニ依ル取消ノ目的ト為スコトヲ得ルモノト解スルヲ相当トス」。

学説には，これを一歩進めて，受益者に対する関係においてもまた，債権者がこれを詐害行為として，その要件を立証して取消を求めるときは，虚偽表示も債権者取消権も結局同一の作用を営むものであるから，被告は虚偽表示なることを主張してこれを阻止しえないというものがある（我妻177，於保182，柚木＝高木193，林＝石田＝高木170。なお，この点に関する判例・学説の流れについては，松坂・総判民(7)146以下が詳しい。近時の肯定説として，平野341，加藤〔雅〕260等）。

3　詐害性の判断基準

債権者を害するとは，一般的には，債務者の財産処分行為によって，その一般財産が減少し，債権の共同担保に不足を生じ，もしくはすでに不足している共同担保の不足が一層その程度を深め，そのために債権者に完全な弁済をすることができなくなることである。債務者の一般財産は積極財産と消極財産（債務）とから構成されているから，財産減少行為は，積極財産を減少させる処分行為（財産の贈与，廉価売却）のみならず，消極財産を増加する債務負担行為（債務を引き受け，保証人となるような行為）をも含む。そして，消極財産の総額が積極財産の総額を超えること，

すなわち債務超過または無資力となることが，債権者を害することになる。必ずしも債務者の財産を強制執行してその効果が得られなかったことを要しない（松坂・総判民(7)173）。詐害の事実については，取消債権者が立証責任を負う（大判大10・3・24民録27・657，飯原『研究』199参照）。

(1) 詐害の有無の判定

詐害行為の前後における資力の算定にあたっては，つぎの諸点が問題となる。

(a) 信用，のれんなども積極財産に加えるべきである（通説。我妻185，松坂・総判民(7)174・於保184など。具体的算定例としては，たとえば，最判昭35・4・26民集14・6・1046の事案が参考となる）。これに対し，近時，メインバンク制の機能が変化し金融市場の構造が変容してしまった現代では，客観的指標を基準とすべきだとし，債務超過――積極財産と消極財産との対比――という客観的状況そのものを客観的要素とすべしとの見解があらわれている（加藤〔雅〕237）。

(b) 条件付債権を積極財産に加えるべきかについては，学説上議論が分れており，積極説（勝本・中(3)362，於保184〔相当に評価して加算すべしという〕），消極説（柚木＝高木201，林＝石田＝高木177），および条件成就の確実である権利は差し押えることもでき（兼子・強制執行法191，鈴木ほか編・注解強制執行法Ⅱ249），また換価も可能であるから，次の期限付権利と同様に積極的に解すべしという折衷的見解がある（飯原『研究』41。なお，民執161参照）。後説をもって妥当としたい。期限付権利については判例があり，期限付債権は換価して直ちに弁済に充当しうるものであるから，積極財産に加うべきものとする。

【26】　大判大9・11・3民録26・1631

県に対する期限未到来の請負報酬代金債権および請負保証金返還請求権の事例。

判旨　「詐害行為取消権ハ之ニ依リテ債務者ノ弁済資力ヲ回復シ債務ノ履行ヲ確保スルヲ目的トスルモノナルガ故ニ，債務者ガ其行為ヲ為シタル当時他ニ債務ノ弁済ヲ為スニ足ルベキ資産ヲ有シタルトキハ詐害行為トシテ右行為ノ取消ヲ訴求スルコトヲ許サザルハ言ヲ俟タザル所ニシテ，而シテ其資産ノ種類何等制限スル所ナキヲ以テ，債務者ガ第三者ニ対シテ有スル債権ガ条件附ニシテ其発生ノ事実未必ナルガ如キモノハ格別ナレドモ，其発生ノ事実確定セル債権ハ縦令期限未到来ノモノト雖モ之ヲ換価シテ直ニ弁済ニ充当スルコトヲ得ルモノナルヲ以テ，単ニ期限未到来ノ故ヲ以テ債務者ノ資産ニ属セザルモノト云フヲ得ズ」。

この点については異論がないようである。

(c) 物的担保との関係

① 取消債権者が債務者の所有財産上に抵当権・質権などの物的担保を有する場合，その担保物が処分されてもその担保権につき対抗要件が充足されている以上，優先弁済を主張しうるから，債権者が害されることのないのはいうまでもない。担保の目的物以外の財産を処分した場合はどうか。担保物の価格が

第2節　客観的要件（詐害行為）

被担保債権額を上回っているときは取消を認める必要がない。しかし，それに達しない場合，その不足額については一般財産を責任財産として期待させるのが妥当であるから，その限度で取消が許される（通説。我妻182，松坂120，柚木＝高木201など，福井・判民昭和7年度93事件評釈ほか。かつては少数の反対説があった〔石坂・加藤〕。松坂・総判民(7)163参照）。

②　これに反し，第三者（物上保証人）の所有財産上に物的担保を有する場合には，これを考慮せずに債権の全額について取消権を行使できる（我妻182，於保192，松坂121など。なお，大判昭20・8・30民集24・61，潮見俊隆・判民昭和20年度7事件評釈参照）。この場合にも，債権者は物的担保によって優先的に弁済を受けうるには相違ないが，物上保証人がそれによって債務者に対して求償権を取得することを考慮するときは，債権者の把握している担保価値は，本来債務者の財産には含まれていないとみるのが妥当だからであるという（我妻）。取消の相手方としては，後に求償権を取得した物上保証人が取消権を行使すれば，これを避けえないのであるから，上記学説のように解しても，取消の相手方がとくに不利益となるわけではない。

③　取消債権者が一般債権者で，債務者所有財産上に第三者が物的担保を有している場合には，被担保債権額を担保財産の価格から控除した残額がプラスとして計上される（我妻183）。そこで，担保物が担保権者や第三者に譲渡されたときは，一般債権者である取消債権者は，前記残額の範囲で自己の債権を満足せしめうる限度で詐害行為の取消を求めうるにとどまる（多数の判例があるが，近時の判例として，前掲【4】最大判昭36・7・19をあげておく。ただし，取消の範囲や責任財産の回復方法については別個に考慮すべき問題があるが後述する）。

【27】　最大判昭36・7・19民集15・7・1875（【4】）

[判旨]「債務者が目的物をその価格以下の債務の代物弁済として提供し，その結果債権者の共同担保に不足を生ぜしめた場合は，もとより，詐害行為を構成するものというべきであるが，債権者取消権は債権者の共同担保を保全するため，債務者の一般財産減少行為を取り消し，これを返還させることを目的とするものであるから，右の取消は債務者の詐害行為により減少された財産の範囲にとどまるべきものと解すべきである。したがつて，……本件においてもその取消は，前記家屋の価格から前記抵当債権額を控除した残額の部分に限つて許されるものと解するを相当とする。そして，詐害行為の一部取消の場合において，その目的物が本件の如く一棟の家屋の代物弁済であつて不可分のものと認められる場合にあつては，債権者は一部取消の限度において，その価格の賠償を請求する外はないものといわなければならない。然るに，原審は，本件家屋の価格および取消の範囲等につき十分な審理を遂げることなく，たやすく本件代物弁済契約の全部の取消を認め，Yに対し右家屋の所有権移転登記手続を命じたのは〔違法であり〕，……原判決はこの点において破棄を免れない。」

④　債務者の所有財産であるかぎり，他人名義で債権者の特別担保になっている場合も同様である。

【28】 大判大9・5・29民録26・776（【67】）

判旨 「債務者ノ所有財産ナル以上ハ他人名義ヲ以テ債権者ノ特別担保ト為シ其占有中ニ在ルモノト雖モ，其価額ガ債権額ヨリモ多額ナルニ於テハ其差額ハ他ノ一般債権者ノ共同担保タルベキモノニシテ，一般債権者ハ処分ノ当時債務者ノ権利ヲ行使シテ之ヲ保全シ得ベケレバ，該担保品ハ其特別担保関係ノ消滅スルニ非ザレバ債務者ノ資産ニ計上ス可カラザルモノニ非ズ。又強制執行上ノ困難アルガ為メ一般債務者ノ共同担保タラザルモノト謂フヲ得ズ。然ルニ原院ガ債務者Aノ正米4,400石ハ他人ノ名義ニテ他ノ債権ノ担保トシテ其債権者ノ手中ニ保管セラレ居ル事実ヲ認メ，其担保関係ノ消滅セザル限リハAノ一般債権者ノ共同担保トシテ弁済資金ニ計上シ許スベキモノニ非ザル如ク判示シ担保品ノ価額ト債権額トノ差如何ヲ問ハザルハ，債務者ノ資産ヲ計上スルニ法則ヲ不当ニ適用セズ又ハ理由不備ノ不法アル判決ニシテ破毀スベキモノトス」。

(d) 人的担保との関係

① 取消債権者の債権に人的担保，すなわち，保証人がついていることは，その保証人にいかに十分な資力があっても，物上保証人の場合と同様（否それ以上に）考慮にいれる必要はない。

② また，取消の相手方が連帯債務者の一人であること（連帯債務者の債権者が，連帯債務者の一人のなした行為を取り消す場合）も考慮する必要はない。その理由は，連帯債務者は，債権者に対して，各自全額弁済の義務を負い（432），債権全額が一般財産によって担保されるというべきだから，という（判例・通説

我妻182，柚木＝高木197以下，松坂121など）。

【29】 大判大7・9・26民録24・1730

判旨 「民法第432条ノ規定ニ依レバ数人ガ連帯債務ヲ負担スルトキハ，債権者ハ其債務者ノ一人ニ対シ又ハ同時若クハ順次ニ総債務者ニ対シテ債権ノ全部又ハ一部ノ履行ヲ請求スルコトヲ得ルモノナルヲ以テ，債権者ハ連帯債務者ノ一人ガ債権者ヲ害スルコトヲ知リテ為シタル法律行為ノ取消ヲ訴求スルコトヲ得ベク，他ノ連帯債務者ガ債務ノ弁済ヲ為スニ十分ナル資力ヲ有スルコトハ債権者ノ廃罷訴権ノ行使ヲ妨グルモノニアラズ。蓋シ連帯債務ニ在リテハ債権ノ効力ヲ確保スル為メ債務者ハ各自債権ノ全部若クハ一部ヲ履行スベキ義務ヲ有シ他ノ連帯債務者ニ資産アルノ故ヲ以テ債権者ノ履行ノ請求ヲ拒否スルコトヲ得ザルト同時ニ，債権者ガ連帯債務者ノ一人ニ対シテ履行ヲ請求スル将又同時又ハ順次ニ総債務者ニ対シ履行ヲ請求スルトハ其撰択ノ自由ニ属スルヲ以テ，債務者ハ各自債権者ノ一般担保タル自己ノ資産ヲ債権者ノ損害ニ於テ減少スベキ行為ヲナスベカラザル地位ニアルコト如上連帯債務ノ性質ニ鑑ミ自カラ明ナルヲ以テナリ」。（同旨大判9・5・27民録26・768）

なお，連帯債務者の一人が全額を弁済するときは他の連帯債務者に対して求償権をもつのが普通であるが（442），このような不確実な債権はプラスとして計上すべきでないとされている（我妻182）。

③ これとは逆に，保証債権者が保証人の行為を詐害行為として取り消そうとする場合には，元来，保証人は保証債権者の請求に対し検索の抗弁権（453）を提出してこれを拒みうるのであるから，もし保証人において主

第2節　客観的要件（詐害行為）

たる債務者に十分の資力があって債権者が保証人に請求する必要がないことを挙証したときは，取消権は成立しないというべきであるという（松坂・総判民(7)167，我妻182，杉之原・判民昭和4年度83事件評釈など）。

これに対して，債務者（この場合は保証人）に被告適格を認めない通説・判例の立場では，この抗弁は受益者または転得者において提出できると説明しなければ正確でないとの指摘がある（飯原『研究』49）。なお，連帯保証については連帯債務者と同視するのが適当であるという（我妻182，名古屋高判昭35・4・11下民11・4・801。なお，最判昭50・12・19金法779・24参照）。

④　つぎに，債務者が取消債権者以外の債権者のために保証債務や連帯債務を負担していた場合はどうか。学説は，保証債務については，取消権を行使しようとする債権者の方で主たる債務者に弁済の資力のないことを挙証したときに限り，その範囲内で消極財産として計上し（杉之原・前掲判批参照），これに反し，連帯債務においては，債務者（正確には取消訴訟の被告とすべきである，飯原『研究』50）の方で他の連帯債務者に対する求償権が確実であることを挙証したときに限り，その範囲において消極財産として計上しない（潮見俊隆・判民昭和20年度7事件評釈参照）のが妥当という（我妻182，松坂・総判民(7)175以下，柚木＝高木202など）。この解釈は，前述（→③）した保証人に対する債権者が保証人のなした行為を取り消す場合とは挙証責任が逆になり，連帯債務者に対する債権者が連帯債務者の一人の行為を取り消す場合とは標準が異なる（→②）が，債務者の行為を取り消す場合とその資産を評価する場合とでは，観点が異なるのは当然であろうという（我妻184）。

しかし，判例は連帯債務の債権者以外の債権者が取消権を行使する場合と連帯債務の債権者が取消権を行使する場合とを区別せずに連帯債務全額を消極財産に算入すべきものとしている。

【30】　大判昭20・8・30民集24・60

事実　多額の債務を負担していたAは，Y等の債権者の強制執行を免れる目的で，その所有のほとんどの財産を現物出資してA及びその家族等を社員とするX会社を設立した。YはAの会社設立行為を詐害行為として取消訴訟を提起するとともに，Aの出資不動産について処分禁止の仮処分をした。これに対してX会社が訴えを提起し，Aの債務の中にはBに対する連帯債務が含まれているが，これについては連帯債務者Cの提供する優良担保があり，その担保価格で充分にこの債務を完済することができ，Aの負担となることがないから，この部分は消極財産に加算すべきでないこと，そうすると，Aは債務超過の状態にはなく，詐害行為は成立しないにも拘らず，Yが取消権ありとして執行保全のために仮処分をしたのは不法であるから損害賠償を求めると主張した。

判旨　「連帯債務者ノ一人ガ詐害行為ヲ為セル当時債権者ガ第三者ノ財産ノ上ニ物上担保権ヲ有シ此ノ担保権ノ行使ニヨリ完全ニ弁済ヲ受ケ得ベキ関係ニ在リトスルモ，斯ル関係ノ存在ハ当該債務ヲ右詐害行為者ノ消極財産トシテ計上スルニ付何等ノ妨ゲトルモノニ非ズ。乃チ其ノ者ガ将来弁済シタル場合ニハ他ノ債務者ニ対シ各自ノ負担部分ニ付求償権ヲ取得スベキハ勿論ナルモ，斯ル未必的ナル将来ノ請求権ハ詐害行為者ノ現在ノ財産

第 2 章　債権者取消権の成立要件

ニ属セザルガ故ニ之ヲ積極財産トシテ計上スベキモノニ非ザルト同時ニ右ノ債務ハ其ノ消極財産ヨリ毫モ控除スベキモノニ非ズ。如上ノ求償権ハ謂ハバ弁済ニ供シタル財産ノ全部又ハ一部ニ代リテ発生スルモノニ外ナラザルガ故ニ右弁済ニ供スベキ財産ニ加フルニ尚積極財産トシテ右求償権ヲ計上スベキモノニ非ザルコト洵ニ明瞭ナリ。惟フニ詐害行為ノ成否ヲ判断スルニ当リテハ唯債務者ノ財産ノ上ニ債権者ガ物上担保権ヲ有シ之ガ行使ニ因リテ弁済ヲ受ケ得ベキ限度ニ於テ当該債務ヲ消極財産ヨリ控除スルト同時ニ其限度ニ於テハ該担保財産モ亦積極財産ヨリ控除スベキノミ」（大判昭20・8・30民集24・60）。

(e)　単なる計数的判断のみで足りるか

詐害性ないし無資力の算定にあたり，単なる計数上のプラス・マイナスの判断のみで足りるのか，それとも信用やのれん以外の他の要素（たとえば，計算的には変化がないが強制執行が難しい財産に代ったことなど）をも加味して判断すべきかは，相当価格をもってする不動産売却行為の詐害性判断などをめぐって争いがあるところであり，後述するごとく判例は他の要素をも加味して判断している。学説上有力な反対説もあるが，これらの点は類型的考察の項で検討したい（→第2章第4節）。

(f)　数個の連続してなされた詐害行為の詐害性判定

詐害行為が成立するためには，債務者の無資力が詐害行為時に存することを要するとした場合，数個の行為が同一の詐害意思に基づいて連続的になされた場合，その個々の行為ごとに詐害性を判定すべきであろうか。判例はそうだという（松坂・総判民(7)177，柚木＝高木203）。

【31】　大判昭12・11・10民集16・1599

事実　Xのもとで遊興を重ね多額（171円）の債務を負担したAが，その妻Yと相謀り協議離婚し，その後，自己の全財産である宅地・建物および畑のうち，まず宅地を，ついで翌日建物をYに売り渡し，またその翌々日従兄弟のBに畑を売り渡したので，XがAY間の2つの売買を詐害行為として取消を求めた事案。

判旨　「原審認定ノ如ク本件売買当時債務者Aノ債務ハXニ対スル金171円55銭及他ノ者ニ対スル合計金375円50銭ノ債務アリタルニ過ギザルモノトセバ，原審認定ノ如ク本件ノ宅地建物及所論ノ畑一筆ガAノ全財産ニシテ之ヲ順次ニ売渡シタル其ノ3個ノ売買行為ガ単一ノ詐害意思ニ由来スル全体一聯ノ関係ニ在リシモノトスルモ，若シYノ原審ニ於テ抗弁セル如ク右畑ノ価格1,000円ヲ下ラズ之ノミヲ以テスルモ債務完済ノ資ニ欠クル所ナカリシモノトセンカ，本件宅地及建物ノ各売渡行為ハ未ダ客観的ニ債権者ヲ害シタルモノ云フヲ得ザルニ拘ラズ原審ガ右畑ノ価格ヲ審査スルコトナクシテ輙ク右売買行為ヲ以テ債権者ヲ害シタルモノト認メタルハ審理不尽理由不備ノ違法アルモノト云フノ外ナシ」。

この判例に対しては，多少の時間的間隔があったとしても，このような特殊事情のある場合には，一括して詐害性を判断し，取消の方法についても，同時になされた場合と同じく，一部取消のみが許されるべきときは，時間的には多少前の行為であっても，取消債権者の選択にしたがって取り消させてよいとの

批判がある（豊崎光衛・判民昭12・115事件）。妥当といえよう。

(2) 詐害性判定の基準時

債権者を害するかどうかを判定する基準時は，第1に，処分行為の時に害し，かつ第2に，取消権を行使する時（厳密には事実審の口頭弁論終結時）にも害する状態が存在しなければならない。

(a) 処分行為が，その行為の時に債権者を害しないものであれば，その後の物価の変動その他の事情で一般財産が悪化しても——そして，当該の行為がなければ債権者はなおそれだけ多くの弁済を受けえたという場合でも——詐害行為は成立しない（我妻184，松坂・総判民(7)178，柚木＝高木203など）。債務者の法律行為とその後に生じた債務者の無資力との間に相当因果関係がある以上，なお詐害行為として取消権を発生せしめる，という少数説もあるが（勝本・中(3)387，平野義太郎・判民大正10・52事件），行為当時債権者を害しない以上，その当時債務者・受益者等が債権者を害するということを知ることはありえないから，結局，主観的要件の充足を欠き取消権の行使は認められない（【32】大判明40・7・2民録13・745〔不動産売買後それが値上りした事例〕，同大10・3・24民録27・657〔不動産売却当時は余財があったが後に債務を完済しえなくなった事例〕，同大14・4・20民集4・178〔抵当権者に代物弁済後それが値上りした事例〕）。

第2節　客観的要件（詐害行為）

【32】　大判明40・7・2民録13・745

[事実] 債務者が日露戦争中に不動産を売買したが，債権者は，もし一定の好い時期を待ってから売買したなら価格が上昇して抵当債権を皆済してなお余りがあったであろうから，債務者の悪意を推定すべきだとして上告した。

[判旨]「債権者ガ民法第424条ニ依リ法律行為ノ取消ヲ求ムルヲ得ルハ債務者ガ債権者ヲ害スルコトヲ知リテ之ヲ為シタル場合ニシテ，而カモ受益者又ハ転得者ガ債権者ヲ害スル事実ヲ知リタルトキニ限レリ。然レバ其債権者ヲ害スルト否トハ行為当時ノ事情ニ従ヒ之ヲ定ムベキハ自明ニシテ，事後時勢ノ変遷ニ従ヒ物価ノ騰貴シタル場合ニ比シ不利益ナリシガ如キヲ以テ債権者ヲ害スルモノト謂フ可カラズ。故ニ原院ガ売買後目的物価格ノ騰貴セルト否トヲ問ハズ其売買ガ上告人ヲ害セズト判定シタレバトテ不法アルモノニ非ズ」。

(b) 処分行為の時に債権者を害しても，その後に，債務者が資力を回復したり（大判大8・10・28民録25・1908参照〔抵当権設定行為の取消が訴求された事例。その後受益者は抵当権を放棄していたが，その対価をうけとっていたので，対価返還の前提として取消が認められた。その際判旨は傍論で，単純なる抵当権の放棄であれば取消は消滅するという〕），債務が減少する（大判昭12・2・18民集16・120，野田・判民昭和12年度12事件評釈）などの事情によって，取消権行使の時（第2審の口頭弁論終結時）には債権者を害さなくなっているときは，取消権は消滅する。

【33】 大判大15・11・13民集5・798 （我妻・判民大正15年度108事件評釈）

[事実] 無資力のAがその所有の唯一の不動産をYに譲渡したので，債権者Xがその行為を詐害行為として取消を求めた事例。原判決は行為当時のAの無資力を認定して取消を認めたが，判決当時の資力について判断しておらずこの点が問題となった。

[判旨] 「債務者ガ其財産ヲ処分シテ得タル対価ハ今ヤ既ニ存セザルモ現在ニ於ケル債務者ノ資力ハ其ノ債務ヲ弁済スルニ充分ナル以上，右ノ処分ヲ目スルニ詐害行為ヲ以テシ之ヲ廃罷スベキ何等ノ必要ト理由トアルコトナシ。蓋若爾ラズシテ専ラ処分当時ノ資力ヲノミ観テ以テ其ノ詐害行為ナルト否トヲ判定スベキモノトセンカ，詐害行為廃罷ト云フ制度ハ債権者保護ノ手段ニアラズシテ寧ロ債務者ニ対スル一ノ懲罰タルノ観ヲ呈スルニ至ラムナリ。是豈現行制度ノ趣旨ナラムヤ。但此ノコトヲ解シテ処分当時ノ資力如何ヲ審案スルコトハ全然其ノ必要ナキモノナリト為サバ開ハ又一ノ誤見ニ外ナラズ。何者債務者ガ其債権者ヲ害スルノ意思ヲ有セシヤ否ヲ判断スルニ付テハ此ノ事蓋有力ナル一資料タルヲ失ハザレバナリ。原判決ハ以上ノ点ヲ弁ゼザルモノニ似タリ」。

　債権者取消権制度は懲罰的な制度ではなく，専ら債権の効力の保全つまり責任財産の保全を目的とするものだからである（通説。我妻184，松坂・総判民(7)179，柚木＝高木203，内田307，安達118など）。さらに判例は，行為当時に詐害性があっても，その後価格の値下りにより，取消しても責任財産を回復することにならない場合には，取消権の行使は認められないという。

【34】 大判大12・5・28民集2・338 （鳩山・判民大正12年度66事件評釈）

[事実] 第三者の抵当権の目的たる土地の譲渡で，行為時には詐害性があったが，その後値下りで土地の価格が抵当権の被保全債権額以下になった事例。

[判旨] 「詐害行為ノ取消ハ債務者ノ資産ヲ詐害行為以前ノ状態ニ回復シ債権者ノ共同担保権ヲ確保シ其ノ弁済ヲ得セシムルヲ以テ目的トスルモノニシテ，其ノ取消ハ之ヲ為ス判決ノ確定ニ因リテ其ノ効力ヲ生ズルモノナレバ，若シ詐害行為ノ目的タル不動産上ニ他ノ債権者ガ抵当権ヲ有シ弁論終結ノ当時ニ於テ其ノ全部ノ価格ニ付一般債権者ニ優先スベキ場合ナランニハ，縦令法律行為ノ取消ヲ為スモ債務者ノ資産ヲシテ詐害行為以前ノ状態ニ回復セシムルコトヲ得ザルヲ以テ，此場合ニハ詐害行為ノ取消権ハ存在セザルモノト謂ハザルベカラズ」。

　なお，詐害行為の当時無資力であった場合には，一応取消権行使の時においてもその状態が継続しているものと推定せられ，先のような事情の変更があったことは取消の訴えの相手方において挙証すべきである（通説。我妻184，松坂・総判民(7)181，飯原『訴訟』97，458など）。

【35】 大判大5・5・1民録22・829

[事実] 原判決は詐害行為当時の債務者の財産状態については無資力であったと認定したが，取消権行使時も無資力であったかどうかは始めから問題とせず，認定もしていないのは不当である旨の上

告理由に対し，次のように応えた。

判旨「詐害行為取消ノ訴ハ債務者ガ債権者ヲ害スルコトヲ知リテ為シタル法律行為ノ取消ヲ求ムル訴ナルヲ以テ，其取消ヲ求メラルル行為ヲ為シタル当時ニ於テ債務者ノ資産ガ負債ヲ償却スルコト能ハザル状態ニ在リタルコトヲ判示スルヲ以テ足ルモノニシテ，取消訴権行使当時ノ債務者ノ資産状態ニ付テハ相手方ヨリ特ニ此点ニ付テノ抗弁ナキ限リハ此点ニ渉リ説明判断ヲ為スノ必要ナキモノトス。故ニ本論旨ハ理由ナシ」。

第3節　主観的要件（詐害の意思ないし認識）

　債権者取消権の主観的要件としては，債務者・受益者および転得者に詐害の認識があることを要する。

1　債務者の悪意

　(1)　債務者が法律行為の当時，その債権者を害することを知ってなしたことを必要とする（424 I 本文）。これを債務者の詐害の意思ということもある。取消権発生の絶対的要件である。

　(2)　法文にいう「害することを知ってした」ことの内容について，まず最低限認識が必要であることについては異論がない。問題は，それ以上にさらに積極的な害意まで必要とみるかどうかであり，この点議論がある。まず，

第3節　主観的要件（詐害の意思ないし認識）

主観的要件を「詐害の認識」と表示するもの（柚木＝高木218）と，「詐害の意思」と表示するもの（我妻189）とがあるが，後者も，詐害の意思の内容は，詐害行為となることを知ることであり，それ以上に別段の意欲ないし害意を必要としないと説いているから，両者は表現の差異にとどまり（「知ってした」にまでポイントをおけば，認識してした以上詐害の意思があったといえよう），内容的に差異はない。そしてこの立場が学説上の通説とされている。

　(3)　当初の判例もそのことを明言していた（共謀的害意と解した原判決を破棄）。

【36】　大判明36・11・27民録9・1320

判旨「詐害行為取消ノ訴ニ於テ債務者ノ為シタル行為ニ因リ利益ヲ受ケタル者カ民法第424条ノ規定ノ適用ヲ受クルニハ債権者ヲ害スルノ意思ヲ有スルコトヲ必要トセス唯タ受益者カ債務者ノ行為ノ債権者ヲ害スル事実ヲ知ルヲ以テ足レリトス然ルニ原判旨ニ依レハ此場合ニ受益者ハ債務者ト共謀シ且ツ債権者ヲ害スル意思ヲ要スルモノト判示シタルハ民法第424条ノ解釈ヲ誤リタル違法アルモノニシテ原判決ハ此点ニ於テ破毀ヲ免カレサルモノトス」。

　ところが，その後判例は，主観的要件の内容につき，判旨の言葉的構成（論理構成）の上では一見混迷を重ねてきた。しかし，判決当時の学説・判例・下級審判決例の問題状況，さらには詐害行為類型との関係で判例法を分析してみると，混迷の一語では片づけられな

第 2 章　債権者取消権の成立要件

いものがある。

（a）すなわち，まず一方において，明確に認識説に立つ一連の判例が大審院・最高裁を通じて存在する。前掲【36】明治36年判決は，債権譲渡の詐害性が争われ，原判決が共謀的害意を要求して詐害性を否定したのに対し，大審院が認識説を表明してこれを破棄したものである。昭和17年には，相当価格をもってする著作権の売却行為の事例（大判昭17・3・17法学11・1287）で，さらに昭和35年に最高裁は，既存債務のための新たな担保供与行為の事例において，それぞれ認識説に立って詐害性を肯定した。

当価格での不動産売却行為の事例（債権者以外の者に売却して代金を債権者の一人に弁済したもの——いわゆる対第三者弁済型〔大判大13・4・25民集3・157，鳩山・判民大正13年31事件評釈〕）で，昭和33年に，債権者から強く要求された結果やむなく債権者の一人に対してなした弁済の詐害性が争われた事例（最判昭33・9・26民集12・13・3022）で，昭和41年に，弁済のためにする相当価格での不動産売却行為の事例（抵当不動産を第三者に売却して抵当権者に弁済したもの——対第三者弁済型〔【43】最判昭41・5・27民集20・5・1004，下森・法協84巻5号〕）で，それぞれ，通謀的詐害の意思を欠くことを理由として（とくに前の2判決が明確），詐害性を否定した。

【37】　最判昭35・4・26民集14・6・1046（【86】）

判旨　「詐害行為の成立には債務者がその債権者を害することを知つて法律行為をしたことを要するが，必ずしも害することを意図しもしくは欲してこれをしたことを要しないと解するのが相当である。されば，原判決の引用する第1審判決が「無資力の債務者訴外Aがその実兄であるYのため前示（甲）不動産につき本件抵当権を設定したことは同訴外人が右設定によりXその他の債権者の債権を害することを知つてこれをなしたものと推認すべきである」と判示したのは正当であつて，論旨引用の昭和8年5月2日の大審院判決に示された見解は，当裁判所の採用しないところである。」

（b）他方，この間にあって，いわゆる害意説をとるかのごとき一連の判例の流れもある。すなわち，大正13年に，弁済のためにする相

【38】　最判昭33・9・26民集12・13・3022

事実　A会社振出の約束手形が満期日に不渡りになることを知ったYがその前日に手形金の支払いを強く要求したので，Aは翌日から売掛代金債権を取り立ててYに弁済した。弁済を受けられなかったXがYに対し詐害行為取消の訴えを提起したところ，原審は，「受益者に於いて他の債権者を害する意思をもって弁済期日の前日より弁済を要求し，債務者に於いても他の債権者を害することを知りながらこれに応じ，以って両者通謀し弁済行為をなしたときは仮令その弁済行為が弁済期日後に成されたときと雖も，右弁済行為は詐害行為を構成する」と判示した。Y上告。

判旨　破棄差戻
「債権者が，弁済期の到来した債務の弁済を求めることは，債権者の当然の権利行使であつて，他に債権者あるの故でその権利行使を阻害される

いわれはない。また債務者も債務の本旨に従い履行を為すべき義務を負うものであるから，他に債権者あるの故で，弁済を拒絶することのできないのも，いうをまたないところである。そして債権者平等分配の原則は，破産宣告をまつて始めて生ずるものであるから，債務超過の状況にあつて一債権者に弁済することが他の債権者の共同担保を減少する場合においても，右弁済は，原則として詐害行為とならず，唯，債務者が一債権者と通謀し，他の債権者を害する意思をもつて弁済したような場合にのみ詐害行為となるにすぎない」。

　この 3 判決の事案はいずれも，認識説をとれば主観的要件は充足されているはずの事案であった。

　(c)　また，弁済や弁済目的での財産売却行為でも，債務者に詐害の積極的意思や，さらには受益者・転得者との間に通謀的詐害の意思があれば詐害行為になるとする一連の判例もある。すなわち，昭和 8 年に，弁済目的での湯屋営業権の譲渡の事例（大判昭 8・5・2民集12・1050，有泉・判民昭和 8 年度74事件評釈）で，昭和39年に，弁済目的での相当価格をもってする動産商品の譲渡の事例（【44】最判昭39・11・17民集18・9・1851）で，害意説的表現の下に，詐害性を肯定した。後者は，債権者の一人と通謀してその者に重要財産を売却してその代金債権と自己の債務を相殺したというものであり（代物弁済型），前者も，売却の相手方は債権者の一人で，代金債権の一部と自己の債務とを相殺し，他は買主が債務を肩代りするという形で弁済に充てたこと（代物弁済型と対第三者弁済型との混合型），かつ代金が時価

第 3 節　主観的要件（詐害の意思ないし認識）

より 3 割方安価であったという事情があった。

　(d)　因みに，弁済については，後に考察するごとく，通謀的害意があれば詐害行為になりうるとする判例が多数あるが，いずれも傍論で，詐害性を肯定した最上級審判決は見当らない。

　(4)　以上のように主観的要件に関する判例の態度は，詐害行為の客観的要件に対応して必ずしも明らかでなく，要するに，主観的要件たる詐害の意思の内容は，客観的要件に応じ，場合によって異なる，という指摘が有力学説によってなされていた（我妻189）。換言すれば，判例は，詐害行為成否の判断にあたって，行為の当事者の主観的要素の占めるべき比重については，行為の客観的要素のもつ比重との関連に応じてそれを変えている（あるいは相関的に判断している）ともいえよう（下森・前掲川島還暦論文230）。そこで，判例法の統一的理解の検討は，次の類型的考察の項に委ねることとしたい（実務的見地からの判例の評価につき飯原『訴訟』106以下，とくに要件事実との関係につき102参照）。そして，この問題をめぐる近時の学説の努力についても，そこで一括して紹介する。

　(5)　債務者の悪意の挙証責任は債権者にある（判例〔大判明37・12・9民録10・1578参照〕・通説〔飯原・前掲論文200参照〕）。のみならず，債務者の過失の有無を問わない。換言すれば，債務者が詐害の事実を知らないときは，それについて過失があっても取消権は成立しない。

第2章　債権者取消権の成立要件

【39】　大判大5・10・21民録22・2069

事実　XとAはBの共同保証人で，Xが保証債務を履行した場合には，Aがその全額を弁償する旨の約定が両者の間でなされていた。ところが，Aは自己の負債整理のためその所有の土地をYに譲渡した。その後XはBの債務を弁済してAに弁償を求め，AY間の上記売買の取消を求めた。

判旨　「詐害行為取消権ノ成立ニハ債務者ガ其行為ニ依リ債権者ヲ害スベキコトヲ現ニ知リタルコトヲ要スルモノニシテ，仮令相当ナル知慮ヲ有スル者ニ於テハ其損害ヲ生ズベキ事実ヲ知リ得ベカリシ場合ニ於テモ，現ニ債務者ニ於テ之ヲ知ラザル以上ハ，其不知ガ債務者ノ過失ニ出ルト否トヲ問ハズ詐害行為取消権ノ成立ヲ来サザルモノトス。…（中略）…Aガ自己ノ負債整理ノ為メ本訴係争ノ土地ヲYニ売却シタル当時ハ未ダXニ於テ右保証義務ヲ履行シAニ対スル弁償請求権発生セザリシモノナルガ故ニ，Aガ右土地ヲ売却スルガ為メ上記XノAニ対スル権利ヲ詐害スベキモノナルコトハ，法律知識ヲ有セザル普通ノ者ニ在リテハ之ヲ認識セザルヲ普通ノ事態トナスコト，並ニ証人Dノ証言ヲ参照考覈シテ原裁判所ハAガ負債整理ノ為メ本訴ノ土地ヲ売却シタルハ善意ニシテXノ債権ヲ害スルノ事実ヲ知ラザリシコトヲ認定シタルモノニシテ，縦令所論ノ如ク相当ノ知慮ヲ有スル者ニ在リテハ斯ル場合ニ債権詐害ノ事実ヲ知リ得ベキモノナリトスルモ，原裁判所ガ現ニAガ其売却当時之ヲ知ラザリシ事実ヲ認定スル以上ハ，債権者タルXニ於テ其行為ノ取消ヲ請求スルコト能ハザルヤ明ナリ」。

実際問題としては，債務超過の状態にある債務者が所有財産を無償または低廉な価格で処分するときは，その悪意は比較的容易に挙証しうる。判例も，債務を負担した者が，その弁済に十分な資産が残存しない結果を生ずる行為をしたときは，特別の事情がない限り，債権者を害することを知ってなしたものと認められる，として，事実上の推定をしている（大判昭13・3・11新聞4259・13など。前掲【39】大正5年判決の事案は，共同保証人間の求償権を被保全債権とする取消訴訟の事案で，特殊事例）。もっとも，受益者と通謀して他の債権者を害する意思があったと認定する場合には，事実上の推定は慎重でなければなるまい（我妻190）。なお，旧民法その他外国の立法例では，無償行為の場合とか，一定の時期に一定の身分関係のある者とした行為などにつき，債務者の悪意を不要とするものがある（たとえば，ドイツAnfG. 旧§3Ⅰ2, 3, 4, 現§3Ⅱ, §4Ⅰ参照。フランス法については，松坂・債権者取消権の研究93以下参照）。わが国では，民法上かかる明文の規定はないが（破産法には72条に同種の規定があった），前述したように事実上これらの点は考慮されている。また，これを一歩進めて，無償行為の場合には悪意が推定されると解すべきであるとの主張もあった（星野171）。現行倒産法は，旧破産法72条の規定を一歩進め，前述したように，一定の内部者となした詐害行為につき悪意の推定規定を設けるに至った（破161Ⅱ，162Ⅱ，民再127の2Ⅱ，127の3Ⅱ，会更86の2Ⅱ，86の3Ⅱ）。債権者取消権の場合も無償行為の場合や一定の内部者との間でなした法律行為の場合は債務者の悪意を推定するのが妥当であろう。

(6)　詐害の認識は一般の債権者を害するこ

とについて存すれば足り，特定の債権者を害することまで認識する必要はない。

【40】 最判昭50・12・19金法779・24

事実　A会社のXに対する債務の連帯保証人Bが，当時無資力であったにも拘らずその所有の不動産上に親族のY等のため抵当権の利息の特別登記契約を締結し，その登記をした。この時点でA社は倒産状態にあった。Xが上記行為の取消を求めたところ，原判決は，Bは当時無資力で，Y等のほかに債権者のあることを知っていたのであるから詐害意思ありと認定して取消を認めた。Yらが上告し，連帯保証人は主たる債務者が履行しないときにはじめて自己がその履行をすべきことを認識するのであるから，保証債務者の詐害行為取消の場合の保証債務者の「詐害の意思」は一般に債権者を害すること，つまり一般財産の減少を知ることだけでは足りず，特定の保証債権者を害することを意欲することを必要とすべきだと主張した。

判旨　「詐害行為の成立には，債務者がその一般の債権者を害することを知って法律行為をしたことを要するが，必ずしも特定の債権者を害することを意図し，又は意欲してこれをしたことを要しないと解すべきであり，この理は，右債務者が連帯保証債務を負担するものであり，その債権者が当該詐害行為の取消しを求める者である場合であっても変わりがないものというべきである。」

(7)　詐害の認識は詐害行為の時に存することが必要である。たとえば，債権譲渡の取消の場合，債務者の悪意は，譲渡の時を標準として判断すべきであり，その譲渡通知の時とすべきではない（大判昭13・4・20判決全集5・19・15〔行為時と通知時の間が8年もあいていた事例〕）。詐害行為の成否は先にみたごとく行為の時を基準として判断されるから，悪意の判断基準時もその時点となるわけである。したがって，行為の時に善意であればその後悪意となっても取消権は発生しない（前掲【39】大判大5・10・21，松坂・総判民(7)206）。

(8)　詐害行為が代理人によってなされたときは，詐害の認識の有無は代理人についてこれを定める（101Ⅰ）。ただし，特定の委任を受けた代理人の場合には，本人に詐害の認識がある限り，代理人に認識がなくとも詐害行為は成立する（101Ⅱ，松坂・総判民(7)207ほか）。法人の場合は代表者，破産会社の場合は破産管財人（大判明40・7・9民録13・816）が悪意の判断の対象となり，会社設立が詐害行為となるときは設立者が対象となる（大判大7・10・28民録24・2195）。

2　受益者または転得者の悪意

(1)　受益者または転得者の悪意というのは，詐害行為取消請求の相手方である受益者または転得者の悪意である。ここにいう受益者とは，債務者の法律行為（詐害行為）に「よって利益を受けた者」すなわちその行為の相手方――不動産の買主，代物弁済を受けた債権者，債務免除を受けた債務者（大判大9・6・3民録26・808）など――である。

判例は，受益者は必ずしもつねに行為当時すでに人格者として存在せることを要せず，たとえば会社の設立行為が詐害行為となる場

合においては，その設立者が設立行為の当時債権者を害すべき事実を知りたるときは，後に設立された会社においてこれを知りたるものと認むべきであり，この会社を受益者として取消権の行使が許されるという（大判大7・10・28民録24・2195）。

転得者とは，詐害行為の目的物の全部（たとえば所有権の移転）または一部（たとえば地上権・抵当権の設定）を受益者からさらに取得した者である。転得者からさらに転得した者も転得者である（我妻190，松坂・総判民(7)208ほか）。なお，判例は，転付命令によって権利を取得した者も転得者であるという（大判昭6・3・17民集10・170，戒能・判民昭和6年20事件評釈。反対，勝本・中(3)404――受益者の法律行為に基づいて権利を承継する者に限るべしという）。近時，受益者善意で転得者悪意の場合における取消しの可否をめぐるいわゆる絶対的構成説と相対的構成説の議論との関係で，転得者からの転得者は「転得者」に含まれないと解すべきではあるまいかとの指摘がある（奥田315，この問題については第3章第1節2(2)(e)で検討する）。

（2）債権者取消権が生ずるためには，債務者の悪意のほかに，受益者または転得者が，それぞれ詐害行為の当時または転得の当時に，「債権者を害すべき事実」を知っていることを要する（例外，信託12――債務者の行為が信託の場合は，債務者に詐害の意思があれば受託者が善意の場合でも取消権は成立する）。債務者の悪意につき意思説をとったとされている昭和8年判決（大判昭8・5・2民集12・1050）も，この点については，「受益者ノ悪意トハ債務者ニ於テ債権者ヲ害スルノ意思アルコトヲ行為当時知ルノ義ニシテ，而シテ転得者ノ悪意トハ受益者ノ悪意ナルコトヲ転得当時知ルノ義ナリ。茲ニ知ルトハ読ンデ字ノ如シ，意思スルノ謂ニ非ズ」として，認識説に立っていた。ここで，この判旨は，債務者や受益者の悪意を知ることとしているが，法文上明らかなごとく「債権者を害すべき事実」つまり詐害行為の客観的要件を備えていることの認識とみるのが正当である（我妻191ほか。前掲【36】大判明36・11・27）。なお，例えば弁済目的での財産売却行為でも通謀的害意ある場合には詐害行為の成立を認めるとする場合には，受益者の悪意はこのような積極的意思となり，転得者は債務者と受益者にそのような意思のあったことを知ることが必要となるであろうとの指摘がある（我妻191）。

（3）受益者または転得者は，行為または転得の当時詐害の認識がなければ，その後に至って詐害の事実を知っても，取消権を行使されることはない（債務者の悪意の場合と同様である。大判明36・9・21民録9・970）。

そこで，債務者の単独行為によって受益者が利益を受けた場合のごとく，受益の時が詐害行為よりも後なる場合には，その時に悪意でも取消権を行使しえないことになるので，立法論としては「受益の時」を標準とするのが適当だという主張がある（松坂・総判民(7)209。同旨，石坂，勝本など）。遺贈の場合などその必要性が高いであろう。立法論としては，むしろ無償行為の取消しの場合は受益者また

は転得者の悪意を要件としないことも考えうるであろう（現行ドイツ債権者取消権法4条参照。なお，現行破産法は無償否認においては，受益者の悪意を成立要件としていない）。

(4) 挙証責任につき，判例および通説は，債権者は受益者または転得者の悪意を挙証する必要はなく，受益者または転得者の方に自己の善意の立証責任があるという（明治時代から多数の判決があるが，例えば，【29】大判大7・9・26民録24・1730，最判昭37・3・6民集16・3・436。学説としては，我妻191，於保195，柚木＝高木219，松坂・総判民(7)209など）。

【41】 最判昭37・3・6民集16・3・436

[事実] 債務者が他に少なくとも120万円の租税債務のあることを知りつつ，130万円の債務に対し200万円相当の唯一の不動産を代物弁済的譲渡担保としたことが詐害行為となるかが争われた事例。

[判旨]「民法424条1項但書にいわゆる受益者又は転得者の善意の挙証責任は受益者又は転得者自身に存するものと解すべきであり，同条を準用する国税徴収法178条の解釈としても，この理を異にしない。」

その理由としては，本条1項但書は例外規定であるから，善意を主張する受益者または転得者がこれを証明すべき責任ありとするのは論理上当然であるのみならず，実際上も妥当だからという。しかし，かつて一部の学説には，債権者取消権は受益者または転得者が悪意であることを要件として認められる特別

第3節 主観的要件（詐害の意思ないし認識）

の権利であり，これらの悪意を推定することは取引の安全を害するから，債権者が挙証責任を負担すべしというものがあった（石田（文）164，小池165，有泉・判民昭和8年度74事件評釈など）。なお，多数説の立場において，この挙証責任の転換の結果，受益者または転得者の悪意は，債権者取消権成立の要件なのか，善意による減却抗弁権が受益者または転得者に与えられたものかが問題とされている（松坂・総判民(7)210，飯原『研究』209，同『訴訟』114以下参照）。しかし，これはいずれと解しても結論は変るまいとの指摘があった（於保196）。これに対して，詐害行為は債務者の行為なのだから，その要件は全て債務者について決せられる。しかし，受益者または転得者が善意の場合は取消をなしえない（424Ⅰ但書）。受益者が善意のときは取消をなしえないから，受益者の悪意をもって取消権の成立要件とみることもできるが，そう解するときは，転得者の善意は，転得者に対しては取消権の行使を許さない事由という意味で，取消権行使の阻止事由といえる。そこで，受益者善意で転得者悪意，転得者が詐害行為取消の被告とされたときは，被告は受益者の善意を主張・立証して詐害行為取消権の不成立を主張し，自己に対しても返還請求をなしえないものと主張しうるかが問題となる，との主張があらわれた（奥田312，倉田卓次編『要件事実の証明責任（債権総論）』199（春日偉知郎），近江141。これは前述した絶対的構成説と相対的構成説の議論に連なる問題である。この問題については第3章第1節2(2)(e)で検討する。なお，推定説と抗弁権説との差異につき飯原『訴訟』118

参照)。また，挙証責任に関する判例・通説の立場に対しては，実質的には若干疑問であり，少なくとも立法論としては，むしろ反対に，債務者が悪意でないことについて債務者が，受益者・転得者の悪意につき債権者が立証・挙証の責任を負うとすべきではないか，という意見も近時提起されている（星野116）。さらに，今後の課題としては，現行倒産法やドイツ債権者取消権法を参照にして，立証責任の緩和化・転換を図ることも，立法論はもちろんとして，解釈論上も検討されるべきであろう（とくに内部者との法律行為における債務者の悪意について）。

第4節　類型的考察——総合的相関的研究

要件論概説で述べたごとく，詐害性判断にあたり，判例が，その言葉的構成はともかく，実際の判断基準としているものが，主観・客観両態様の総合的・相関的判断にあることは，判例法理の支持・不支持の如何を問わず，共通の認識となっていることは，ほぼ確実である。そして，今日の学説上，そうすべきであるとするものが確実に増えつつある。残された課題は，詐害行為類型ごとの事例分析により細かな具体的・客観的判断基準の抽出・確立である。すでにいくつかの試みもこれらの点について展開されている。今後，より具体的に深められた討議がなされることが望ましい。そして，その上で，できるだけ簡明で分りやすい説明原理（法的構成）の構築が必須である。目下のところ，判例研究にこれらの研究が多いが，すでに体系的教科書にも優れた試みが現れている（たとえば，星野112以下）。さらに，今後立法論的検討が必要なこともすでに繰り返し述べたとおりである。以下，重要な詐害行為類型について，今日の判例・学説法理の客観的素描を試み，検討を加えることとしよう（近時の体系的整理として飯原『訴訟』127以下がある）。

1　財産とくに不動産の贈与あるいは売買

不動産や重要な動産類を無償で譲渡（贈与）したり，廉価で売却することが詐害行為となりうることはいうまでもない。問題は，時価相当額で売却した場合である（この問題に関する学説・判例の詳細は，下森「詐害行為取消権」演習民法・債権〔昭47〕123以下，それを要約した民法学(4)145以下，同・法協84巻5号701以下，さらに同・前掲川島還暦論文参照）。

(1)　判　　例

判例は，不動産の売却行為は価格が相当であっても原則として詐害行為となるという（大判明39・2・5民録12・136ほか多数。判例法の詳細については，松坂・総判民(7)193以下参照）。

【42】 大判昭3・11・8民集7・980（【99】）

判旨「債務者ガ其ノ有スル不動産ノ他ニ債務ヲ弁済スベキ資力ヲ有セザル場合ニ於テ其ノ不動産ヲ売渡シタルトキハ相当ナル価額ヲ以テ之ヲ売却シタルト否トヲ問ハズ安固ナル財産ヲ変ジテ消費シ易キ金銭ニ換ヘタルモノニシテ債権者ノ為ニ確実ナル担保ヲ失ハシメタルモノトス。蓋シ債務者ガ不動産トシテ所有スルト金銭トシテ所有スルトハ共同担保ノ効力ニ著シキ径庭アレバナリ」

もっとも，判例は，債務者が弁済その他有用の資を弁ずるために相当の代価で売却し，かつその代金を弁済あるいは公租公課の支払にあてたときとか，有用な物の購入資金としかつその物が現存するときには詐害行為とならないが，その事実は取消の相手方において主張しかつ立証すべきものとする（大判明37・10・21民録10・134，同明44・10・3民録17・537，【29】同大7・9・26民録24・1730ほか多数）。

そしてその理由として，多くは，このような場合には詐害の意思がないからという（大判大6・6・7民録23・932ほか）。ただし，「債務者ガ特ニ或債権者ト共謀シ他ノ債権者ヲ害シテ或債権者ノミニ対スル弁済ノ資金ニ供スル目的ヲ以テ自己ノ不動産ヲ売却シタルガ如キ場合」は詐害行為となりうるとする（大判昭7・12・13新聞3605・7）。

なお，弁済のための売買であってもその代金が不当に安価であれば詐害行為となるという（【6】大判大9・12・27民録26・2096）。

最高裁もまた大審院判決の立場を踏襲している（たとえば，【43】最判昭41・5・27民集20・5・1004，下森・法協84巻5号701〔抵当不動産を売却し代金を抵当権者への弁済に充てた事例——対第三者弁済型〕，同昭39・1・23民集18・1・76〔不動産および動産の売却事例——代物弁済型〕，【44】同昭39・11・17民集18・9・1851〔動産の売却事例——代物弁済型〕）。

【43】 最判昭41・5・27民集20・5・1004

判旨「債務者が既存の抵当権付債務の弁済をするために，右被担保債権額以下の実価を有する抵当物件たる所有不動産を相当な価格で売却し，その代金を右債務の支払に充てて当該抵当権の消滅をはかる場合にあっては，その結果右債務者の無資力を招いたとしても，右不動産売却行為は，一般債権者の共同担保を減少することにはならないから，民法424条所定の詐害行為に当たらないと解するのを相当とする。」

【44】 同昭39・11・17民集18・9・1851

判旨「債務超過の債務者が，特に或る債権者と通謀して，右債権者のみをして優先的に債権の満足を得しめる意図のもとに，自己の有する重要な財産を右債権者に売却して，右売買代金債権と同債権者の有する債権とを相殺する旨の約定をした場合には，たとえ右売買価格が適正価格であるとしても，右売却行為は民法424条所定の詐害行為にあたるものと解するのを相当とする（大審院大正13年4月25日言渡判決，民集3巻165頁，同昭和8年5月2日言渡判決，民集12巻1057頁参照）。」

この判例法を売却や弁済の相手方との関係で分析してみると、ほぼ次のように整理できそうである。まず、①相当価格であっても、その代価を弁済その他有用の資にあてなかったものについては、原則として詐害行為の成立を認める（以下、非弁済型と呼ぶ）。②つぎに、弁済にあてた事案については原則として詐害性を否定するが（弁済型）、この型は2つに分けて考察する必要があり、まず、当該不動産を債権者以外の者に売却してその代金を債権者の一人に弁済した事案（対第三者弁済型）については、弁済を受けた債権者が優先権をもつ場合（前掲【43】最判昭41・5・27）も、もたない場合（大判大8・7・16新聞1611・16、同昭6・8・7新聞3311・11）も、詐害行為とならないとしている。しかし、③不動産を債権者の一人に売却して代金をその債権者に弁済したとか、代金債権と債務とを相殺したような事案（代物弁済型）においては、それが優先権を有する債権者になされた場合においては詐害行為とならないとするが（たとえば、大判大8・4・16民録25・689。もっとも、この事件は、対第三者弁済型との混合型。なお、代物弁済の事案であるが、【4・27】最大判昭36・7・19民集15・7・1875参照。ただし、抵当権者であっても未登記の場合は詐害性が認められる。最判昭46・7・16判時521・136〔破産否認権の例〕参照）、一般債権者に対してなされた場合にだけ詐害行為の成立を認める（たとえば、前掲最判昭39・1・23民集18・1・76、動産の事案につき前掲【44】最判昭39・11・17、同昭46・6・18金法620・55。なお戦前にもいくつかある）。そしてこの最後の型は、代物弁済の詐害性を原則として肯定する判例法理（【53】大判大8・7・11民録25・1305ほか多数）と軌を一にするものである。なお、④後述する弁済の詐害性に関する判例法理からすれば、対第三者弁済型の場合でも、詐害行為の当事者間に通謀的害意がある場合には、詐害行為の成立が認められる可能性がある（たとえば、【90】最判昭46・11・19民集25・8・1321は代金の弁済の詐害性が問題となった事例であるが、商品売却行為の詐害性を争えば当然肯定されたものと思われる）。

(2) 学　説

この判例理論に対しては、学説上の通説から次のような批判がなされている。確かに判例のいうように、金銭は消費あるいは隠匿し易いから、不動産と比べて担保としての実質に差があるとはいえる。しかし、①売却代金の使途によって詐害行為の成否を決するときは法律関係がきわめて不安定となる。②取消により直接損害をうけるのは債務者ではなくて第三者である。ところが判例理論では取引の相手方の関知しえない契約成立後の債務者の意思により詐害行為の成否が決せられることとなって第三者の保護に欠ける。③このことは一般人をして負債超過者と取引をすることを不必要に警戒させることとなり、債務者がその財産を整理して再建をはかろうとする場合の支障となる。かくて、通説は、時価相当額での不動産譲渡行為の場合、当該不動産は債務者財産から消失するが、代りにその代金が財産にプラスされるから、プラス・マイナス総資産の額には変動がなく、債権者を害するものとはいえないとして、詐害行為の成立を否定する（我妻187、柚木＝高木212、板木・

否認権に関する実証的研究429。於保190は、原則として詐害性を否定しつつ、例外的に債務者に共謀的害意あるときや支払不能・支払停止にあるときは詐害性を肯定せんとする。その他に、石本、小池、末弘、鳩山、勝本など。最近では、鈴木118、川井健・金商313・6など)。これに対し、従来の学説上も判例支持者はかなりあり(松坂・総判民(7)198ほか、近藤＝柚木、有泉、高梨など)、最近の学者にはむしろ判例の結論を基本的に支持しようとする傾向が強い(沢井、好美、竹屋、飯原、下森〔以上出典→下記(3)〕、星野115、林＝石田＝高木175、平井286、近江159、淡路303、加藤〔雅〕258他、飯原『訴訟』227は、現在の教科書レベルではほとんどが判例支持説を採るといってよいという)。

(3) 問題点の検討

(a) 相当価格をもってする不動産の売却行為は、債務者の総財産の減少をもたらすものではないから客観的要件を欠き、主観的要件を問題とするまでもなく、つねに詐害行為とはならないという従来の通説の立場は、確かに明快であり、最近でも根強い支持を集めているゆえんである(前掲川井、鈴木、林(錫)前掲『展望』83など)。しかし、判例の立場は、理論的明快さには欠けるとしても、実際的妥当性の点で勝るように思われる。判例法に対する通説の批判である、取引安全への配慮、債務者の経済的更生への配慮は確かに必要ではあるが、それは考え方の問題ともいえよう。すなわち、もともと債務者の無資力時における一定の財産管理行為に対しては、取引の安全を少々害しても責任財産の保全を図るというのがこの制度のねらいなのであるから、無資力者からそうと知って不動産を譲り受けることは、価格が相当であっても原則として詐害行為となり、悪意の相手方としては、取消の危険性を覚悟して取引すべきものといってよかろう。ただ、たまたま売主が代金を有効に使ってくれればその時点において詐害性が消失し、相手方は取り消されずにすむ。したがって、悪意の相手方としては取消を免れようと思えば、代金の使途についてまで注意して取引すればよい(たとえば、代金を債務者に代って弁済するなど)。また、売主たる債務者とすれば、代金を弁済その他有用の資にあてさえすれば取消を免れ、買主に迷惑をかけずにすむのであるから、債務者の経済的更生にとって支障となるという批判は必ずしもあたらない。さらに実際問題としても、不動産の売買価格が相当であったかどうかの認定はなかなか難しいし、相当であればつねに詐害行為とならないとしてみたところで、相当性如何をめぐって争われるから、実際問題としてはさほど明快な基準とも思えない。また、相当代価の売却を仮装しての財産隠匿行為のきわめて多い実情からも、判例法理には合理性がある。なお理論的にみても、客観的要件を単なる計数的判断で行おうとする通説の考え方に疑問がないわけではなく、強制執行の難易などの実質的考慮をも加えて詐害性の判断をする判例の立場は、責任財産の保全を目的とする制度の趣旨にも合致すると思われる。これらの理由が、判例支持説がふえてきた原因のように思われる(近時の反対説に対する批判として飯原『訴訟』225、加藤〔雅〕258がある)。

(b) ところで，相当価格での不動産売却行為の詐害性を一般的に肯定する立場をとるとした場合の次の問題は，例外的にその詐害性を否定する場合の判断基準ないし法的構成をどうするかである。前述したように，主観的要件に関する判例法理の混迷の原因はこの点にあったのである。すなわち，判例は，大正年代までに不動産の相当価格での売却も客観的要件を充足するという立場を確立していたが，他方で主観的要件について認識説を貫くときは，弁済目的での相当価格による財産処分行為は，債務者が無資力である以上，詐害の意思が推定されるから，つねに主観・客観両要件を充足することになり，取消を免れうるのは，その金が現に預金その他確実な資産として現存するといった，詐害行為取消権行使時における客観的要件不充足を主張しうる場合に限定されることになる。

これに対し，当時の学説上の通説は，受益者あるいは転得者の関知しえない詐害行為後の債務者の行為如何によって取消の成否が左右されることとなって不当だとして，この点を強く非難していた（たとえば鳩山213）。これをうけて前掲大正13年あるいは昭和8年判決は，意思説を展開したのであった（有泉・判民昭和8年度74事件評釈参照）。ところが，他方で判例は，弁済目的外の財産売却行為事例などでは単なる認識のみで詐害行為の成立を認めているから，少なくとも法的構成の上では，判例の説明する主観的要件の内容は一貫性を欠くことになったのである。

前述のごとく，この混迷は最高裁になっても続いたが，まさにその矛盾をついたのが昭和41年判決（【43】）の上告理由であった。事案は，債務者が抵当不動産を第三者に相当価格で売却し，代金を抵当権者への弁済にあてたという事例（対第三者〔＝優先権者〕弁済型）で，この不動産売却行為の詐害性が争われ，原判決は取消を否定した。そこで債権者側より上告し，まず，詐害の意思の内容につき詐害の認識をもって足るとした前掲昭和35年判決（【37・86】最判昭35・4・26〔既存債務のための新たな担保供与行為事例〕）を引用し，本件で債務者は債務超過の状態にあったのだから詐害の意思があったと推定され，しかも詐害の認識は単に一般債権者を害することを知っておればよいのであるから，債務者には詐害の認識があったものだとみるべきだとし，さらに既存債務弁済の目的でなされた売買でも詐害の意思があれば詐害行為となるとした前掲昭和39年判決【44】（最判昭39・11・17〔代物弁済型〕）を引用して，結局本件債務者には詐害の意思があるのだから詐害行為となると解すべきである，と主張したのである。これに対して判旨は，「右不動産売却行為は，一般債権者の共同担保を減少することにはならないから……詐害行為に当たらない」として，客観的要件充足性の欠如をまず指摘し，ついで，「論旨挙示の判例は，本件に適切でなく，本件売却行為にあたって債務者たる訴外Aに一般債権者を詐害する意思があったとする所論は，原審認定にそわないことをいうにすぎない」として上告を棄却した。

この事件の結論の妥当性については問題がないが，法的構成にはいくつか問題がある。まず，かかる型の詐害性否定の根拠を従来の

判例は主観的要件の非充足性に求めていたのが客観的要件の非充足性で説明されたこと。この事件は優先権者への弁済事例なのでこの説明でもよかろうが，一般債権者への弁済型と代物弁済型の差異は客観的要件の非充足性で説明可能かの問題が残された。ついで，主観的要件の充足性に関する判旨の説明は，従来の判例法理の混迷をつかれたためにか，十分な答となっていない。上告理由の引用する昭和39年判決の事案は代物弁済型であり，この事件は対第三者（＝優先権者）弁済型の事案であるから，先例としての引用は適切でないといえようが，少なくとも判例法の法的構成の上では，解釈的先例として引用されている以上，一言答えるのが親切であったはずである（因みに，ここで問題となった事例は，将来の裁判の予測の上で，判旨の法的構成のみによって予測し，事案の型の分析をおろそかにすると，予測を誤ることの，一つの好事例といえよう）。しかし，判旨は，主観的要件の点に関して正面から答えず，これを避けて客観的要件充足性の面で説明した。ある意味では，このことにより判例の法的構成は一層混迷の度を加えたのであり，まさに判例は一の岐路にたたされたのである（この点を昭和35年判決の時点ですでに指摘していたものとして，磯村哲・続判例百選63がある）。

(c) この判例法の混迷を解決すべく，古くから最近に至るまで，学説はいろいろな形で努力をしてきた。学説のこの問題への対応は大別して3つの傾向に分類できる。第1は，主として詐害行為の成立要件である主観的要件ないし行為の主観的態様を重視し，その操作によって対処するものであり，第2は，主として客観的要件ないし行為の客観的態様を重視し，その操作によって対処するものであり，第3は，従来の主観的要件・客観的要件の他に第3の判断基準原理を確立したり，あるいは両要件をもとりこんだ新しい判断基準原理を確立しようとするものである。

まず，第1の型にはいるものとして，①かつて，詐害行為成立の主観的要件としては単に詐害の認識のみでなく，さらに「誠実義務違背の認識」をも要すべきだとの主張が有力になされた（有泉・判民昭和8年度74事件評釈。同旨，松坂・総判民(7)205）。②主観的態様の重視をさらに徹底しているのが，債権者取消権制度をもって不法行為制度の一種とみ，主観・客観一切の事情を斟酌して詐害性の判断をすべきであるが，第三の要件としてとくに不法行為性ないし違法性の存在を必要とするという説である（後段にポイントをおけば，第3の型にも分類できる。山中康雄「詐害行為取消権の本質」早稲田法学30巻〔昭30〕378，竹屋芳昭「債権者取消権に関する一考察」法政研究24巻3号〔昭32〕337，同・民商63巻3号〔昭45〕477）。③この制度を不法行為的なものとみることには反対しつつも，主観的要件につき「詐害の認識」とみる説を否定し，「詐害の意思」概念の操作によって対処すべきだという説もある（飯原『研究』137，同・判タ248号69）。

第2の型にはいるものとしては，まず，①主観的要件としては詐害の認識で足るとし，客観的要件として一般に要求されているもののほかに，債務者の行為の客観的態様からみ

第2章　債権者取消権の成立要件

て「不当性」という要件を第3の要件として要求し（この点にポイントをおけばこの説も第3の型に分類できる），不当性の内容は究極的には，取消権の目的・性質・効力等を考慮して，「共同生活に於ける信義，若くは条理に依って決せらるべきもの」という（板木・前掲書392）。②詐害性の判断を単なる計数判断のみによらず，主観的態様，行為の効果などを客観的かつ総合的に評価して，当該責任財産の変動の放置が責任秩序維持の上で好ましくないと判断されるときに，客観的要件の充足があったと判断すべしというもの，つまり客観的要件の操作によって対処するものもある（下森・法協85巻11号1575〔旧説〕，同・前掲新民法演習(3)81）。

　第3の型にはいるものは，詐害性の判断にあたって，従来の主観的要件・客観的要件には必ずしもとらわれず，そこでとりあつかわれた諸々のファクターを踏まえつつ，主観・客観両面の相互連関の中で総合的に判定しようという考え方であり，その際の判断の根本原理として，①不法行為法的発想の下に，その領域における違法性判断上の相関理論を持ち込み，詐害行為の違法性の判断基準として，信義則（債務者につき）と公序良俗違背（受益者・転得者につき）とを持ち出し，その基準から，相関的・総合的に考察して詐害行為の違法性の有無を判定するもの（沢井裕・関大法学8巻6号〔昭34〕75以下），②同じく信義則を根本原理として持ち出すが，不法行為法的発想は稀薄であり，詐害行為の違法性の判断基準というよりはむしろ端的に，詐害行為性の判断基準として信義則を持ち出し，従来の諸判決を踏まえ，あるいはそれを矯正してより細かな具体的基準を抽出すべしとするもの（好美清光・民商52巻〔昭40〕6号900頁），③詐害性判断の根本原理は制度の目的である責任秩序の維持に求めるべきだとし，詐害行為の類型ごとにさらに細かい事例分析に基づく類型化を進めていってより具体的・客観的な判断基準の構築をすべきだとするもの。たとえば，不動産や動産の売却類型においては，非弁済型・弁済型，さらには対第三者弁済型・代物弁済型などに類型化し，その類型に応じた基準原理を確立する。つまり，譲渡の相手方が債権者の一人である場合とそうでない場合とでは問題が若干異なるのであり，後者の場合（非弁済型，対第三者弁済型）には，関係当事者間の利害関係の衝突を調整する基準は，債務者の財産管理の自由，受益者の取引安全保護を，責任秩序の維持（債権者の保護）にどの程度調和せしめるかが問題とさるべきなのに対して，前者の場合（代物弁済型）には，受益者（債権者の一人）の取引安全保護というよりはむしろ，また，債務者の経済的更生という問題は背後に一歩退いて（多くの場合，代金と債務とが相殺されるので新たに資金がいらない），債権者平等の原則をどの程度はかるべきかが問題となるのだとする。そして，これら客観的基準の他に，当事者間に通謀的害意があるような場合には，責任秩序維持の終局的判断基準より，客観的な詐害性が低くともなお詐害性が肯定されるといった総合判断をなせという主張である（下森・法協84巻5号707，同・前掲川島還暦論文，同・前掲演習民法論文）。

(d) 昭和41年判決の問題性が意識されたのか，あるいは近時の学説の動向が影響したのか，その後最高裁判決の法的構成に微妙な変化があらわれた。すなわち昭和42・43・44年にあらわれた3判決では，判断の基礎とした当該事件の事実関係を比較的詳しく叙述し，当該行為の目的・動機の正当性，その手段・方法の妥当性を問題として，総合判断の上で結論を導出するという法的構成がとられるに至った。

翌昭和43年，最高裁は，危殆状態にある会社が従業員の給料の支払い資金借入れのため唯一の不動産を譲渡担保に供した行為が破産法72条1号の否認の対象となるかが争われた事案に関し，否認権の行使を否定するためには「譲渡担保の目的物件の価額とその被担保債権との間に合理的均衡の存することを要する」とした（最判昭43・2・2民集22・2・85）。

【45】 最判昭42・11・9民集21・9・2323

[事実] YはAB夫妻に対し，生計費として10万円を，その後さらに長女の大学進学費用として6万円を貸与し，これをうけて同夫妻はYに対し，箪笥，テレビ，冷蔵庫等の動産を譲渡担保に供した。ABに対して62万余円の債権を有するXがこの譲渡担保設定行為を詐害行為として取消を求めた事例。

[判旨] 原審の確定した「事実関係に徴すれば，前記各譲渡担保による所有権移転行為は，当時A・B夫妻は他に資産を有していなかったから，債権者の一般担保を減少せしめる行為であるけれども，前記のような原審の確定した事実の限度では，他に資力のない債務者が，生計費及び子女の教育費にあてるため，その所有の家財衣料等を売却処分し或は新たに金借のためこれを担保に供する等生活の営むためになした財産処分行為は，たとい共同担保が減少したとしても，その売買価格が不当に廉価であったり，供与した担保物の価格が借入額を超過したり，または担保供与による借財が生活を営む以外の不必要な目的のためにする等特別の事情のない限り，詐害行為は成立しないと解するのが相当であ（る）。」

【46】 最判昭44・12・19民集23・12・2518

[事実] Y会社と継続的取引契約を結び牛乳小売業を営んでいたA会社（代表者B，連帯保証人）が，売買代金の支払いを延滞したため，Yから取引の打ち切りや担保権の実行を通告され，やむなく即決和解して，支払猶予と取引の継続を承諾されたが，その代償として，すでに取引開始時点で担保に供されていたA所有店舗，B所有家屋のほか，新たに営業用の機械・什器類および営業権等を含めて，これらを改めて譲渡担保に供した。しかし，その1年後結局Aは経営に行き詰まり，譲渡担保権が実行され，目的物件は処分・清算された。Aの他の債権者XがYに対し上記和解による譲渡担保設定行為を詐害行為として取消を求め，自己の債権額の範囲内で価格賠償を求めた事例

[判旨] 原判決の認定した「右事実関係に徴すれば，本件建物その他の資産をYに対して譲渡担保に供した行為は，Yに対する牛乳類の買掛代金244万円の支払遅滞を生じたAおよびその代表取締役Bが，Yからの取引の打切りや，本件建物の上の根抵当権の実行ないし代物弁済予約の完結を免れて，従前どおり牛乳類の供給を受け，その小売営業を継

第2章　債権者取消権の成立要件

続して更生の道を見出すために，示談の結果，支払の猶予を得た既存の債務および将来の取引によって生ずべき債務の担保手段として，やむなくしたところであり，当時の諸般の事情のもとにおいては，前記の目的のための担保提供行為として合理的な限度を超えたものでもなく，かつ，かかる担保提供行為をしてでもYとの間の取引の打切りを避け営業の継続をはかること以外には，Aの更生策として適切な方策は存しなかったものであるとするに難くない。債務者の右のような行為は，それによって債権者の一般担保を減少せしめる結果を生ずるにしても，詐害行為にはあたらないとして，これに対する他の債権者からの介入は許されないものと解するのが相当であり，これと同旨の見解に立って本件につき詐害行為の成立を否定した原審の判断は，正当として是認することができる。」

これらの判決には，客観的要件や主観的要件の充足性の有無で一義的に結論導出過程を説明してきた従来の法的構成の破綻・混迷を学説につれ，これらの批判を意識して，その上にたってむしろ率直に実際の判断過程を正面から打ち出して説明するといった姿勢がうかがわれる。このような法的構成は，従来の法的構成の問題性が明白となった今日ではより説得的であり，将来の裁判を予測する上でも，実際の判断基準により近いものが示されている点で有用である。ただ，目的・動機の正当性——主観的要件——，方法・手段の妥当性——客観的要件——と対比させてみたとき，一見して明白なごとく，それは単なる言葉づかいの変化にとどまる危険性をも包蔵し，これのみにとどまったのでは，より有効で客観的な判断枠組が出されたことになるわけではない。判例法理の今後の発展が注目される。

近時の学説の動きについては，先に要件論概説（第2章第1節）で述べたところであるが，相当価格による財産の売却行為や代物弁済の詐害性を原則として否定する従来の通説を支持するという近時の学説から出されている判例の問題点批判（債務者の立場，債権者間の平等，受益者・転得者の取引安全などへの配慮）に対しては，上記の反批判により十分応接していると考えるので繰り返さない。そこで指摘した，相当価格判定の持つ実務上の問題点や，受取った対価が実際には現存していないことがほとんどである実状（だからこそ，やむなく手間ひまのかかる詐害行為取消訴訟の提起が必要となったという実状）などをはじめとする判例擁護説のあげた反論について，近時の学説は，現時点において必ずしも十分な応接をしておらず，史的分析，類型的分析の手法による判例分析に基づく類型論的判断基準構築の努力と真正面から対決して，そのもつ問題点を正確に批判し，それに代わりうる納得可能な具体的な判断基準を提示しているようには，思われない。計数上のプラス・マイナスによる判断基準の明確性への共感からの割り切り方は，判例が長年の実務体験を通じて積み上げてきた判例法理形成の努力を無視するもので賛成できない。多様にして複雑な利害関係の調整を単純明確な判断基準に基づいて行う方向性は，単純明確性のもつ危険性への配慮不足のように感じられてならない。また，取引実務界からの要請への対応という視点については，そこでの要請は経済的強者か

第4節　類型的考察——総合的相関的研究

らの要請であって、それは果たして法の理念である衡平の見地からみて妥当であるかの配慮もまた必要と指摘しておきたい。ただ、新しい問題点は、不動産の流動化・証券化との関係で取引安全への保護要請が経済界で高まっていることへの配慮の必要性である。この点、現行破産否認権の立法過程でかなりの論議が闘わされ、結局新法161条において、不動産の金銭への換価その他の当該処分による財産の種類の変更により、破産者において隠匿、無償の供与その他の破産債権者を害する処分をするおそれを現に生じさせるものであるときに否認できるとされ、要件がかなり絞られた。相当対価をもってする財産譲渡行為一般についてはしばらくおき、少なくともこれまでの考慮の中に入っていなかった不動産の流動化・証券化との関係が問題となるような新しい取引類型にについては、債権者取消権の場合にも特別の配慮が必要であろう。今後に残された重要課題である（小林秀之・冲野眞己対談『わかりやすい新破産法』177以下〔弘文堂、平17〕参照）。

次に、類型論的考察で重要なことは、類型化の基準の決定方法である。観念的には、いろいろな角度からの類型化が可能であり、類型化のための類型化は実益が少なく、無益な観念論的遊戯に終わるおそれがある。証拠に基づいて認定された実在の紛争事実にそくし、それを前提として、事実と結論との対応関係で判例を分析し、その背後の判断基準原理を探求することの必要性と有用性、また、成文法国における判例研究においては、当該判例が下された当時における、その判決の前提としていた判例・学説の問題状況を踏まえた判例分析の必要性・有用性を改めてここで指摘しておきたい。

2　債権譲渡

（1）　財産権の譲渡の一形態であるから、不動産や動産の譲渡類型と基本的には同様に解してよい。無償や廉価での譲渡の詐害性に問題はない（最判昭42・6・29裁判集民87・1407、判時492・55。なお、【72】大判明36・12・7民録9・1339、同昭3・5・9民集7・329参照）。若干異なる点は、債権額が確定している金銭債権の譲渡の場合には、第三債務者の資力が十分である限り、時価相当性の有無が明白であることである。そのためか、相当価格での不動産売却行為の場合には判例法理を支持しながら、債権譲渡の場合には、相当対価であれば詐害性なしと解する学説（松坂・総判民(7)199。もっとも、松坂教授は、相当価格での代物弁済も詐害行為とならないとされている）もあり、古い判例にも、一般論としてこのような立場をとるかと思われるものがないではない（松坂・総判民(7)199引用の2判例）。しかし、その一は対第三者弁済型で詐害性否定に問題のない事例であり（大判昭14・12・9新聞4512・10〔1,000円の債権を550円で譲渡し、その対価を債務の弁済に充てた事例。第三債務者の資力が不十分であったので、不相当に安価とはいえないとされた〕）、他は出典の関係上事実関係が不明確であって、先例的意義の確定が困難な事例である（大判昭7・10・14法学2・5・124民6〔弁済型か非弁済型か不明〕）。

これまでに債権譲渡の詐害性が争われた判

第2章　債権者取消権の成立要件

例の多くは，既存債権者の一人に代物弁済として債権が譲渡された型のものである。判例は，代物弁済型の不動産や動産の売却行為，さらには代物弁済そのものの類型と同様に，ここでも古くから原則として詐害性を肯定している（大判昭10・1・29新聞3801・15，）。最高裁も，前掲昭和42年判決（最判昭42・6・29判時492・55）において，上告理由が，①債権者から弁済を強要されて，売掛代金債権を取り立てて弁済に充てた行為の詐害性を否定した昭和33年判決（【38】最判昭33・9・26民集12・13・3022）を引用し，債権を取り立てて弁済するのが詐害行為とならず，中間の手数を省いて債権を譲渡するのは詐害行為となるというのはおかしい，②相当価格をもってする代物弁済が，相当価格をもってする不動産売却行為同様詐害行為となるとするも，弁済に代る債権譲渡は，債権額が確定しているのであるから，通貨による弁済とほとんど変らず，価格の相当性の問題は起こらないと主張したが，最高裁はこれをいれなかった。ところが，その後，原審判決である東京高裁昭和47年11月30日判決（判時693・25）が，学説上の通説をほぼそのまま採用したので，最高裁の態度が注目されたが，先例を維持し，判例法理の強固さが改めて確認された。

【47】　**最判昭48・11・30民集27・10・149**

事実　無資力のAが特定の大口債権者Yと通謀し，Bに対する債権を代物弁済として譲渡した行為を他の債権者Xが詐害行為として取消を求めた事例。原審判決は，債務者が自己の債務の額を超えない債権を代物弁済として譲渡した行為は，弁済の場合と同様，債務者の詐害の意思の有無にかかわらず詐害行為とならないと判示した。

判旨　「しかしながら，原判決の右判断は，これを是認することができない。けだし，債務超過の状態にある債務者が，他の債権者を害することを知りながら特定の債権者と通謀し，右債権者だけに優先的に債権の満足を得させる意図のもとに，債務の弁済に代えて第三者に対する自己の債権を譲渡したときは，たとえ譲渡された債権の額が右債権者に対する債務の額を超えない場合であっても，詐害行為として取消の対象になるものと解するのが相当だからである」。したがって，原判決がAの詐害の意思の有無についてなんらの判断を示すことなく詐害行為の成立を否定したのは，民法424条の解釈を誤ったことになるとして，破棄差戻し。

判例の立場を取りつつも，実務上受益者・転得者の保護を図る方法としては，主観的要件の面つまり善意の立証責任の緩和化で対処するのも一方法であろう。

（2）　債権譲渡の詐害性をめぐる判例法でいま一つ注目をひく現象は，新規貸付あるいは信用授与にあたり，第三債務者に対する債務者の債権につき代理受領の委任契約という形でこれを担保にとり，その後，なんらかの事情で代理受領に代えて債権譲渡がなされた場合に，その債権譲渡の詐害性が争われた事例がいくつかあることである（たとえば，【48】最判昭29・4・2民集8・4・745，同昭40・4・20判時411・63，同昭51・7・19金法801・33など。なお下級審判決例も多数ある）。判例は，担保としての代理

受領契約と切り離し，代物弁済の形になる債権譲渡行為のみの詐害性を肯定している（前掲3判決すべて）。

【48】　最判昭29・4・2民集8・4・745

事実　Yは，すでに負債超過になっていたAに対して15万円を貸し付けるにあたり，Aの国に対する26万円余の債権について取立委任を受け，その取り立て金額で弁済を受けることを約した。しかし，この取立委任は手続が面倒だったので，その後この債権を譲り受け，国から支払いを受けた後，その金銭を自己の債権の弁済に充当し，さらに残額をAから指示されていたAの債権者Bに支払った。かかる事案の下で，Aの他の債権者Xが上記債権譲渡を詐害行為として取消を訴求した事例。

判旨　「原判決の確定するところによれば，YがAに判示貸金をした際，Aは，その特別調達庁に対して有する判示代金債権につきYに取立を委任し，Yは，これが取立により，その貸金債権の弁済を受けることに諒解が成立していたというのであつて，右貸金と代金債権の取立委任と，さらに，本債権譲渡との間には，事実上の牽連関係があり右債権の譲渡も，代金債権の取立委任と同じく，貸金債務の弁済の手段としてなされたものであることは，明らかであるけれども，右債権譲渡は元来AのYに対して履行すべき義務に属するものでないことは，原判示によつて明瞭であり，もとより，これを以て，直ちに，貸金債務の弁済と同視すべきものではなく，しかもこれによつて，債務者の一般財産の減少を来たすことは勿論である。その債権取立の上は，貸金債務の弁済に充てる諒解ができていたということだけでは，本件債権譲渡行為を以て，債権者を詐害するものでないとの

事由とはならないのである。従つて，原判決が，右債権譲渡の行為を，それ以前の行為と切離して，これを詐害行為にあたるものとしたことを以て，所論のように違法であるとすることは，できない。又この債権譲渡行為自体は，既存の義務の履行でないこと前叙のとおりであるから……大審院判例と背反するところもないのである」。

この判決に対しては，「貸金と弁済充当の特約とが一体不可分になされた場合と，先ず貸金が単純になされ次いで弁済充当の特約がなされた場合との区別を認識せざるものであり，実際上も債務超過の債務者に金融の途を塞ぎ，経済的更生を困難ならしめる不都合がある」との批判がある（松坂・総判民(7)200，板木・民商31巻3号280）。後述するごとく，他方で判例は，弁済その他有用の資を新たに得るために自己の財産を担保にいれる行為については，詐害性を原則的に否定している（【61】大判昭5・3・3新聞3123・9，同昭10・3・30新聞3830・13，前掲【45】最判昭42・11・9，【46】最判昭44・12・19など参照）。したがって，そのような目的での代理受領の契約は詐害性がなく（とくに，代理受領の場合は，担保権者が優先的地位を与えられるものではないから〔最判昭51・7・19金法801・33〕，この点でも詐害性はないといえる。なお，代理受領の動向については，松本恒雄「代理受領の担保的効果」判タ423-425号〔昭55〕参照〔423号32以下に詳細な参考文献表がある〕），代理受領によって弁済をうけても詐害行為は成立しないはずである（【52】最判昭52・7・12判時867・58参照）。そうだとすると，その後に代理受領に代えて債権譲渡をうけても，詐害性はないといってよかろう。債権譲渡によって第三者

対抗要件が充足されれば，それまで優先性がなかったものにその時点から優先性がでてくるから，判例はこの点を問題とするものかも知れないが，この理由だけでは新規融資に伴う抵当権や譲渡担保設定行為とのバランスがとれまい。この事件では，既存債務のための担保設定であったのか，あるいは新規融資に伴う代理受領（その後の債権譲渡）であったのかがさらに検討されるべきであったといえよう。この【48】判決の事案は新規融資に伴う担保設定であったようであり，松坂指摘のように疑問を残す判決であったと思われる。

因みに，取消債権者の被保全債権が，代理受領契約とその後の債権譲渡契約の中間に発生したものであるときは，後者の取消は問題となりえても前者の取消は（仮に詐害性が一応問題となりうるとしても），行為後発生した債権の故に，詐害行為不成立の問題となること，そしてそのことが代理受領に代えて債権譲渡としたことの詐害性判断にどのような影響を与えるかの問題に注意（前掲最判昭40・4・20判時411・63はこの点に関連する事案）。

(3) 近時，取消権者の被保全債権の発生前になされた債権譲渡に基づいてその発生後に債権譲渡の通知がなされたという事案の下で，この譲渡通知を詐害行為として取り消しうるかが争われた事件において，前述したように最高裁はこれを否定した（【18】最判平10・6・12民集52・4・1121）。被保全債権の発生前になされた債権譲渡行為のゆえに，債権譲渡行為自体が詐害行為とならない場合には，これと切り離して，譲渡通知のみを詐害行為としてその取消を請求することは認められないというのである。この判決は不動産譲渡行為における対抗要件具備行為である登記移転行為につき取消しを認めない判例法理（【11】最判昭和55・1・24民集34・1・110）と軌を一にするもので原則的には妥当な判決である。しかし，判例は，他方において要物契約たる代物弁済行為（前述のごとく債権譲渡による代物弁済をも含め）の詐害性を一般的に認め，履行行為たる弁済についても，通謀的害意がある場合には，例外的に詐害行為となりうるとしている。そうだとすると，債務の履行行為たる登記の移転や債権譲渡の通知についても同様に解する余地がないわけではなく，この点は今なお，残された問題と考える（登記移転行為の詐害性につき下森・判批，民商83・3・446，同昭55・重判解53以下（昭56）でつとにこの点を指摘しておいた）。なお，従来多くの学説は，詐害行為の取消対象たる「法律行為」のなかには，準法律行為である「債権譲渡の通知」も含まれるとしていたが，その法的根拠は必ずしも明確ではなかった（旧注民⑽804〔下森〕の他，奥田・289参照）。その後，学説に一段の進展があった。まず，(集合)債権譲渡担保の場合につき，実務では，(集合)債権譲渡担保権設定の時点で，白地の債権譲渡通知書を債権者が預かり，債務者の経営が悪化した時点で白地を補充して通知をするという扱いがあることを踏まえて，債務者が債務超過に陥ってからこのような行為がなされると，詐害行為取消の対象または倒産法上の否認（破74条1項，会更88条1項）の対象となるとの説が現れた（道垣内弘人『担保物権法』300〔三省堂，平2〕，同旨

第4節 類型的考察──総合的相関的研究

内田，493〔平8〕，片山直也・判批，法教220・124〔平11〕，但し，後述するごとくその後，道垣内『担保物権法』〔有斐閣，平16〕は，平成10年6月22日の【71】最高裁判決を受けて表現を緩め，取消または否認の対象となりうるとし〔341〕，内田第2版〔平16〕は，対抗要件具備行為は詐害行為取消の対象とならないと改説〔306,307〕した）。もっとも，私見は「極めて通謀的害意性が高い場合」に限定して取消を認める余地ありとしていたが，この説はとくにこのような限定を設けていない。さらに，近時，この問題は債権譲渡担保の場合のみならず，債権譲渡一般について債権者取消権制度の目的に照らし，一般債権者の責任財産保全の期待を保護するためには，逸出した責任財産の取戻しをどの時点まで認めるのが適切かという評価との関連で考えるべきであり，また，譲渡の客体が所有権でなく，より抽象的・観念的存在である債権においては，その移転が対外的に公示され，一般債権者にも認識できるようになった時点ではじめて，責任財産保全手段を行使する機会が一般債権者に実質的に確保されることからみて，譲渡通知には対抗要件を具備する以上の機能があるから，担保目的での債権譲渡に限らず，一般的に，譲渡通知を取り消すことが認められてよいとの主張が現れた（潮見・85以下）。この考え方は，債権譲渡の場合は登記の場合と異なり，債務者への通知によってはじめて責任財産の逸出行為が完成するとみた前記【18】最高裁判決の原審判決（東京高判平8・3・13）の判断構造と発想を同じくするものである。他方，これらの説に対して，判例支持説も表明された。否認権行使の効果は全ての債権者を平等に扱うのに，詐害行為取消の場合は，425条の規定があるにもかかわらず，取消債権者が事実上優先弁済を受けうることがある。【71】最高裁平成10年6月22日判決の事案は相前後して（1週間から，10日間ほどの違い），新規に融資したXとYとが，いずれも，Aの有する債権を担保（停止条件付代物弁済）に取り，その対抗要件具備を留保しており，二重に設定された担保目的物をいずれかが取るというイーブンな競争関係にある。したがって，本来，先に対抗要件を具備した者が優先するという対抗のルールで優劣が決せられるべき関係にある（佐藤岩昭・判批，判評485・28〔判時673・190〕参照）。それにもかかわらず，通知行為自体の詐害行為取消を認めれば対抗関係で優先すべきXが劣後し，逆にYが優先して独り占めする結果となるし，もしYの通知が先であればXが取消権を行使すればXが優先する結果となって落ち着きの悪い結論と言わざるをえない，したがって，本件では判旨に賛成するというものである（安永正昭・判批，金融判例研究9号〔金法1556・18，平11・9・5〕）。また，債権を二重に譲り受けたものについては相互の優劣は対抗要件の先後で決するのが公平であり，対抗要件だけを取り消しても，取消権の応酬により対抗要件のない債権譲渡ばかりが残ってしまい，紛争の抜本的解決につながらない，したがって，対抗要件具備行為は，一般に，取消権の対象とならないと考えるべきだという主張もある（内田〔第3版，平17〕308,309）。また，登記や債権譲渡通知を弁済と同視し，弁済とが取消の対象となることからすると，

第2章　債権者取消権の成立要件

取消を否定することは難しいようであるが，①登記手続きは登記所に対する登記権利者と義務者の共同申請行為であるから，この登記申請行為が取消の対象となると思われるけれども登記申請行為の取消は認められず，仮にそれが認められるとしても，実体上の譲渡行為が有効である以上既存の移転登記は有効であるから抹消登記の請求は許されない，②また，債権譲渡通知の取消を認めたとしても，譲渡の有効性を否定することはできないから，紛争の抜本的解決にならないとの見解がある（飯原『訴訟』273，②につき内田308）。

　この問題どう考えるべきか。まず，倒産法上の否認権と詐害行為取消権とでは制度の目的と行使の効果が異なるから，両者を軽々に同じ扱いとすることは合理的でないといえよう。また，譲渡の客体が債権の場合は，所有権に比し，その抽象的・観念的性格のゆえに，債務者への通知によってはじめて責任財産逸出の効果が確定するとの議論にも直ちには賛同しえないものがある。占有や登記の移転を伴わない所有権譲渡もまた，第三者からすれば抽象的・観念的存在であり，登記の移転がない限り，責任財産からの逸出の効果は確定していないからである（債権者は債務者名義のままになっている不動産に強制執行をなしうる筈）。二重の譲渡や代物弁済行為の場合には，対抗のルールで処理せよという議論もそれだけでは説得力を欠く。特定債権保全のための詐害行為取消権の行使を認めるのが今日の判例・通説だからである。債権者同士の争いの場合に，取消の相手方たる受益者の配当加入を許さず，取戻の目的物が金銭の場合に取消債権者の事実上の優先弁済を許す判例法にも問題がある。これらの問題を総合的に踏まえた理論的検討が必要といえよう。【71】最高裁平成10年6月22日判決の事案は，たまたま，被保全債権の発生が詐害行為と目される債権譲渡後であったために，詐害行為と切り離して，譲渡通知のみを詐害行為として取り消すことが許されるかどうかが問題となったのであるが，この事件はX・YそれぞれのAに対する新たな融資に伴う二重の（集合）債権譲渡担保設定の事例であり，第三者対抗要件たる譲渡通知がなされたのは，担保権設定時ではなくAが手形の不渡りを出した後であった事例である。後述するごとく，新たな融資に伴う担保権の設定は詐害行為とならないというのが，判例・通説であるから（なお，破162Ⅰ柱書かっこ書参照），この事件で仮に取消債権者の被保全債権の発生が詐害行為と目される債権譲渡前であったとしても，上記の点が争点となれば取消権の行使は認められない事案であった。そして，譲渡担保権（停止条件付代物弁済契約）設定時ではなく，その後しばらく経って手形が不渡りになった後でなされた譲渡通知は，停止条件付代物弁済契約の条件成就に伴う債務の履行行為としてなされたのであるから，弁済と同視できる行為であった。そうだとすると，次項で述べる弁済の詐害行為性に関する判例法理から見て，通謀的害意のない限り取消権の行使は認められないはずであり，この観点から考察すると，判旨の結論には何ら問題のない事案であったといえよう。他方において，通謀的害意がある場合に限って取消権の行使を例外的に認め

第4節　類型的考察──総合的相関的研究

る立場では，二重の譲渡あるいは代物弁済による債権者同士の争いの類型ではあるが，取消権行使の効果として，受益者の配当加入が認められないとしても，通謀的害意性が要件とされている以上，それは受益者が甘受すべきやむをえない結果といえよう。この観点からみるときは，包括的清算手続きで債権者間の公平がとくに重視される倒産法上の否認権と425条の規定があるとはいえ個別的強制執行の準備手続きである詐害行為取消権との制度目的の差異から，要件論・効果論につき，両者別異の処理をすることの法的根拠についても，一応の説明が可能といえよう。このような意味において，筆者は，受益者に通謀的害意が認められるような例外的場合は，前記最高裁判決の射程距離外の問題であって，譲渡通知行為のみの取消の余地がなお残っていると考えるものである。また，対抗要件具備行為の詐害性が問題となるのは，二重譲渡型の場合に限られるものではないから，一般的にその詐害性を否定し去ることは疑問である。さらに二重譲渡型において，対抗要件の具備行為が取り消された場合，取消権者の特定債権そのものの保全のために取消権の行使が認められたわけではなく，対抗要件の具備が遅れたために債権の取得が不能となり，損害賠償請求権に転化した金銭債権が被保全債権なのであるから，取消債権者はその債権について債務名義を得た上で，債務者の下に回復された当該責任財産（不動産・動産・債権等）に対して強制執行することで満足を得ることができるのみであることは，特定物債権保全のための詐害行為取消権行使の効果として，判例・通説が確定しているところである。ただ少し違うところは，対抗要件具備行為のみの取消であって，譲渡行為そのものは取り消されていないのであるが，対抗要件具備行為が取り消され，取消債権者が当該目的物を差し押さえてしまえば，取消の結果対抗要件を失なった取消の相手方はそれが自己の所有財産であることを取消債権者に主張できず，第三者異議も封ぜられてしまうから，結果としては同じ結論となると考える。なお，登記所に対する登記申請行為は取消の対象となりえないとの批判があるが，取消の対象は公法行為たる登記申請行為ではなく，その行為が同時にもつ私法上の効果たる履行行為（＝弁済）を取消の対象とするのである。さらに，仮にこの取消を認めても実体法上の譲渡行為は有効だから既存の移転登記は有効であり抹消登記の請求はできないとの批判に対しては，登記の有効要件として，実体的有効要件と形式的有効要件が要求されており，なされた登記が現在の実体的権利関係に合致していたとしても，登記義務者の全く知らない間に登記権利者が偽造文書で移転登記を得たような登記申請意思を全く欠く場合には，抹消登記が許される余地のあることを挙げておこう。かくて対抗要件の具備行為が取消された場合には，前述のように取消債権者は差押によって責任財産保全目的を達成しうるとみてよいのではあるまいか。前記批判的見解は「ただし，債務者が受益者と通謀して，登記を遅らせて債権者から融資を受けたような場合には譲渡行為の取消しを認めてもよい」として，譲渡行為の取消を認めることで，結果的に私見と同

一結論を導くが，譲渡行為の時点ではかかる通謀がなく，その後にかかる通謀がなされることもありうるのであるから，なお対抗要件充足行為のみの取消を認める余地を残しておく実益はあるものと考える。さらに，この場合に，取消の相手方となった受益者の配当加入の可否が問題となるが，債権者同士が争う類型（弁済や代物弁済の詐害行為取消が問題となった類型）の場合には，判例と異なり取消の相手方たる受益者にも配当加入を認めるべきだとする私見の立場でも，その者に通謀的害意があった場合には，これを拒否すべきだと考えること，前述したとおりである。このように考えると，取消権の応酬により紛争の抜本的解決にならないとの懸念には及ばないことになろう。

なお，近時，我妻説の正当性を認めた上，修正責任説の立場から，対抗要件の具備が自己の債権取得以後であれば債権行為自体はそれ以前であっても，詐害行為取消権の行使は可能とし，その理由として，不動産・動産・債権等の譲渡があった場合，対抗要件が具備されて始めてその財産は債務者の責任財産でなくなり，受益者あるいは転得者のもとでの被執行適格性をもつことになるのであるから，その中間で被保全債権が成立した場合には，譲渡行為と対抗要件具備行為とが一体として詐害行為となり，取消の対象となるとの見解が表明されている（加藤〔雅〕261以下）。

3 弁　済

弁済が詐害行為となるかについても議論が分れている。この詐害行為類型は，前述したように受益者が債権者の一人なのであるから，債権者同士の争いの典型例であり，債権者取消権制度の領域で債権者間の平等をどの程度はかるべきかが問題の中心である。

（1）まず判例は，大審院時代より，債務の本旨にしたがった弁済は原則として詐害行為とならない，とする。その理由とするところは，債務者がすでに履行期の到来した債務の弁済をなすのはその当然の義務を履行するものであるから，他に債権者があるからといって弁済を拒絶することはできず，他方また，債権者がその債権の弁済を求めることは債権者の当然の権利行使であるから，破産の場合は別として，たとえその弁済の結果他の債権者の共同担保が減少することとなっても，その権利行使を阻害されるいわれはない，というにある（信託契約における財産引渡義務の履行が問題となったものとして，【49】大判大5・11・22民録22・2281。登記引渡義務の履行につき，【50】大判明40・3・11民録13・253，同大7・7・15民録24・1453。なお，取消債権者の被保全債権が売買行為と移転登記の中間に発生した場合に取消権否定の根拠が，行為後発生した債権故に詐害性なしという点に求められた判例のあること〔前掲【10】大判大6・10・30，最判昭33・2・21，【11】同昭55・1・24〕，前述のとおりである）。

【49】 大判大5・11・22民録22・2281

事実 講の財産を信託的に保管していたAが債務超過となったので，他の講員が保管契約を告知して財産の返還を受けた行為が詐害行為となるかが争われた事例。

判旨 「詐害行為取消権ハ債務者ガ債権者ヲ害スルコトヲ知リテ為シタル法律行為ノ取消ヲ目的トスルモノニシテ，債務者ガ他債権者ヲ害スルノ意思ヲ有セス単ニ既存ノ義務ヲ其時期ニ於テ履行スルガ為メニ適法ニ為シタル行為ノ取消ヲモ請求スルコトヲ得ルモノト解スベキモノニ非ズ。抑モ債務者ガ既ニ履行期限ノ到達シタル債務ヲ有スル場合ニ於テハ債務者ハ必然之ガ弁済ヲ為ス可キ義務ヲ有シ，他ニ債権者アルノ故ヲ以テ之ガ弁済ヲ拒絶スルコト能ハザルト等シク，其債権者ニ於テモ債務者ニ対シ弁済ヲ請求スルノ権利ヲ有シ，他ニ債権者アルノ故ヲ以テ其権利ノ行使ヲ阻害セラルルコトナキモノト謂ハザル可カラズ。……（中略）……若シ夫レ上告人所論ノ如ク多数ノ債権者ヲ有シ債務者ノ全財産ヲ以テスルモ之ガ弁済ヲ為スコト能ハザル場合他債権者ヨリ債務履行ノ請求ヲ受ケ居ルニ拘ハラズ債務者ガ一債権者ト共謀シテ全財産ヲ換価シ之ヲ挙ゲテ一債権者ニ弁済スルガ如キハ特ニ他債権者ノ利益ヲ害センガ為メ故意ニ為シタルモノナルヲ以テ其詐害行為ヲ組成スルモノタルヤ疑ヲ容レザル所ナレドモ，此ヲ以テ何等債権者ヲ害スル意思ヲ有セズ単ニ自己ノ負担スル既存ノ義務ヲ履行スルガ為メニ誠意ヲ以テ為シタル行為ト同視スベキモノニ非ザルヤ明ナリ」

【50】 大判明40・3・11民録13・253

事実 AY間の贈与契約に基づいてAからYに移転登記がなされたところ，その中間時点で取得した債権を被保全債権として，Aの債権者Xが既存債務の履行行為である当該登記移転行為を詐害行為として取消を認めた事例。

判旨 「民法第424条ノ所謂債務者ガ其債権者ヲ害スルコトヲ知リテ為シタル法律行為トハ債務者ガ之ヲ為シ若クハ為サザルヲ得ベキ自由ヲ有スルトキニ於テ債権者ヲ害スルコトヲ知リテ任意ニ之ヲ為シタル場合ノミヲ謂フモノニシテ，法律上履行セザルベカラザル債務ヲ履行シタルガ如キ場合ヲモ包含セシムル法意ニアラズ。何トナレバ債務者ガ後者ノ場合ニ於テ為シタル行為ヲモ取消シ得ベキモノトセバ債務者ヲシテ其債務ヲ履行セシメ得ベキ権利ヲ有セシ第三債権者ノ権利ヲ害スルコト大ナレバナリ。乃チ原判文ヲ審査スルニ原院ニ於テハ，YA間ニ於ケル本訴不動産ノ贈与ハXノ本訴債権成立以前業ニ既ニ有効ニ成立シタルモノナルヲ以テ之ヲ取消シ得ベキモノニアラザルモ，贈与ニ因ル移転登記ハ本訴債権成立後ニ至リ而モ債権者ヲ害スルコトヲ知リテ之ヲ為シタルモノナルニ依リ民法424条ニ基キ該登記ハ之ヲ取消スベシト判決シタルコト明晰タリ。左スレバ本論旨ノ如ク原判決ハ同条ノ規定ヲ不法ニ適用シタルモノト謂ハザルヲ得ズ。何トナレバAニ於テ本訴債権成立以前業ニ既ニ本訴不動産ヲYニ贈与シタル以上ハ法律上Yニ対シ本訴不動産ノ移転登記ヲ為サザルベカラザル債務ヲ負フ者ナルガ故ニ，AガYニ対シ本訴不動産ノ移転登記ヲ為シタルハ是レ実ニ法律上履行セザルベカラザル債務ヲ履行シタルモノニ過ギザレバ，素ヨリ同条ノ法律行為中ニ包含セザルコト明カナレバナリ」。

そして，判例は，問題となっている行為が債務の履行行為であるときは，債権者を害する意思がないものと推定すべきだとする。

第2章　債権者取消権の成立要件

【51】　大判昭10・10・15新聞3904・15

判旨　「債権者ガ詐害行為ナリトシテ取消ヲ請求スル債務者ノ行為ガ従前債務者ノ負担シタル債務ノ履行行為ナル場合ニ於テハ夫ノ為スベキ義務無キ贈与ヲ為シタル場合トハ自ラ径庭アリ，一応債権者ヲ害スル意思ナキコトヲ推定シ従テ詐害行為ヲ構成セザルモノト判定スルヲ相当トス」。

最高裁もこの立場を踏襲している（前掲【38】最判昭33・9・26民集12・13・3022，【52】同昭52・7・12判時867・58〔いずれも金銭債務の弁済の事例〕）。

【52】　最判昭52・7・12判時867・58

事実　債権者Yから強硬に弁済を迫られて弁済した事例で，債務者AにはYと通謀し他の債権者を害する意思があったとはいえないとした。

判旨　「債権者が弁済期の到来した債務の弁済を求めることは，債権者の当然の権利行使であって，他の債権者の存在を理由にこれを阻害されるべきいわれはなく，また，債務者も，債務の本旨に従い履行をすべき義務を負うものであるから，他の債権者があるからといって弁済を拒絶することはできない。そして，債権者に対する平等分配の原則は破産宣告によって始めてその適用をみるに至るものであるから，債務超過の状況にあって特定の債権者に対する弁済が他の債権者の共同担保を減少させることとなる場合においても，かような弁済は，債務者が特定の債権者と通謀し他の債権者を害する意思をもってしたような場合を除いては，原則として詐害行為とならないものと解するのが，相当である」。

ただし，判例は例外的に債務者がとくに一部の債権者と共謀し他の債権者を害する意思をもって弁済をなした場合には詐害行為となりうる旨判示している（前掲【49】大判大5・11・22ほか多数，最高裁も同旨，前掲【38】最判昭33・9・26）。しかし，これまでのところこの点は傍論にすぎず，通謀的害意を理由に弁済の詐害性を認めた事例は，下級審にいくつかあるが（しかし上級審でくつがえされたものも多い。たとえば名古屋高判昭31・2・7新聞7・3〔前掲【38】の原判決〕，名古屋高判昭50・12・8〔前掲【52】最判昭52・7・12の原判決〕など），最上級審判決には明確なものは見当らない。もっとも，弁済の詐害性を認めた原審判断を正当として上告を棄却し，結果として弁済の詐害性を認めたものとして最判昭40・1・26裁判集民77・129，【90】最判昭46・11・19民集25・8・1321の2件がある（被保全債権はいずれも租税債権）。なお，後者は事実関係に特殊事情があり，実質上代物弁済に近い事例である（Aの倒産の前日に，AとYとの協議で，YがAから在庫商品一切の代物弁済を受ける代りにAがB〔YとBとは社長が同一人物〕にそれを売り，その代金をBより直接YにJ支払ってAのYに対する債務を消滅させた事例）。弁済の詐害性を肯定した下級審判決例を調べてみると，債務者と弁済を受けた債権者とが実質上同一人格に近い事例（たとえば，債務者が受益者の個人会社的な場合〔大阪地判昭39・7・2下民15・7・1697，東京地判昭48・12・17訟月20・5・19）とか，被保全債権が租税債権である場合（前掲大阪地判昭39・7・2，東京地判昭48・12・17の他に，広島高判昭49・4・24訟月20・8・17〔代物弁済に近い事例〕。なお，大判大5・11・24民録22・

2302は，被保全債権が租税債権で弁済および財産の譲渡行為が同時に取消の対象となり，取消が認められた事案のようであるが，事実関係が今一つ明確でない）などが目立つ。

(2) これに対して，これまでの学説上通説と目されてきた学説は，弁済は総財産の減少をもたらすものではないから（弁済により債務が消滅する故），客観的要件を欠き，主観的態様を問題とする余地なく，つねに詐害行為とならないと説き，例外の余地を認める判例法理に対しては，債権者取消権制度は破産と異なり債権者間に平等弁済を保障する制度ではないから，債務超過の場合に一部の債権者にのみ弁済されることによって生ずる不公平は破産によってのみ救済さるべきであり，したがって弁済はつねに詐害行為とならないとすべきであるという（我妻185，柚木＝高木204，松坂123，板木・前掲書393以下。最近では，鈴木118，川井・金商313号２など）。もっとも，古い学説には，弁済も原則として詐害行為となるという見解が比較的多く（石坂731，中島724，加藤・破産法研究４巻324，勝本・中(3)374など），また，判例支持説もあった（横田446，磯谷343）。とくに，不法行為説の立場から，本旨弁済は原則として違法性を欠き詐害性がないが，悪質と認められる場合には違法性を帯び詐害行為となるという理由の下に，判例の結論を支持するもの（山中・前掲論文519以下，竹屋・前掲法政研究24巻３号64以下），主として相関判断論の立場からこれを支持するもの（林＝石田＝高木173，沢井・関大法学８巻６号618，金山・民商40巻４号673，山下・民商43巻５号756，好美・

第４節 類型的考察──総合的相関的研究

民商52巻６号900，星野・法協91巻１号179，星野115，飯原『研究』121以下，下森・民法学(4)154。近江143なお，於保187もほぼ同旨。大島・前掲書１以下が判例・学説を詳細に整理した，更に近時のものとして，淡路305，飯原『訴訟』127，加藤〔雅〕258がある）などが多くなり，現在の大勢ではむしろ通説といってよさそうである。

(3) 平等弁済は破産手続のみによるべし，弁済はつねに詐害行為とならない，という従来の通説はたしかに明快であり，かつ正論といえる。しかし，わが国の倒産の実状を踏まえて考えてみると，それが妥当かどうかはかなり疑問である。つまり，破産の宣告は各種の政策的考慮から実際にはそう簡単に行われるものではないし，破産手続が開始された場合でも，それは総括執行手続として極めて慎重に行われ，手続も面倒であるために，配当までに長期間を要し，しかも手続費用がかかるために，配当率が内整理より格段によくなるとは限らない。他方，内整理の場合には，手続が簡単で早期に処理でき，さらに配当が少なくても残額につき債権放棄をして損金処理をすれば税額が安くなり，実損を少なくすることができるといったメリットがある。そこで，利益のでている債権者や小口の債権者は，内整理による早期解決を希望することになるし，現実にも，倒産の大部分は破産に至らないという（以上の取引の実状については，吉原省三「詐害行為取消権についての考察」判タ308号〔昭49〕61以下による）。このような場合に，平等弁済を希望する一部債権者が破産申立をすれば，破産手続による処理を希望しな

い多数の債権者を巻添えにすることになる。これを避けて、不満のある債権者が抜駆けをした債権者に対して争う手段として用いられるのが、債権者取消権制度の現実的一機能なのである。そうだとすると、この制度の簡易破産的機能をある程度容認し、債権者間の不当な不公平さの解消を図ることは許されてしかるべきであろう。例えば、大審院昭和7年12月13日判決（新聞3605・7）は、対第三者弁済型の不動産売却行為事例で通謀的害意を理由として譲渡行為の取消が認められたものであるが、この事件で弁済の詐害性が争われたとすると、取消が認められてしかるべきであった（債務者、弁済をうけた債権者、不動産の買主が共謀して、抵当権者に抵当権を放棄させた上、当初の約束を破って代金を抵当権者に弁済せず、共謀した債権者に弁済したので、放棄抵当権者より不動産売却行為の取消を訴求した事例）。

もっとも、かかる場合は不法行為の問題であって、「実質はすでに詐害行為取消権制度をこえた不法行為の問題を、詐害行為取消権制度の活用によって解決しようとしている」ものであり、そうだとすると、「むしろその実質に即し、弁済はつねに詐害行為にならないとする学説にしたがい、事情によっては第三者の債権侵害による不法行為に基づく解決を許すという解釈をとる方が、詐害行為取消制度を純化するうえで適切だと思われる」との批判がある（川井・前掲金商7）。しかし、前述したように、沿革的には債権者取消権制度は不法行為の一類型であったのであり、その後客観主義的傾向が強まり、今日の債権者取消権制度すべてを不法行為制度で説明することに問題があるとはいえ、不法行為制度と全く無縁のものとはいえない。当事者に通謀的害意ある場合に、債権者の法的保護として一般の不法行為制度によることは背理とはいえないとしても、問題は責任財産の保全にあるのであり、その目的達成に必要な限りで債権者を保護すれば必要かつ十分なのであるから、まさにそのような救済制度として特別に構成されている債権者取消権制度による救済を債権者が求めてきた場合、これを排斥する必要はなんらなく、むしろ逆に第一次的にはこの制度による救済を考えるのが筋であろう（なお、下森「債権の取立と詐害行為」金商612号〔昭56〕58、同「債権の回収行為と詐害行為取消権」法セ344号〔昭58〕84参照、なお、近時、飯原『訴訟』137以下は、詐害性の判断基準に関する判例法の理解の仕方について新たな問題の提起をしている）。

判例支持説をとる場合の残された問題は、取消権の行使を認める場合としては、通謀的害意ある場合に限るか、それとも簡易破産的機能を重視して、もう少しこの要件を緩めるか、である。さらに、取戻しの目的が金銭の場合につき、現在の判例法理が取消債権者自身への直接引渡請求権を認め、さらに相殺による事実上の優先弁済を結果として肯定していることとの関係で、弁済の詐害性を肯定しても簡易破産的機能が直ちに実現するわけでなく、かえって債権者間に不平等をもたらすこともあるので、受益者の配当加入問題もあわせて検討しておく必要がある、という問題がある。この点は取消の効果の項（第4章第5節4）で検討したい。なお、弁済の詐害性

を肯定する立場に立ちつつも，詐害性の判断基準について，単純に債務者の心理（意図）に基づいて判断すべきではなく，受益債権者の有する債権の内容，効力等の客観的基準によって判断すべきものとし，具体的には，①債務の履行を仮装した場合，および②履行期に達していない債務，③消滅時効にかかった債務，④不法な原因に基づく債務をそれぞれ履行した場合，また⑤自然債務を履行した場合などに，取消権の行使を肯定する見解が有力に主張されている（大島・前掲書28）。フランス法やドイツ法の下でもこのような債務の本旨にしたがった弁済とはいえないような弁済については詐害行為取消が認められており，妥当といえよう（なお，淡路305注36参照）。また，債務の弁済等の偏頗行為についての詐害行為否認と偏頗行為否認の関係，それが詐害行為取消権の解釈論・立法論に与える影響についても今後の重要な検討課題であるが（小林＝沖野前掲書169頁以下，とくに173頁以下参照），「支払不能ないし支払停止」と「無資力」の判断基準，弁済当事者の関係（内部者への弁済など），主観的要件とくに通謀的害意への考慮，除斥期間などの点において，詐害行為取消権と破産否認権とでは詐害行為取消・否認の判断基準が異なるので，やや問題はあるが，結果として後者が広くなることはありえよう。

4 代物弁済

不相当な価格による代物弁済が詐害行為になることは全く問題がない（前掲【4】最大判昭36・7・19〔不動産の事例〕，最判昭42・6・29判時492・55〔債権譲渡の事例〕）。また優先権を有する担保権者に対して担保の目的物件を代物弁済として譲渡する行為は，価格が相当である限り詐害行為とならない（大判大14・4・20民集4・178〔代物弁済当時物件価額が債権額より低く，後に地価騰貴した事例。詐害性判断の基準時は行為時とした上で取消を否定〕，同昭14・10・30新聞4493・9〔発動機船の事例〕，最判昭41・4・14判時448・33〔先取特権者に薬品類を代物弁済した事例。ただし，破産否認権の例〕）。もっとも，登記を備えていない抵当権者の場合は詐害行為となりうる〔大判昭11・7・31民集15・1587〕）。価格が不相当の場合は，被担保債権額までは他の一般債権者に対して優先権があるのであるから詐害行為不成立，それを超える部分についてのみ詐害行為となる（前掲【4】最大判昭36・7・19〔10万円以上の価格の抵当家屋を8万円の抵当債権者に代物弁済した事例〕）。ここでも問題となるのは，相当価格をもってする一般債権者への代物弁済行為の詐害性であり，判例・学説上，議論が分れる。

(1) 判　　例

判例は，古くから，一般的に詐害性を肯定する。すなわち，債権者・受益者または転得者の主観的態様につき，害意性がそれほど高くなくても，相関的判断の上で，詐害性を比較的容易に肯定する傾向がある。

第2章　債権者取消権の成立要件

【53】　大判大8・7・11民録25・1305

金銭債権の代物弁済として不動産が譲渡された事例。

[判旨]「債務者ガ債務ノ履行期ニ於テ其本旨ニ従ヒ誠実ニ履行ヲ為スハ即チ法律上当然為サザルベカラザル義務ノ実行ヲ為スニ外ナラザレバ, 仮令之ニ依リ債務者ノ資産ヲ減少シ他ノ債権者ヲ害スルニ至ルトキト雖モ, 支配的権能ヲ有セザル債権ノ性質上債権者ノ正ニ忍容セザルベカラザル所ニ属シ, 特ニ斯ル場合ニ取消訴権ヲ付与シテ債権者ヲ保護セザルベカラザル必要ヲ見ザルモ, 之ニ反シ代物弁済ハ債務者ノ負担シタル給付ニ代ヘテ他ノ給付ヲ為スコトニ依リ弁済ト同一ノ効力ヲ生ズルモノニシテ即チ債務ノ本旨ニ従フ履行ニアラザレバ債務者ガ之ヲ為スト否トハ其自由ナルヲ以テ」一部の債権者への代物弁済は詐害行為を構成する。

【54】　大判昭16・2・10民集20・79（【89】）

[事実]　債権譲渡による代物弁済事例。消極資産3.7万余円, 積極資産1.9万余円の債務超過状態にあったAが, その有する売掛代金債権1.5万円余の内から, 7,500余円の債権を債権者の一人であるY（債権額1.1万円）に代物弁済として譲渡した。そこで他の債権者Xが詐害行為取消権を行使。これに対してYは, Aの債務に対する資産の割合は5割強であるから, 本件譲渡行為はYに対する債務1.1万円の5割強である約5,500円の限度では詐害行為にならないと主張した。

[判旨]「AハY以外ノ一般債権者ヲ害スルコトヲ知リテ右譲渡ヲ為シタルモノナリトス。サレバ若シ右約15,000円ノ売掛代金債権ガ額面相当ノ価額ヲ有シタリトセバAノ債務ニ対スル資産ノ割合ハ5割強ナルガ故ニ, 前記ノ譲渡行為ハYニ対スル債務約11,000円ノ5割強ニ相当スル約5,500円ノ限度ニ於テハ詐害行為トナラザルベキ旨ノ所論ハ一見理由アルガ如シト雖, 凡ソ詐害行為ノ取消ハ民法第425条ニ依リ総債権者ノ利益ノ為ニ其ノ効力ヲ生ズルモノナルガ故ニYハ前記代物弁済ニ因ル残債権ニ付他ノ一般債権者ト同順位ニ於テ其ノ権利ヲ行ヒ得ベキモノナルノミナラズ, 右5,500円ノ限度ヲ超過スル部分ノミヲ取消ストキハ右代物弁済ニ因リテ消滅シタル債権額中右取消ノ部分ニ相当スル額ノ債権ハ復活シYハ此部分ニ付テモ他ノ一般債権者ト同順位ニ於テ其ノ権利ヲ行ヒ得ベキモノト云フベク, 随テ右5,500円ノ限度ヲ超過セザル部分ノ譲渡ハ依然トシテ詐害行為タル性質ヲ失ハザルベキモノナルヲ以テ原審ガ本件売掛代金債権ノ譲渡全部ノ取消ヲ認容シタルハ所論ノ如ク違法ナルモノト云フヲ得ズ論旨理由ナシ」。

最高裁もこの立場を踏襲している（動産の事例につき最判昭46・6・18金法620・55, 債権譲渡の事例につき前掲【47】最判昭48・11・30）。判例のこの立場は, 前述したように不動産や動産の代物弁済型売却行為に関する判例法理（不動産につき【6】大判大9・12・27民録26・2096, 最判昭39・1・23民集18・1・76ほか〔もっとも, 大判昭2・11・26新聞2804・9は, 代物弁済型であるが, 悪意の程度を問題とする〕, 動産につき大判明36・2・13民録9・170, 最判昭39・11・17民集18・9・1851）とその軌を一にするものである。

なお, 判例は, 代物の価格が代物弁済をうけた債権者の債権額を下回るものについても, 詐害行為の成立を認める（前掲【54】大判昭16・2・10参照）。

もっとも, 判例には, 相当価格の代物弁済

事例で，詐害の認識あれど積極的な詐害の意思なしとして取消を否定したものがある。

【55】 最判昭45・11・19判時616・65，判タ256・122

[事実] AがYに在庫商品を相当価格で代物弁済したが，その行為は，倒産の気配があることを察知した一債権者Yから，債務の支払かこれに代る商品の交付を執拗に要求され，Aはこれを拒絶していたものの，引き続き午前3時頃にまで及んだ強硬な要求に屈して，やむなく倉庫の鍵を開け，Yが上記物件を持ち去るに任せたという状況下で行われたという事案。

[判旨]「Y会社がその債権回収のためとつた方法は，常軌を逸したものというべきであるが，原審が，右認定事実に基づいて，A会社としては，右のとおりY会社に本件物件を譲渡すれば他の債権者を害するであろうことを認識していたといえるが，これを害することの積極的な意思のもとになしたものとは認めがたい旨説示し，右代物弁済行為は詐害行為とならないとした判断は，正当として是認することができる。」

また，代物弁済の詐害性を否定した次のような判例もある。

【56】 最判昭47・10・26金法671・56

新たな資金を借受けのための不動産の売買予約及び代物弁済契約の詐害性否定事例。

[判旨]「訴外Aは，Yから新たに営業資金を借り受けるに際し，Yの経営するZ会社から引き続き商品の供給を受けて営業を継続することを目的として，Yに対する全債務を担保するため，Yとの間に本件各不動産につき売買予約を締結し，借受金の一部をもつて第三者に対する抵当債務を弁済して抵当権設定登記の抹消を受けたのち，右売買予約を原因とする所有権移転請求権保全の仮登記を経由したこと，Aは，その後約4年間営業を継続したのち，Yとの間で，右担保の目的である本件不動産の所有権を債務全額の弁済に代えYに譲渡する旨の合意をし，売買名義による右仮登記に基づく所有権移転登記を経由したことなど原審の確定した事実関係のもとにおいては，右売買予約および代物弁済契約はいずれも債権者を害する行為にあたらないとした原審の判断は，正当として是認することができる。」

この2判決はともに第一小法廷判決であり，従来の判例法理との間に微妙な乖離が感ぜられる。このことは，ほぼ同時期の第二小法廷の代物弁済の詐害性肯定の3判決（前掲最判昭46・6・18〔在庫商品の適正価格での代物弁済の事例〕，前掲【47】最判昭48・11・30〔債権譲渡による代物弁済事例〕，前掲最判昭51・7・19金法801・33〔あらかじめ代理受領の目的とされていた債権をあらためて譲渡担保とした事例〕）と比較するとき明らかなように思われるが，必ずしも明確な動向ともいえないので一言指摘するにとどめる。この第一小法廷の2判決の妥当性については後に検討する（→第2章第4節5(3)）。

(2) 学　　説

以上の判例法理に対し，学説上の従来の多数説は，相当価格をもってする代物弁済は，本旨弁済と同様に，債務者の財産に増減がなく，共同担保の減少をもたらさないから詐害行為とならない，という（我妻186，柚木＝高

木206, 松坂124, 同・総判民(7)187, 鈴木118, 川井・前掲金商313号 8 など)。他方, 古くから判例支持説があり (末弘86, 勝本・中(3)378), 最近ではここでもそれが増大する傾向にある (於保190, 中田・民商55巻 5 号816のほか, 弁済について判例法理を支持する者は代物弁済についてもこれを支持する。なお, 船越・金商87号 4 は, 代物弁済の対象が債権の場合と物の場合とを区別し, 前者の場合には, 本旨弁済と同様, 詐害行為の成立を否定し, 後者の場合にはつねに詐害行為となるという)。危機的状況にある債務者が, 一部の債権者と謀って, 他の債権者に対し抜駆け行為をしたような場合には, 弁済の場合と同様 (それ以上に), 債権者間の公平を図るために取消権の行使が認められてよいであろう。判例法理に対して, 債務弁済のための相当価格をもってする不動産売却行為の詐害性を否定する判例法理とその趣旨において矛盾するとの批判があるが (松坂・総判民(7)187), 事案分析から明らかとなったように, 代物弁済型の不動産売却行為について, 判例はほぼ一貫して詐害性を肯定しているから, この批判は必ずしもあたらない。代物の価額評価を適正に行うことの実務上の困難さが判例法理の背後にあると思われる点も前述したとおりである。近時, 代物弁済については判例の傾向を踏まえて原則として詐害性を認めつつ諸要素の総合判断の上で決すべしというものがある (淡路306, 加藤〔雅〕258)。

　注目すべき見解として, 相当価格での代物弁済行為の詐害性を一般的に否定したうえで, 低廉な価額での代物弁済の場合についても取消権の行使を認めず, 代物弁済予約における清算の法理を導入し, 債務者は代物弁済の目的物の価額の限度での債務の消滅を主張しうることとし, もし債権額をこえた価額の目的物による代物弁済が行われたとしたら, 超過価値を債務者は不当利得により返還請求しうるし, 他の債権者はこの不当利得返還請求権に対し強制執行をしたり, 債権者代位権によりその請求権を行使することができる, という見解がある (川井・前掲金商 8〔前掲昭和36年最高裁大法廷判決もこの法理で処理すべしと説く〕)。超過部分につき取消をせずに不当利得が成立することの根拠が今一つ明確でないが (代物弁済契約の当事者の合意をどうみるか, 他の債権者との関係でのみ制限すればよいのではないか, 代物弁済予約の場合は担保という点より清算の法理が導出できたが, この場合は少し異なるなど), 一つの検討課題であろう。因みに, この考え方によると, 不相当な価格での財産の売却行為の場合にはどうなるのであろうか。弁済と売買の性質の差異から, この場合はおそらく詐害行為の成立を認めることとなるのであろうが, 代物弁済型の売買の場合はどうか。超過部分につき取消を認めるという解釈論も考えうるが, この点は取消の範囲の項で (→第 3 章第 2 節), 現行破産否認権 (160Ⅱ) との関係をも含めて検討する (なお, 破産法の改正を受けて, 詐害行為取消権についてもこれとの整合性を考慮し, 相当価格による代物弁済については取消ができないとするものがある。内田312, 潮見145)。

　また, 判例法理に対する批判として, 債権者が債務者と平和的な話しあいの上で弁済や代物弁済をうければ通謀的詐害行為として取

第4節 類型的考察――総合的相関的研究

り消されるおそれがあるが，深夜にまでおよぶ暴力的な一方的な取立てをすれば取り消されずにすむ（前掲【55】最判昭45・11・19）というのはおかしい，これでは債権者に債権の回収にあたり暴力的な取立てをすすめるようなものではないか，との批判にたって，弁済や相当価格での代物弁済はつねに詐害行為とならないとすべきだという主張もある（岩城謙二「詐害行為における債権者との通謀」ジュリ733号〔昭56〕92）。鋭い批判である。しかし，倒産の気配をいち早く察知し，有利な弁済，代物弁済，担保権の設定をうけうる立場にあるのは，一般に債務者に対し生殺与奪の権をもっている大口の取引先や銀行などの債権者であるから，平和的回収はつねに詐害行為とならないとすると，情報にうとい，小口の弱小債権者の保護に欠ける面も無視しえまい。昭和45年の最高裁第一小法廷判決（【55】）は，債務者の行為の倫理的不当性を判断基準として，先のような結論を出しているように思われるが，実はその点に問題があるともいえよう。しばしば指摘したごとく，弁済や代物弁済の詐害行為類型では，債権者平等原則が判断基準とさるべきだとの立場が肯定されるとするならば，情報蒐集能力にたけ，債務者に対して圧倒的優位な地位にたつ大口取引先や債権者と，小口の弱小債権者との間の平等・公平をどう考えるべきか，あるいはまた，暴力的手段にまで訴えて，他の債権者に先駆けて弁済や代物弁済をうけた債権者と，そうでない債権者との間の平等・公平をどうはかるか，がここでの問題なのであるから，債務者の行為について倫理的不当性がなくとも，詐害の認識さえあれば，代物弁済をうけた前記のような受益者に対する関係で詐害行為取消が認められてしかるべきであろう。つまり，先の批判に対しては，昭和45年判決の結論の再検討という形での応答もありうるわけである。具体的紛争類型の事案分析を踏まえた上での，制度の目的・構造・機能の理論的分析に基づく利益衡量のための判断基準原理抽出の必要性・有用性はここで一つの証明をみたといえないであろうか。類型ごとに利益衡量で決すべしとか，信義則によって決すべしとしただけでは問題の解決として不十分であり，問題はそのための判断基準原理の具体的確立にある（下森・前掲法セ344号参照，なお飯原『訴訟』154以下は，弁済と代物弁済とを対比して代物弁済がつねに本旨弁済に比べ詐害性が大とはいえないと指摘し，問題点を1歩掘り下げた考察をしている）。

(3) 最後に，売買予約後それに基づいてなされた代物弁済行為の詐害性を否定した昭和47年判決（【56】）の当否についてみておくと，この判決と，担保のための代理受領契約後になされた代物弁済としての債権譲渡契約を，担保設定行為と切り離し，代物弁済そのものの詐害性を肯定した一連の判決（前掲【48】最判昭29・4・2，同昭40・4・20，同昭51・7・19）との関係が一応問題となる（昭和29年判決に対して，両者を切り離して判断することに批判があった故。板木・民商31巻3号280，松坂・総判民(7)200）。しかし，先にも指摘したとおり，担保としての代理受領契約には優先性がなく，当該債権はなお共同担保を構成していたのに対し，昭

和47年判決（【56】）の事案は，売買予約につき仮登記がなされて，順位が確保されていたこと，かつ，もともと当該目的物件は抵当権の目的であって，優先権者がおり，受益者からの借入資金がその者への弁済にあてられて抵当権の登記が抹消されたという特殊事情があり，共同担保として一般債権者が期待できない事例であったので，優先権者への代物弁済と同視しうるものであり，結論の妥当性は問題のない事案であったといえよう。法的構成の上で，若干の注意を惹くにとどまる。

5 物的担保の供与

(1) 大審院時代から，判例は，一部の既存の債権者に対し抵当権の設定その他の担保を供与することは，担保権者をして担保物につき他の債権者に優先して自己の債権の弁済を受けることを得させるものであるから，他の債権者の共同担保を減少せしめることとなり，詐害行為となるとしていた（大判明40・9・21民録13・877，【57】同大8・5・5民録25・839，同昭8・10・6新聞3621・14〔以上，抵当権〕，同昭12・9・15民集16・1409〔質権の事例〕）。

【57】 大判大8・5・5民録25・839

判旨 「民法第424条ニハ『債権者ハ債務者ガ其債権者ヲ害スルコトヲ知リテ為シタル法律行為ノ取消ヲ裁判所ニ請求スルコトヲ得云々』トアリテ其法律行為ニ何等制限ナキヲ以テ，苟クモ債権者ヲ害スベキモノハ総テ之ヲ包含スル趣旨ナルコト疑ヲ容レズ，而シテ抵当権ノ設定ハ抵当権者ヲシテ抵当不動産ニ付他ノ債権者ニ優先シテ自己ノ債権ノ弁済ヲ受タルコトヲ得セシムルモノナルガ故ニ，債務者ガ或債権者ノ為メニ抵当権ヲ設定スルトキハ，他ノ債権者ノ共同担保ハ之レガ為メ其価値減少スルコトトナリ，従テ此債権者ニ害ヲ及ボスコトアルハ自明ノ理ナルヲ以テ，抵当権ノ設定モ詐害行為タル得ルコト従来本院ノ判例トスル所ナリ」

最高裁もまたこの法理を確認した（【58】最判昭32・11・1民集11・12・1832〔根抵当権設定〕，【37・86】同昭35・4・26民集14・6・1046〔抵当権設定〕）。

【58】 最判昭32・11・1民集11・12・1832

判旨 「債務者が或る債権者のために根抵当権を設定するときは，当該債権者は，担保の目的物につき他の債権者に優先して，被担保債権の弁済を受け得られることになるので，それだけ他の債権者の共同担保は減少する。その結果債務者の残余の財産では，他の債権者に対し十分な弁済をなし得ないことになるときは，他の債権者は従前より不利益な地位に立つこととなり即ちその利益を害せられることになるので，債務者がこれを知りながら敢えて根抵当権を設定した場合は，他の債権者は民法424条の取消権を有するものと解するのを相当とする。」

なお，判例は，抵当権設定行為が詐害行為であるときは，抵当権が目的不動産の競売によって消滅しても，取消権は消滅しないという。その理由は，この場合にも取消権の行使を許せば抵当権を行使して得た金銭を債務者に復帰させて一般債権者の共同担保とすることができるが，もしこれを許さないとすると，

詐害行為をした抵当権者の優先弁済を認める結果となり不当だからという（大判大7・10・29民録24・2079）。

さらに判例は，AがYのために抵当権を設定し，その後両者の合意の上でYが債権の一部弁済を受けて抵当権を放棄したが，他の債権者Xが上記抵当権設定行為を詐害行為として取り消し，Yに弁済金の返還請求をした事例で，これを認めている。

【59】 大判大8・10・28民録25・1908

[判旨] 詐害行為の結果として生じた財産状態の変動がその後原状に復した場合には，「固ヨリ取消ノ訴ヲ許スベキモノニ非ズ。然レドモ詐害行為ノ直接ノ効果トシテ債務者ノ財産状態ニ変動ヲ生ジタルノ外，詐害行為ノ成立ヲ前提トシテ為シタル行為ニ因リ間接ニ財産状態ニ変動ヲ生ジタル場合ニ在ルハ，直接ノ効果タル財産状態ノ変動ガ既ニ他ノ事由ニ依リ回復セラレタルニ拘ラズ，間接ニ生ジタル財産状態ノ変動ヲ回復スル為メニハ詐害行為取消ノ必要ハ尚存スルモノトス。何トナレバ詐害行為ニシテ其効力ヲ保有スル限リハ其成立ヲ前提トシテ為シタル行為ニ因ル財産状態ノ変動ハ之ヲ正当ノ原因ニ基クモノト為サザル可ラザレバナリ。本件ニ於テ債務者AトYトノ間ニ為シタル抵当権設定行為ニ因リ生ジタル債務者財産状態ノ変動ガ単ニ其目的タル不動産ニ抵当権ノ負担セシムルニ止マリ他ニ抵当権ノ成立ヲ前提トスル行為ニ因リ債務者ノ財産状態ニ変動ヲ生ゼザリシナランニハ，其抵当権ハYノ抛棄ニ由リ既ニ消滅シタルヲ以テ最早抵当権設定行為ヲ取消スノ必要存セザレドモ，Yハ単純ニ抵当権ヲ抛棄シタルニ非ズ，其抛棄ニ対シ債務者ヨリ債務ノ一部400円ノ弁済ヲ受ケタルモノニシテ其弁済ハ抵当権ノ成立ヲ前提トシ其抛棄ニ原クモノナレバ，抵当権設定行為ニシテ詐害行為トシテ取消サルベキモノトスレバ，Yハ無効ナル抵当権ノ抛棄ニ因リ400円ノ弁済ヲ受ケタルモノニシテ法律上ノ原因ナクシテ利益ヲ受ケタルコトトナリ之ヲ債務者ニ返還セザル可ラザルヲ以テ，本件ノ場合ニ於テハ抵当権ガ他ノ事由ニ依リ消滅シタルニ拘ハラズ，債権者タルXハ抵当権設定行為ノ取消ノ訴ヘ其効力ヲ消滅セシムルノ必要アリ。何トナレバ之ヲ取消スニ非ザレバ抵当権ハ有効ナルヲ以テ，Yガ其抛棄ニ対シ弁済ヲ受ケタル400円ハ不当利得トナラズ，従テ其弁済ニ因リ生ジタル債務者財産ノ減少ハ之ヲ回復スルニ由ナケレバナリ。故ニ原判決ガYノ抛棄ニ由リ抵当権ノ消滅シタルニ拘ラズXノ請求ヲ容レテ抵当権設定行為ヲ取消シタルハ正当ニシテ論旨ハ何レモ理由ナシ」

この事例の場合には弁済の詐害性を主張する法的構成もありえようが，この構成自体にも議論があるところであるから，本件構成の方が実務的には無難といえようか。

他方で，判例は，弁済その他有用の資を新たに得るために自己の財産を担保にいれる行為については，詐害性を否定的に解している。たとえば，弁済資力を得る唯一の手段として漁船を売渡担保として出漁資金を調達した行為（【61】大判昭5・3・3新聞3123・9），弁済の目的をもって資金を借り入れ，その担保として抵当権を設定する行為（【60】大判昭6・4・18評論20民778，同昭10・3・30新聞3830・13など）などがそうである。

第2章　債権者取消権の成立要件

【60】　大判昭6・4・18評論20民778

判旨　「債務者ガ既存債務弁済ノ資金ニ充テンガ為メ必要範囲ニ於テ他ヨリ金員ヲ借入レ其ノ担保トシテ不動産ニ抵当権ヲ設定スルガ如キ場合モ，従来負担ナキ処ノ不動産ガ負担付トナリ其ノ結果他ノ債権者ハ害セラルルニ至ルコトナキニ非ズト雖モ之亦支配的権能ヲ有セザリシ債権ノ性質上已ムヲ得ザル処ニシテ該抵当権設定行為ハ債務者ニ於テ自己ノ財産ニ対シテ有スル処分権ヲ正当ニ行使シタルモノニ外ナラズト認ムベケレバ，特ニ他ノ債権者ヲ害スルノ意思ニ出デタル事情ナキ限リ詐害行為ヲ以テ目スベキモノニ非ザルベシ」

【61】　大判昭5・3・3新聞3123・9

事実　Xに注文建造した漁船の代金の支払い・出漁資金を得る為，この漁船を売渡担保にしてYから融資を受けたAが，造船代金の残債務を返済しなかったので，Xが売渡担保設定契約を詐害行為として取消を求めた事例

判旨　上記のような事実関係の下において「Aガ右漁船ヲ売渡担保ニ供シYヲシテ出漁資金ノ融通ヲ約セシメタルガ如キハ事業ノ運用上当然ノ手段ニ外ナラザレバ，特ニ反対ノ事情ノ存スルナキ限リ之ヲ以テ債権者ヲ詐害スル行為ナリト云フヲ得ザルノミナラズ，初ヨリ所要金額ノ確定セザル可キ事情アル本件ノ如キ場合ニ於テハ，金額ヲ一定セザル根抵当形式ニ依リタレバトテ該抵当権ニ依リテ担保セラルベキ債権ガ前示出漁資金ノ範囲ニ限定セラルルモノナル以上，金額ノ不定ヲ以テ直ニ必要ノ度ヲ超脱シタルモノト為スヲ得ザルハ勿論ナリトス。左レバ原判決ガ特別ノ事情ノ存スルコトヲ説示スルコトナクシテ直ニ本件売渡担保契約ヲ詐害行為ナリト認定シタルハ之ヲ是認ス可キ所以ヲ見出シ難キモノニシテ，原判決ハ此ノ点ニ於テ破毀ヲ免レザルモノトス」

　これらの判例は，弁済資金調達目的での不動産売却行為の詐害性を否定する判例法理と軌を一にするものである。前述したように，最高裁も，生計費および子女の教育費借用のための譲渡担保（【45】最判昭42・11・9民集21・9・2323），牛乳小売業継続のため合理的限度を超えない範囲で営業用動産等についてした譲渡担保（【46】最判昭44・12・19民集23・12・2518）につき詐害行為とならないとした。

　因みに，否認権の事例であるが，最高裁は，危殆状態にある会社が従業員の給料支払資金借入のため唯一の不動産を譲渡担保に供した事例において，対価的均衡性を考慮にいれずに否認権の行使を否定した原判決を破棄し，均衡性を欠く場合にはなお否認の対象となりうるとした（最判昭43・2・2民集22・2・85）。もっとも，清算義務を認めることとすると，対価的均衡性は問題とならなくなろう（林＝石田＝高木174）。

　(2)　学説には，まず，そもそも担保供与行為は新規債務のためと既存債務のためとを問わず，つねに詐害行為とならないとするものがある。前者については不動産の売却行為の場合と同様に考え，後者については，担保供与により他の債権者の共同担保がそれだけ減少することは明らかであるが，被担保債権額だけマイナスの数額も減少すること，また詐害行為取消権は平等の割合で弁済を受けるこ

とまで保障する制度ではないことを理由とする。つまり，弁済の詐害性と同様な考え方にたつ（我妻186・188）。また，弁済との同質性を強調し，弁済に不当性がない以上，その確保を目的とする担保権の設定行為も詐害性を欠くとしつつ，弁済確保に必要な限度を超える場合（たとえば動産の超過質入）に例外的に詐害性を有するとするもの（板木・前掲書415以下），あるいは，通謀的害意がある場合や，支払不能ないしは支払停止後になされた担保権設定行為などのように，破産法上の否認権の対象となるようなものについては債権者取消権の機能しうる余地を残すべきだとする見解（於保190）もある。

これに対し，多数説は，肯定説をとり，判例の立場を支持する。まず，弁済の詐害性を肯定するものはここでも当然に（加藤正治，中島，石坂），これを否定する立場をとっているものも，担保供与行為については原則として詐害性が認められるとするものが古くから多い（鳩山210，末弘25。その他，三潴，近藤＝柚木，鈴木118など）。既存債権者への担保供与は排他的弁済を運命づけるから，共同担保を減少し，債権者を害することを理由とする。これらの説も，弁済その他有用の資を得るための担保供与行為については，判例同様，詐害性を否定するが，その理論構成については，弁済目的での不動産売却行為の詐害性に関するそれとほぼ同じ議論があり，とくに最近の学説上議論が華々しく展開されていることは前述したとおりである。

(3) この問題について筆者はすでに次のような見解を表明していた（下森・前掲川島還暦論文のほか，「詐害行為取消権——譲渡担保設定行為の詐害行為性」判例演習講座・民法Ⅰ198）。まず，弁済と担保供与とを区別して考えることの是非につき，弁済の義務行為性およびそれが，債権者取消権制度がその準備手続的機能を営む強制執行制度の究極目標であることの故に，弁済は詐害性を原則として欠くか，あるいは極めて微弱であること，これに対しとくに既存債務への担保供与行為は義務行為でないのみならず，それは弁済の確保を目的とするものであって弁済そのものではないから，両者は一線を画すのが妥当であり，弁済よりは原則として詐害性が強いものとみてよい。そこで，他のファクターとの相関的検討の上で詐害行為となりうる余地が弁済より大とみてよい。かつ，この場合の判断基準として重要なのは，弁済の場合と同様，債権者間の平等をどう考えるかである。そして既存債務と新規債務のための担保供与行為とでは，詐害性の実質的判断基準を異にする面があるので，分けて考察すべきである。後者では，関係当事者間の利害関係の衝突を調整する判断基準は，債務者の財産管理の自由，経済的更生，受益者の取引安全保護を，責任秩序の維持（責任財産ないし共同担保の保全）にどの程度調和せしめるべきかであるのに対して，前者では，受益者（債権者の一人）の取引安全保護という問題よりはむしろ，また，債務者の経済的更生という問題は背後に退いて（既存債務のための担保供与だから債務者の手に入るものは何もない），債務者間の平等をどの程度図るべきかが判断の基準として重要だか

らである。弁済のところで述べたごとく，破産手続が容易に行われえないわが国の実状を踏まえて考えるとき，債権者取消権にある程度の簡易破産的機能を認めるかどうかの政策判断の問題である。近時の倒産立法の展開により破産手続きがかなり容易に行われるようになったが，基本的には未だ上記見解を改める必要を感じない。

先にあげた【46】最高裁昭和44年判決は，牛乳小売業者に対して生殺与奪の権をもつ仕入先の販売業者がその圧倒的地位を利用して小売業者の手許に残っている一切の財産を担保として提供させたものであったが，他面においてその行為には，小売業者の経済的更生を図り，新規に信用を供与するためのものという理由があったため，同判決は詐害性を否定した。この事案は，既存債務と新規債務のための担保供与が混合している事例であることおよび経済的更生の結果が失敗に終った現実を踏まえて考えるときは，その詐害性否定の結論は，他の小口の弱小債権者の保護との関係からみて，問題がなかったわけではない。すなわち，その債務者に対する圧倒的地位を利用して，危機におちいった債務者から（新規融資を口実としてなら当然，そうでなく，実際に融資をしたとしても）その一切の財産を担保としてとった大口の強力債権者と，担保もとらずに（あるいはとれずに）金銭を貸与し，あるいは商品を信用売りした小口の弱小債権者との間の公平をどうはかるかは，一つの問題であろう。先に代物弁済の場合に，支払不能に陥った債務者から，一部の債権者が他の債権者に先駆けて，暴力的に貸金債権の取立行為をしたときは，債務者との間に通謀的害意がなくとも，また，債務者に倫理的不当性がなくとも，債権者間の公平・平等をはかるために，不当な先駆けをした受益者たる債権者に対し，詐害行為取消を認めるべきであると述べたが，その考え方はここでも妥当する。そしてこのことは，物理的暴力行為に限らず，経済的に圧倒的優位な地位を利用した場合にも，同様であるといえまいか。判例はこれまでのところ，債務者の行為の倫理的不当性（通謀的害意）を主として問題とし，かかる発想はとっていないように思われるが，一つの検討課題として問題を提起しておきたい。

以上に対し，新規債務のための担保供与の場合には，債権者同士の争いとはいえ，債権者間の平等というよりはむしろ，無資力の債務者に新たに金銭を貸与しその財産を担保にとった者の金融取引安全の保護，あるいはまた，経済的更生や生活費の必要に迫られた無資力債務者の保護を，責任財産保全の要請にどの程度調和せしめるべきかが，問題のポイントである。無資力と知らずに取引関係に入った場合は主観的要件を欠く故，詐害行為とならないことに問題はないが，無資力と知りつつ担保をとって金銭を貸与した者の保護如何。危険を覚悟して貸与した者を保護する必要はないともいえるが，【45】最高裁昭和42年判決の事案のごとく，債務者の親族として，生計費や子女の教育費の貸与をせざるをえなかったような場合もある。しかし，そうだからといって，他の既存の無担保債権者とのバランスも考える必要があり，かかる局面では，受益者の取引安全保護の側面からの考

第4節 類型的考察——総合的相関的研究

察のみでは，問題の妥当な解決ははかれない。さらに，債務者保護の側面からの考察が加味さるべきである。すなわち，日々の生活費や子女の教育費に困って，唯一の財産を担保に供して金銭を借り入れることは，そのような目的での相当価格をもってする財産の売却行為の場合と同様に，それが合理的限度を超えないものであるかぎり，債務者の生存権尊重の価値に優位性を認めて詐害性を否定すべきである。つまり，無資力な債務者といえども，その程度の財産管理の自由は認められるべきであり，責任秩序維持の価値もそれには劣後するというべきである。その結果として受益者は保護されることとなる。したがって，このような目的での金銭借用，担保供与行為であったとしても，債務者がこれをその目的に使用せず，浪費してしまったとすると，債務者保護の理由はなくなり，その結果として，原則にもどり，受益者が保護されなくなったとしても，受益者に債務者無資力の認識があった以上，やむをえないことになると考える。経済的更生をはかるための新規債務への担保供与行為の場合もほぼ同様に考えうるが，この型の場合には，取消が問題となるのは更生に失敗した場合であり，また，新規信用供与者は多くの場合，従来からの取引先つまり既存債権者の一人であることが多いであろうから，混合型として，債権者間の平等への考慮も必要となる（前掲【46】最判昭44・12・19の事例参照）。

最近の学説上，このような考え方が次第にひろまり，受益者が債権者の一人か，債権者以外の第三者かによって詐害性の判断基準原理が異なることの認識，したがって両者を分けて考えることの必要性・妥当性の支持者が増え（たとえば，加藤一郎「詐害行為」新版判例演習民法〔昭57〕100，奥田・275・296以下），さらに，「従来は，弁済は詐害行為性がとぼしく，担保の提供は詐害行為性が強いというように見られていたが，考え方によっては，将来の弁済を確保するための担保の提供よりも，直接の弁済の方が現実に債務者の財産を減少させる程度が強いとも見ることができる」とし，弁済期到来の有無によって形式的に義務行為かどうかで判断するのは妥当でなく，不当な抜駈けであったというような「他の債権者に対する悪性」を判断基準として実質的に判断すべし，との見解も表明されている（加藤一郎・前掲論文99，なお，旧注民以降の判例学説の問題状況については飯原『訴訟』163以下が詳しい。その他淡路307，加藤〔雅〕259など）。現行破産否認権においては，担保供与行為の詐害性の判断基準が明確に規定されたこと，先に述べたところである。これを受けて，新債務の負担と同時にする担保提供について，新倒産法は画一的に否認の対象とならないとしたが，これは集団的清算手続を前提とするものだから，個別執行保全制度である詐害行為取消権の場合は，制度上平等主義の要請はあるとはいえ，さしあたりは取消権を行使している債権者と，債務者，受益者との関係を個別的に調整すれば足り，その判断基準としては，たとえば担保の提供を受けた受益者の取消債権者の被保全債権に対する優位性が認められる場合とか（租税，担保，給料の支払），債務者の保護必要性が認められる場合は（生

計＝民執131）は詐害性阻却事由となるとの見解が表明されている（飯原『訴訟』176）。

6　人的担保の負担

債務者が保証債務・連帯債務を負担したとき，保証債務は当然に，連帯債務についてはその負担部分を超える部分については保証債務と同様に，消極財産の増加になるから取消の対象となりうると解されるが（於保188。なお，板木・前掲書414参照），この点に関する最上級審判例は見当らない。詐害性判断の前提としての債務者の資力の判定にあたり，債務者が負担している保証債務を消極財産として算入することを認めたもの（大判昭4・3・14民集8・166），債務者が連帯債務を負っている場合，他の連帯債務者の財産の上に物的担保が設定されていることは債務者の連帯債務額の全額を消極財産に算入するにつき妨げとならないとしたもの（【30】大判昭20・8・30民集24・60）があるが，問題点を異にし，本問の直接の先例とはいえない。保証債務は，主たる債務者の資力が十分であれば，全額が求償権または弁済による代位によって填補されるから，保証債務を負担したというだけでは，共同担保を直ちに減少させたことにはならない場合もある。結局は，個々のケースごとに詐害性を判定するほかないが，その際，先にみた債務者の資力の算定上保証債務・連帯債務はどの限度で債務者の消極財産に算入されるかの基準に関する諸説が，ここでの判断の参考となろう（奥田・302）。もっとも，この見解に対しては，Aのために保証人となった債務者Sの主たる債務者（つまりA）の資力の有無を問わず，保証契約の締結自体が原則として詐害性を持つと考えるべきだとの主張がある。もっともこの説でも，人的担保の提供を受けた取消の相手方Yが，保証人となった債務者Sに対して保証債権の履行を求めないことが確実であることを立証すれば取消を免れる余地のあることは認める（飯原『訴訟』185）。このような事例としては，会社あるいは法人のサラリーマン社長に責任を持って経営に当たらせるために個人保証をさせたような場合が考えられるが，保証債権の履行を求めないことが確実であるという立証はなかなか困難であろう。個々のケースごとに詐害性を判定するとしても，実際問題としては，人的担保の提供はまず詐害行為取消の対象となろう。

第5節　要件論の今後の立法論的課題

以上で成立要件の解釈論をめぐる判例・学説の現状と問題点について，ひととおりの検討を終えた。後に残るのは，今後の立法論である。倒産否認権との関係において，債権者取消権の改正は如何になされるべきであろうか。

まず，現行民法は債権者取消権の対象たる債務者の行為を「法律行為」に限定しているが，ドイツ法のように「法律的行為」にまで拡張することの是非が検討されるべきであろ

第5節　要件論の今後の立法論的課題

う。一番重要な課題は，先の解釈論で検討した詐害行為成否の判断基準である。債務者の為した行為の客観的態様・主観的態様，さらには目的・動機の正当性と手段方法の妥当性，あるいは債務者の財産管理の自由ないし経済的更生の保護と取消債権者との利害関係の調整，受益者・転得者の取引安全の保護と取消債権者との利害関係の調整，受益者が債権者の一人である事例では債権者間の利害関係の調整を如何にはかるのが妥当あるいは公平か。これまでの判例・学説が，もろもろの事情を総合的・相関的に判断した上で結論を導出する努力を続けてきたことは先にみたところであるが，これらを踏まえて，より明確且つ妥当な判断基準をどのように立法化してゆくべきであろうか。近時なされた倒産否認権の改正はその一つの成果であり，否認権にならって，詐害行為を大きく①詐害行為，②偏頗行為，③無償行為の3類型に分けて，客観的要件・主観的要件を定め，さらに，一定の内部者となした行為，同時交換的取引行為（新規債務についての担保供与），あるいは集合動産・集合債権の譲渡担保設定行為などにつき特則を設け，主張・立証責任について，適切な振り分け規定を設けることは，倒産法との連携の点から見ても，一つの有用な方向性と思われる。これまでの判例が積み上げてきた，相関的・総合的判断基準を基にして，詐害行為の類型ごとの要件論を更にきめ細かに立法化することも考えうるが，法の簡明化の観点からすると，あまりにもきめ細かな類型化は煩雑且つ複雑であり，後日に適用上の問題を残すからでもある（いくら細かに規定してみたところで，全てを規定しきれるものではなく，実際上は，個別事例ごとの裁判官の具体的判断に委ねるほかない。また，予防法学的には，学説による判例法の体系的整理の継続的努力が重要である）。しかし，総括的清算型手続における破産否認，再生型手続きにおける否認，さらには個別的清算型手続きにおける債権者取消権の三者は，それぞれ法の保護目的が必ずしも一様ではないから，要件・効果を一律に決めえず，それが妥当でもないことはいうまでもない。また，現行倒産否認権は，実務界の要請を受けて，また債務者の再生・更生という大義名分の下に，相当価格をもってする財産の処分行為の否認あるいは不相当価格での代物弁済などの否認の場合について，その成立あるいは取消の範囲を限定したが（破161，160Ⅱ），そのことの当否，とくに，この結論を債権者取消権の場合にも取り入れることの当否については，不動産の流動化・証券化といった現代的取引類型についてはともかく，これまでのこの点についての債権者取消権における判例の積み上げてきた成果，それを支持した学説の動向から見て，慎重な検討が必要と思われる。現時点では，以上の問題の提起に止め，あとは今後の研究に委ねたい。

第3章　債権者取消権の行使

第1節　債権者取消権行使の方法

1　自己の名における裁判上の行使

(1)　債権者取消権は，債権者が債権者という資格において，したがって債権者が自己の名において裁判上行使すべきものであって，債権者代位権とは異なり，債務者の代理人として行使するものではない。というのは，債務者は取消権を有するものではなく，債権者のみが共同担保保全のために有するものだからである（於保196）。取消の対象は債務者の行為（債務者・受益者間の行為）であって，たとい転得者を被告とする場合でも，受益者・転得者間でなされた行為を取り消すのではない（→第1章第4節2(c)，松坂・総判民(7)142）。このように，取消は債権者が固有の権利として裁判上行うものであるが，取消の結果として生ずる受益者または転得者に対する財産の返還請求権の行使にあたって，誰が誰の権利

を行使するのかについては，取消権の法的性質の理解いかんによって異なる。形成権説によれば債務者がこれを有し，債権者がこれを代位行使することとなるが，請求権説によれば債権者が固有の権利としてこれを有することになる。折衷説の立場では，論理的にはどちらも成り立ちうるが，取消の効果につき相対効を認める理論によれば，債権者が固有の権利として返還請求権を有することになる（【62】大判大10・6・18民録27・1168，奥田・313。なお，返還請求権の内容については問題があり，後述する（→第3章第1節3）。取消の結果として取戻しを要しない責任説の立場では，この点は問題とならない（債権者が固有の権利として，被告に対し強制執行の忍容を求めることとなる）。もっとも，価格賠償の請求については取消債権者が固有の権利としてこれを有することになる。

【62】　大判大10・6・18民録27・1168

事実　Aから製薬権を譲り受けたYの先代Zは，その代金債務1,000円についてAに対する債権と相殺しないことを特約していたにも拘らず，その

後このの特約を解除し相殺した。その後，Aの債権者Xが，その相殺を詐害行為として取消を求め勝訴した。そこで，XがZの家督相続人Yを相手に直接売買代金1,000円の支払いを求めたところ，原審は詐害行為取消の勝訴判決を受けても，取消債権者は受益者に対して直接自己にその目的物を支払えと請求し得ないものとして，Xの請求を認めなかった。

判旨 破棄差戻。

　詐害行為取消権は責任財産の原状回復により責任財産の保全をはかるものであり，「而カモ其取消ノ効力ハ総債権者ノ利益ノ為メニ生ズルモノナルニ依リ，取消権者ハ詐害行為取消ノ効果トシテ受益者又ハ転得者ノ受ケタル利益又ハ財産ヲ自己独リ弁済ヲ受クル為メニ，直接之ガ請求ヲ為スコトヲ得ザルハ勿論ナルモ，他ノ債権者ト共ニ弁済ヲ受クルガ為メニ，受益者又ハ転得者ニ対シ其受ケタル利益又ハ財産ヲ自己ニ直接支払又ハ引渡ヲ為スコトヲ請求シ得ルモノト謂ハザルベカラズ。蓋シ詐害行為取消ノ効力ハ相対的ニシテ何人ニモ対抗シ得ベキ絶対的ノモノニアラザルニヨリ，詐害行為取消ノ裁判ハ独リ訴訟当事者タル債権者ト受益者又ハ転得者トノ間ニ於テノミ法律行為ヲ無効ナラシムルニ止リ，訴訟ニ関与セザル債務者ニ対シテハ法律行為ハ依然トシテ有効ニ存在スルガ故ニ，債務者ハ取消ノ裁判ニ基キ受益者又ハ転得者ニ対シテ此等ノ者ガ受ケタル利益又ハ財産ノ返還ヲ請求スルコトヲ得ザルハ勿論，取消債権者モ亦債務者ニ対スル自己ノ債権ニ関スル債務名義ニヨリ，受益者又ハ転得者ニ対シ其ノ受ケタル利益又ハ財産ヨリ弁済ヲ受クル為メ之ニ対シ執行ヲ為スコトヲ得ズ。果シテ然ラバ，取消債権者ハ詐害行為取消ノ裁判ヲ受クルモ到底其効果ヲ収ムルコトヲ得ザルガ如キ不合理ナル結果ヲ生ズルニ至レバナリ。」

　因みに，この判決に先立つ「相殺」の詐害行為取消を認めた判決については学説上疑問が出されている（柚木＝高木債総226）。詐害行為と目される行為は債務者のなした行為に限られるのに，本件相殺は詐害行為の相手方である受益者Yによってなされたものだからである。つまり，この事件で，もし，Aが製薬権をZに譲渡しその代金債権と自己のZに対する債務とを相殺したのであれば，一種の代物弁済行為であるから，前述したようにAの他の債権者Xの取消権の行使（売買行為あるいは相殺行為の取消）が認められることには問題がない。しかし，この事件は判決文からするとZからの相殺のように読めるからである。これに対しては，差戻し後の大判大11・6・22民集1・343をみると「相殺契約を合意解除した事案と思われる（相殺禁止契約を合意解除し，相殺の合意をしたの意か？）」との指摘がある（飯原『訴訟』147）。

　なお，この判決以前に，これと反対の趣旨の判例があった。

【63】 大判大6・3・31民録23・596

判旨 「詐害行為ノ取消権ガ其性質形成権ノ一種ニ属スルト否トヲ問ハズ，債務者ノ資産ヲ詐害以前ノ状態ニ回復シ債権者ノ一般担保ヲ確保シ，之ヲシテ債権者ノ正当ナル弁済ヲ得セシムルヲ以テ目的トスルコトハ毫末ノ疑ヲ容レズ。故ニ債権者ハ詐害行為取消ノ結果トシテ受益者又ハ転得者ノ受ケタル利益若クハ財産ヲ直接ニ自己ニ請求スルコトヲ得ザルハ勿論ナルモ，之ヲ債務者ノ資産ニ復帰セシムルコトヲ受益者又ハ転得者ニ対シ債務者ニ代位セズ自己ノ権利トシテ請求スルコトヲ得

ベシ。是レ亦一般ノ取消権ト異ナル所ナリ」

（2）債権者取消権の行使は必ず裁判所に請求してこれをなすこととされている（424 I 本文）。取消権行使の結果は第三者の利害に重大な影響を及ぼすから，裁判所をして取消権の要件を判断せしめるとともに，これを他の債権者に公示する必要があるからだ，とされる（於保197。古く同旨，石坂，勝本）。これに対し，民法の裁判規範性からみると，この規定には疑問があり，これは訴権法時代の遺物にすぎないとみる見解（川島67），さらにこの規定の趣旨は，取引安全保護のために法律関係の早期安定をはかることにあり，訴訟外の押問答にとどまらず，権利関係を一定期間内に裁判上確定させる手段までとらせようとするものであるから，取消は裁判外でもできるが，これに基づき発生する請求権その他の権利関係についてはその時効期間内に訴訟が係属しなければならないことを意味するとして，時効期間との関係でのみ意味を有するにとどまるとみる見解がある（兼子一・実体法と訴訟法〔昭32〕89）。

判例は，取消権の裁判上の行使は必ず訴えによることを要するものとし，抗弁の方法によることを許さない（大判明30・10・15民録3・9・58，最判昭39・6・12民集18・5・764。なお，最判昭54・4・6民集33・3・329参照。因みに【49】大判大5・11・22民録22・2281も先例としてよく引用されるが，この点の先例としては不適切である）。学説の多くはこれと同様に解しているようであるが，抗弁でもよいと解するものもある（加藤正治・破産法研究Ⅳ249・296）。近時の議論として，破産や会社更生の否認の場合に抗弁による方法も認められていることと対比して判例法理には疑問がないわけではないし，反訴ならよいが抗弁では駄目だとすることの積極的理由はあまり明確ではない。抗弁による方法にも便利さがあればこれを認めてもとくに不都合ではあるまいとするもの（飯原『研究』143。同「詐害行為取消権の行使方法」『詐害行為取消権・否認権の研究』（日本評論社，平元）169頁以下，同『訴訟』327以下は，判例・学説の問題状況を詳しく分析し肯定説を展開する），他方において，修正責任説の立場から，詐害行為取消権は形成の訴えでその効果は対世的効力（形成力）をもつものであるし，形成の訴えとみない場合でも責任説では取消の効果は責任法的無効として執行法上の効果を生じ，債務名義の機能拡大という効果を伴うから，裁判上の行使のみが許され，抗弁による行使は許されないとの主張がある（加藤〔雅〕，なお，淡路308もほぼ同旨）。一の検討課題である。

債権者取消の訴えの性質は，前述したごとく債権者取消権の法的性質をどう考えるかによって異なる。形成権説によれば形成の訴えであり，請求権説によれば給付の訴えである。また，判例のとる折衷説によれば，取消のみを求めるときは形成の訴え，取消かつ取戻しを求めるときは形成の訴えと給付の訴えとの合したものである。したがって，この場合にも判決主文において取消を命ずることを要する（【16・64】最判平12・3・9民集54・3・1013は，判決主文に詐害行為の取消を示さなかった原判決を違法として破棄している，なお，加藤〔雅〕227注10参照）。

第3章 債権者取消権の行使

【64】 最判平12・3・9民集54・3・1013（【16】）
破棄差戻

[事実] 離婚に伴う財産分与や慰謝料の支払いの効力が争われた本訴において，Xは，財産分与が通謀虚偽表示で無効，予備的に詐害行為として取消す旨主張した。原審判決は，不相当に過大な財産分与および慰謝料の支払いとして，本件贈与行為全体の詐害行為取消を認めたが，判決主文において本件合意を取消すことなく詐害行為取消の効果の発生を認めた。

[判旨]「さらに，職権をもって判断するに，被上告人の予備的請求につき，主文において本件合意を取り消すことなく詐害行為取消しの効果の発生を認め，本件配当表の変更の請求を認容すべきものとした原判決には，法令の解釈適用を誤った違法があり，この違法は原判決の結論に影響を及ぼすことが明らかであるから，原判決中被上告人の予備的請求に関する部分は，この点においても破棄を免れない。」

　責任説では，形成の訴えとなるが，責任関係実現のためにはそれと同時またはその後に強制執行忍容訴訟（責任訴訟＝給付訴訟）を提起する必要がある。また価格賠償の請求をするときは形成の訴えと給付の訴えになる（詳細→第1章第4節2(d)）。因みに，抗弁による取消権の行使を認めるときは，取消を判決主文で表示する必要はなく，攻撃防禦の方法として判決理由中に判示すれば足りる（なお，中野・民執286頁参照，また修正責任説の詳細については加藤〔雅〕234以下参照）。

2　訴えの原告と被告

(1)　詐害行為取消権は，債権者がその債権について詐害を受けたときに与えられるものであるから，その訴訟の原告は債権者でなければならないことはいうまでもない。被保全債権となりうる債権の種類については前述したとおりである（第2章第2節1。ドイツ法は，前述したように，被保全債権について債務名義を有し，かつ弁済期の到来を要件としているが，日本法にはこのような制約は無い。この他，原告の債権の存在が取消し請求の「先決問題」であること，債権が数個ある場合，債権者が数人ある場合，債権者代位訴訟による場合，債務者が倒産した場合等における実務上の問題点につき飯原『訴訟』336以下参照）。

(2)　取消権行使の相手方，すなわち，取消訴訟の被告は，取消権の法的性質やその行使の効力をどうみるかによって説が分れている（近時この問題につき実務的観点から詳しく検討したものとして，飯原『訴訟』341以下参照）。なお，会社法834（旧商法141）条は，持分会社の設立を詐害行為として取り消す場合には，債務者である社員と受益者である設立された会社の双方が被告になると規定している。

　取消訴訟の被告につき，形成権説によれば取消されるべき詐害行為の当事者（契約の場合は債務者および受益者。転得者は被告適格なし），単独行為の場合は債務者のみという〔以上，石坂説〕。もっとも，形成権説でも，単独行為の場合や転得者の被告適格についてはさら

に議論が分れていることについては，前述したとおりである（第1章第4節2(a)）。請求権説によれば財産返還請求の相手方となる受益者または転得者のみである。責任説も請求権説と同様である。

判例は，当初，債務者・受益者・転得者を共同被告とする固有必要的共同訴訟と解したが（大判明38・2・10民録11・150），前述した明治44年の連合部判決（前掲【1】大連判明44・3・24）以来，詐害行為の取消は相対的に効力を生ずるにすぎないことを理由として，被告は，常に財産返還請求の相手方，すなわち受益者または転得者のみであって，債務者を加えるべきではないと解している。そこで，債権者が受益者又は転得者から財産の回復またはこれに代わる価格賠償を求めるには，受益者又は転得者に対する関係において債務者のなした詐害行為の取消を請求することとなる（前掲【13】大判大5・3・30民録22・671）。

(a) もっとも，債務者は，利害関係者として受益者または転得者を補助するため，取消訴訟に参加することを許される【65・94】大判昭17・6・23民集21・716，小山・判民昭和17年度36事件評釈参照）。取消の効力が債務者に及ばないとしても，債務者は，手中の財産を取消権の行使によって失った受益者から不当利得返還請求を受けたりすることがあるからである（第4章第4節1）。

第1節　債権者取消権行使の方法

【65】　大判昭17・6・23民集21・716（【94】）

[事実] 本件に先立つ訴訟で，債権者Aはその債務者XがBになした不動産譲渡行為を詐害行為として取消訴訟を提起した。その後AからこのBが債権を譲り受けたYがこの訴訟に当事者参加し，Aは脱退した。他方XはBを補助するためにこの訴訟に補助参加し，上記債権を否認したが，Yが勝訴の確定判決を得た。そこで，Xが改めてYを相手に本訴を提起し，この債権は消滅時効により消滅したと主張し，債権不存在の確認を求めた。これに対してYは，Xは先の詐害行為訴訟に補助参加しているから，上記債権は，同訴訟においてXに対して行使されたというべきであり，消滅時効は中断されたと抗弁した。

[判旨] 「詐害行為ノ取消ヲ求ムル訴ハ債権者ガ自ラ原告ト為リ，悪意ノ受益者又ハ転得者ヲ被告トシテ債務者ノ行為ノ取消ヲ求ムベキモノニ属シ，債務者ハ該訴訟ニ於テ相手方タル適格ヲ有セザルモノナルコト当院ノ判例トスルトコロニシテ，債権者ハ該訴訟ニ於テ債権ノ存在ヲ主張スト雖モ，夫ハ単ニ詐害行為取消ノ先決問題タル関係ニ於テノミ之ヲ為スニ止マリ，債権者自ラ債務者ニ対シ裁判上ノ請求ヲ為スモノニ非ズ。此ノ理ハ債務者ガ被告タル受益者又ハ転得者ノ為ニ補助参加ヲ為シタル場合ニ於テモ何等異ナルトコロナシ。而シテ債権者ノ行為ヲ取消シ債務者ノ財産上ノ地位ヲシテ，其ノ行為ナカリシ以前ノ状態ニ復帰セシメントスルハ，固ヨリ債権者自己ノ債権ヲ保全セントスル意図ニ出ヅルコト勿論ナリト雖，此ノ場合ニ債権保全ノ意図アル故ヲ以テ，仮差押又ハ仮処分ガ時効中断ノ効力アルコトヲ規定シタル民法第147条ノ規定ヲ類推適用スルコトヲ得ザルハ言ヲ俟タザルノミナラズ，債権者ガ債権者ナルコトヲ原因トシテ行為スル場合ヲ以テ総テ債権ノ行使ナリト解シ，消滅時効中断ノ効力アルモノト為スニ

於テハ，債権者ガ債権ヲ譲渡シタル場合ニ於テモ債務者ニ対シ時効中断ノ効力ヲ生ズルモノト為サザルベカラザルニ至ラム。而カモ債権者ガ債務者ヲ被告トシテ給付又ハ積極的確認ノ訴ヲ提起シタル場合，若クハ債務者ヨリ提起セラレタル債務不存在確認ノ訴ニ於テ被告タル債権者ガ債権ノ存在ヲ主張シタル場合ト詐害行為取消ノ訴トハ訴訟ノ目的物ヲ異ニスルガ故ニ，給付又ハ確認ノ訴ニヨリ時効中断ノ効力アルコトヲ類推シテ，詐害行為取消ノ訴ノ提起ニ因リテモ消滅時効中断ノ効力アルモノト為スハ中ラズ」

　なお，債権者は詐害行為取消の訴えに併合して，債務者に対する債権の給付を求めることも許される（飯原『研究』156，同『訴訟』348以下，東京地判昭31・6・28下民7・6・1649参照）。前述のように判例は，債権者が受益者に対して詐害行為取消の訴えを提起したのみでは，債務者に対する債権の消滅時効を中断させる効力を有しないとするが（**【65・94】**大判昭17・6・23，同旨**【93】**最判昭37・10・12民集16・10・2130），両訴を併合提起すればかかる不利益はなくなる（なお，詐害行為取消訴訟の提起と被保全債権の消滅時効の中断の関係については，飯原『研究』445以下参照）。

　また，判決確定後，直ちに強制執行により満足を受けうる点でも，債権者にとってこの方法は利益がある。他方，併合提起は，債務者が訴訟に加わることで債権の存否や取消権の成否について積極的に攻撃防禦の方法を尽させることができる点で受益者や転得者にとっても有利である（飯原『訴訟』350がこのメリットを強調する）。

(b)　判例は，債務免除のような単独行為を取り消す場合にも，債務免除によって利益を受けた受益者のみを相手方とする（**【66】**大判大9・6・3民録26・808）。取消の相対効をその理由とする。

【66】　大判大9・6・3民録26・808

事実　YのAに対する債務をAが免除したので，Aの債権者XがこのYを詐害行為としてYを相手に取消を訴求。Yは，債務の免除は債権者の一方的意思表示によって効力を生ずるだけでなく，給付と目される行為はないので，Aを被告とすべきであり，詐害行為の当事者でなく，かつなんら受益者または転得者でない自分を相手とすべきではないと主張した。

判旨　「民法第424条ハ取消ヲ請求シ得ベキ法律行為ガ給付行為タル場合ノミニ限ラザルガ故ニ，給付行為ニ非ザル法律行為ト雖モ同条ノ規定ニ従ヒ取消ヲ請求スルコトヲ得ルモノトス。而シテ其取消ハ絶対的取消ニ非ズシテ悪意ノ受益者又ハ転得者ニ対スル関係ニ於テノミ相対的ニ無効ナラシムル為メノモノナレバ，之ガ請求権ハ悪意ノ受益者又ハ転得者ニ対シテ行フベク，債務者ニ対シテ行フベキモノニ非ザルコト本院判例（明治44年(オ)第273号同年10月19日言渡）ニ示ス所ナリ。Yハ本訴請求ノ目的タル法律行為即チ債務免除ニ依リ利益ヲ受ケタルモノニシテ所謂受益者ニ外ナラザレバ，XガYヲ相手方トシ該行為ノ取消ヲ請求シ原院ガ其請求ヲ認容シタルハ正当ニシテ毫モ不法ニアラズ」

　取消の相対効を説く判例理論を支持する学説もこの点は意見が分れ，判例と同様に解するもの（松坂・総判民(7)218）と，債務免除の

場合は純粋な形成訴訟であって受益者になんらの行為をも求めるものではないから債務者のみを被告となすべきもの（末弘93注46）という見解がある。相対効理論からすれば，判例の結論が正当であろう。

(c) 受益者・転得者ともに悪意のときは，債権者はその選択により転得者を被告としてこれに対する関係において詐害行為を取消し，これから財産の返還を請求することもできれば，受益者を被告として，この者に対する関係において詐害行為を取消し，この者から財産の返還に代えて損害の賠償を請求することもできる（前掲【1】大連判明44・3・24，大判大6・3・31民録23・396）。しかし，直接に転得者から財産を返還させるには，転得者を被告とすべきであって，単に受益者のみを被告とする訴訟において予め転得者の悪意を断定し，受益者に対して財産の回復を命じてもその目的を達しえない。この点につき次のような判例がある。

【67】 大判大9・5・29民録26・776（【28】）

事実 不動産がAからYに譲渡され，Yがその上にZのために抵当権を設定し，Bが競落した後，XがAY間の行為の取消を求めた事例で，原審は，Yのみを相手とする訴訟であったにもかかわらず，Z・Bの悪意を認定してYに対して移転登記の抹消を命じた。

判旨 「民法第424条ノ詐害行為取消ノ訴ニ於テ債務者受益者共ニ悪意ナルモ転得者ガ其転得ノ当時善意ナルトキハ債権者ハ債務者ト受益者間ノ法律行為ヲ取消サシメ其結果転得者ニ対シテ直接財産ノ回復ヲ求ムルハ不可能ナルヲ以テ，之ニ代ヘテ受益者ヲシテ損害ヲ賠償セシメ得ルニ止マル。又債務者受益者転得者共ニ悪意ナルトキハ，債権者ノ任意ニ法律行為ヲ取消サシムル結果，転得者ニ対シテ直接財産ノ回復ヲ求メ得ベク，又ハ受益者ニ対シテ財産ノ回復ニ代ヘテ損害ヲ賠償セシメ得ベシト雖モ，詐害行為取消ノ効果ハ相対的ニシテ訴訟当事者間ニ於テノミ発生スルモノナレバ，債権者ガ転得者ニ対シテ財産回復ノ目的ヲ達センニハ転得者ヲモ訴訟ノ相手方トシ，転得ノ当時善意ナラザリシコトヲ確定シ，之ニ対シ財産ノ回復ヲ命ズルコトヲ要シ，単ニ受益者ノミヲ相手方トスル訴訟ニ於テ予メ転得者ノ悪意ナルコトヲ縦令証拠ニ依ルトハ云ヘ断定シ，受益者ニ対シテ財産ノ回復ヲ命ズルモ到底其目的ヲ達スルニ由ナキモノトス。本訴176筆ノ不動産ハYニ於テXガ詐害セラレタリト主張スル売買行為ニ因リ債務者Aヨリ買受ケタル後抵当権ヲ設定シ，其実行ニ基キテ競売セラレ現ニ競落人ノ所有ニ帰シ居ル事実ナレバ，Yト債務者間ノ売買ヲ詐害行為トシテ取消シ該不動産ヲ原状ニ回復センニハ，Yニ対シ所有権移転登記ノ抹消ヲ命ズルヲ以テ足レリトセズ，転得者タル抵当権者及ビ競落人ヲモ訴訟ノ相手方トシ其転得ノ当時悪意ナリシコトヲ確定シタル上，其各登記ノ抹消ヲ命ズルコトヲ要ス。但シ上述ノ如クXニ於テYニ対シ右売買行為ノ取消及ビ財産ノ直接回復ニ代ヘテ損害賠償ヲ求ムル妨トナラズ。然ルニ原院ガ受益者タルYノミヲ相手方トシ転得者タル抵当権者及ビ競落人ヲ相手方トセザル本訴ニ於テ，其抵当権者及競落人ヲ共ニ悪意ノ転得者ナリト認メ，Yニ対シ前示不動産ノ所有権移転登記ノ抹消登記手続ヲ命ジタルハ法則ヲ不当ニ適用シタル不法アル判決ニシテ破毀スベキモノトス」

また，A→Y間の不動産譲渡行為の取消訴訟中にYがZへ転売し，移転登記をしてし

まった事例において，債権者Xはもはやyに対し移転登記の抹消を求めえないとした判例もある（大判昭7・9・15民集11・1841）。この場合にもXとしてはさらにZを共同被告として訴求しなければ原状回復を求めえないこととなる）。なお，悪意の転得者Zを相手に取消訴訟を提起した場合，物の引渡はともかく，登記の抹消については，Zのみを相手とする訴訟では，YZ間の移転登記の抹消は可能であるが，AY間の移転登記の抹消は不可能だから原状回復の目的を達しえない。この場合Yを共同被告としてAY間の移転登記の抹消をも求めることはもちろん可能であるが，その方法によらなくとも，Zに対し抹消登記に代えてZからAへの移転登記を求めることで原状回復を実現する便法が認められている（たとえば，仙台高判昭29・12・28下民5・12・2146。なお，【85】最判昭40・9・17訟務月報11・10・1457，裁判集80.341参照）。

(d) 受益者が悪意で転得者が善意のときは，債権者は受益者を被告として取消訴訟を提起し，原状回復に代る損害賠償の請求をすることができ，あるいは転得者に影響を及ぼさない限度で財産の返還を請求することができる。例えば，受益者が債務者から譲り受けた不動産の上に抵当権を設定した場合において，その抵当権を存在せしめても債務者と受益者間の不動産譲渡行為の効力を債権者との関係で消滅せしめるだけで債権者の取消の目的を達することを得る場合には，債権者は転得者たる抵当権者に対し抵当権設定の取消を請求しえなくても，受益者に対して右不動産の譲渡行為の取消を請求しうる。

【68】 大判大6・10・3民録23・1383

事実 Aが不動産をYに譲渡し，Yがその上にZのため抵当権を設定し，登記を完了した事案において，Aの債権者XがAY間の売買契約の取消を求めた事例。原判決は，AY間の売買契約を取り消し，その登記を抹消するとZの抵当権が消滅するので，Xはまず転得者であるZに対して抵当権設定の取り消しを求めるべきだとした。

判旨 詐害行為取消の効果は相対効であるから，「受益者ガ債務者ヨリ譲受ケタル不動産ノ上ニ他人ノ為メニ抵当権ヲ設定シタル場合ニ於テ，其抵当権ヲ存在セシムルモ債務者ト受益者間ノ不動産譲渡行為ノ効力ヲ債権者トノ関係ニ於テ消滅セシムルノミニテ債権者ノ取消ノ目的ヲ達スルコトヲ得ル場合，即チ其不動産ヲ抵当権附ノ儘債務者ニ復帰セシムルモ債権者ノ債権ノ担保ヲ確保スルコトヲ得ル場合，若クハ債権者ガ抵当権附不動産ノ復帰ヲ以テ満足スル場合ニ於テハ、債権者ハ転得者タル抵当権者ニ対シ抵当権設定ノ取消ヲ請求セザルモ，受益者ニ対シ右不動産ノ譲渡行為ノ取消ヲ請求スルコトヲ得ルモノト謂ハザルヲ得ズ。何トナレバ此場合ニ於テハ抵当権ノ存在ハ債権者ノ利害ニ影響ヲ及ボサザルヲ以テナリ。」

この場合，移転登記の抹消は抵当権者の承諾なき限り不可能であるから（不登68），抹消登記に代えて受益者から債務者への移転登記を命ずることで処理することになろうが，理論的には若干問題が残る（下森・前掲志林57巻3＝4号213参照。詳細は→第4章第2節2(2)）。登記名義の回復を要しない責任説では

この点は問題が生じない。なお，受益者が当該不動産上に第三者のために右不動産の価格を上回る被担保債権額について抵当権を設定している場合には，特段の事情がないかぎり，売却行為を取り消し，所有権取得登記の抹消を受益者に請求することは許されないとの判例がある（後掲【84】最判昭39・7・10民集18・6・1078）。転得者である抵当権者が善意である限り，前述のようにいずれにせよ移転登記の抹消は許されず，問題となるのは受益者から債務者への移転登記による登記名義の回復である。しかし，名義を回復してみたところで，被担保債権額が不動産の価格を上回る限り責任財産の回復にならないから無意味である。もっとも，この場合，不動産売却行為の取消までが許されぬものと解すべきではない。詐害行為の要件を充している限り，取消を認めた上で現物での原状回復が無意味である以上移転登記の抹消に代る価格賠償で決着をつけるべきである（昭和39年判決の事案では，原告は受益者に対し価格賠償の請求をすべきであったといえよう。安部正三・最高裁判例解説昭和39年度315，玉田弘毅・民商52巻3号391，飯原『研究』191）。

(e) 受益者が善意で転得者が悪意，または善意の転得者からの転々得者が悪意の場合については，学説上見解が分れている。この問題は法典調査会でもいろいろ議論のあったところである（民法議事速記録〔商事法務版〕3巻116以下，土方質問を契機とする応答参照。なお，飯原『訴訟』120がこれを紹介している）。学説上，受益者が善意である以上詐害行為が成立しないから，転得者に対して取消の訴えを提起しえないとする説もあるが（いわゆる絶対的構成説。川島70，勝本・中(3)406・408，山中121，有泉・判民昭和8年度74事件評釈，鈴木〔禄〕127，安達123など），債権者取消権の性質に関し，財産の取戻しに重点をおく判例理論から推せば，悪意の転得者から財産の返還を請求しうることになるであろうとするものが有力であった（相対的構成説。梅85，我妻199，奥田314，内田316，近江163，潮見170，淡路300，飯原『訴訟』122，加藤〔雅〕243など）。判例は，受益者が悪意，転得者が善意，転々得者が悪意の事例で，転々得者を相手とする取消訴訟において，「受益者又は転得者から転得した者が悪意であるときは，たとえその前者が善意であっても債権者の追及を免れることができない」という（最判昭49・12・12裁判集民113・523，金法743・31）。

この判例が，受益者善意，転得者悪意の場合にも先例として機能するかは若干問題があるが（取消の対象となる詐害行為は転得者または転々得者を相手とする場合でも常に債務者・受益者間の行為であるから，受益者は常に悪意であることを要すると解する余地も残されている），この方向に一歩近づいたものと評価できよう。もっとも，相対的構成をとるときは，善意の受益者または転得者は，取消権の行使を受けた悪意の転得者または転々得者から追奪担保責任を追及されるおそれがあって不都合ではないかの疑問がある（法典調査会でも取消訴訟を必要的共同訴訟と解すべきかどうかの点と関連してこの点が問題とされた。前掲民法議事速記録参照）。

これに対して，追奪担保責任（民561）の本質は債務不履行責任（ただし無過失責任）であり，売主に権利自体ないし処分権が存しなかったために買主に権利を取得させることができなかった場合の責任であり，ここで問題としている場合のように受益者善意のゆえに受益者が完全なる権利を取得し，かつこれを権限に基づき転得者に移転したときは，受益者の債務は完全に履行されたのであって，転得者が債権者からの返還請求により権利を奪われたのは，もっぱら転得者の事情によることであって，前主たる受益者の無権利（ないし無権限）のゆえではない。したがって担保責任は生じないとの見解がある（奥田314）。当面の問題を肯定的に解する立場をとる以上，善意の受益者に対する悪意の転得者からの追奪担保の追及は許されないとするのが正当といえよう（同旨近江147，内田（貴）316）。問題は，相対的構成をとる場合，受益者が善意であるにもかかわらず，なぜ詐害行為が成立すると説明しうるかであるが（転得者を相手とする場合でも，取消の対象となる詐害行為は債務者・受益者間の行為である故），この点について奥田説は，取消権は債務者の行為について客観・主観の両要件を充足することで発生し，ただその行使につき相手方（受益者または転得者）との関係で，相手方善意のときにのみ制限を受ける（相手方の悪意は取消権の成立要件ではなく，相手方の善意は取消権行使の阻止事由であると見る考え方→第2章第3節2(4)参照），と解すればよいと説明する（同旨飯原『訴訟』122）。そして，取消の効果を絶対的と解するならば，取引の安全が著しく害されるから，受益者が善意である以上，転得者が悪意でも取消は認められえないが，判例理論のごとく相対的無効と解する立場では，債権者と転得者との関係でのみ否定されるにすぎないから，受益者にも，また転得者からの特定承継人にも何ら影響を及ぼさず，取引安全の保護に欠けることにはならないという。

　なお，「転得者」の範囲については，受益者からの直接の転得者に限り，転得者からの転得者は含まれぬと解すべきではなかろうかとする（奥田315）。後者の点では，昭和49年判決と結論を異にすることになる（因みに我妻190は，転得者からの転得者も「転得者」だとしている）。思うに，実際問題としては，間に善意者が介在している場合には，転得者や転々得者の悪意が認定されうる場合は極めて少ないであろう。主観的害意性の高い例外的な場合にそれが認められるように思われる。そうだとすると，直接の転得者に限定せず，転々得者もまた転得者として，場合によっては取消の相手方となりうるとしておいても不当とはいえまい（昭和49年判決の事案は必ずしも明確ではないが，転々得者が受益者の親権者であった事例のようである）。

3　取消訴訟の競合の可否

　一人の債権者が取消訴訟を提起したとき，他の債権者は重ねて別訴で同一の受益者または転得者を被告として同一行為の取消訴訟を提起しうるか。別訴が提起されたとき裁判所はどのように扱うべきであろうか。否認権の場合にはそれは破産管財人に専属するからこ

のような問題は生じない。取消権の場合は各債権者がそれぞれに固有の取消権を有すると考えるほかなく、別訴が係属するときは併合審理をするなど事実上の判断の統一ははかりえても、訴訟物は複数あり、判決は各取消権者ごとに独立して下されるべきものと考えるほかないであろうとの見解がある（奥田316）。ただし、ある債権者が相手方から逸出財産またはその価格の回復を終了した場合には、他の債権者はもはや取消権を行使する余地はない。最初の債権者が取消権を行使した結果は、他の債権者の利益のためにも効力を生ずるから（425）、後の債権者は配当要求によってのみ満足を受けることとなる（飯原『研究』149，同『訴訟』337）。

4 取消訴訟と債務者の破産

(1) 詐害行為取消訴訟の係属中に債務者につき破産手続きが開始された場合は、その訴訟手続は受継または破産手続の開始に至るまで中断され（破45Ⅰ，旧破86Ⅰ），この場合には破産管財人がこの訴訟を受け継ぐことができるし，受継の申立ては相手方もすることができる（同Ⅱ，旧破86Ⅱにつき大判昭3・5・11民集7・337）。なお，以下に述べる旧法の解釈論は，現行法のもとでも妥当すると思われる。すなわち，個々の債権者が詐害行為取消権によって保全しようとする利益と，破産管財人が否認権によって果そうとする目的とは異なるものがあるから，管財人は訴訟の承継を強制されることなく，あらためて否認の訴えを提起してもよい（兼子・民事法研究104，飯原『研究』150，福岡高判昭31・3・19高民9・4・220参照）。詐害行為後に債務者が破産宣告を受け，破産管財人が否認権を有するに至れば（旧破72①・76，現行法160以下，173Ⅰ），破産債権者各自は新たに詐害行為取消訴訟を提起することができなくなるし（大判昭4・10・23民集8・787），破産管財人もこれによることはできない（大判昭12・7・9民集16・1145，飯原『訴訟』339）。破産法上の否認権と424条の取消権とは，破産宣告の有無の点を除けば，その成立要件，権利行使の目的および効果を同じくするものであるから，管財人に否認権が生じた以上は，破産債権者各自はもはや個別執行を前提とする債権者取消権を行使する権能を有しないと解さざるをえないからである（前掲大判昭4・10・23，奥田・316，飯原『研究』150，松坂・総判民(7)224）。

(2) 詐害行為取消訴訟継続中に債務者が破産免責を受けた場合には、取消債権権者の債権は、訴えをもって履行を請求しその強制的実現を図ることができなくなったものであり、取消権行使の前提を欠くことになるから、もはや取消権の行使は認められない（前掲【12】最判平9・2・25裁判集民181・509，判タ944号116頁，金法1518号38頁，判批・酒井一・民商117巻6号900頁）。

強制執行の準備手続きとしての債権者取消権制度の趣旨からすれば当然の結論であり、後は総括執行手続きたる破産法上の否認権の行使にゆだねられるべき問題であろう。もっとも、この判示は一見明快な論理であるが、詐害行為取消権行使の実態およびわが国のこの制度が強制執行制度との連結を欠いている

こと，さらには破産免責の効果をどう捉えるかの問題とも絡み，この判決には疑問の余地があるとの見解がある（佐藤鉄男「破産免責と詐害行為取消権」白川古稀記念『民事紛争をめぐる法的諸問題』〔平11〕，593頁以下，なお，責任財産保全に対する債権者の権利行使機会の保障につき，実体法と手続法とを関連付けて本判決を検討した場合の理論的課題を指摘したものとして潮見・本件判批，金法1524号22頁以下がある）。

5 第三者異議の訴えと債権者取消訴訟の関係

ある債権者Aがその債務者Bの財産を差し押え，または抵当権実行を申立て競売開始決定を得たところ，Bより贈与契約によりその財産を譲り受けていた第三者Cが，所有権に基づき第三者異議の訴えを提起して差押の排除または競売の不許を求めた。これに対しAが，反訴によりBC間の財産譲渡行為を詐害行為として取消訴訟を起した場合，両訴訟の関係はどうなるか。判例は，詐害行為の成否が第三者異議の訴えの異議事由の存否に関する判断の先決問題となる場合において，本訴および反訴が同一の裁判所において審理された結果，詐害行為取消権が存すると判断され，前記Cの所有権取得が否定されるべきことが裁判所に明らかな場合においては，本訴である第三者異議訴訟は排斥を免れないという。

【69】 最判昭40・3・26民集19・2・508（新堂幸司・法協82巻6号〔昭41〕865）

事実 YがAに対する金銭債権の強制執行として動産（畳建具）を差し押さえたところ，Xがこの動産は自己がAから贈与を受けたものとして第三者異議の訴えを提起した。これに対して，Yから上記贈与契約は詐害行為に当たるとして反訴が提起され，両訴訟は同一の裁判所で審理された。

判旨 贈与契約が詐害行為にあたるとしてその取消を命ずる判決がなされても，この判決が確定しない限り，Xが所有権を喪失するものでないことは明らかである。しかし，「本件におけるごとく，贈与契約により右動産所有権を取得したことを前提とするXからの本訴第三者異議訴訟の繋属中に，右契約が詐害行為に該当することを理由として右契約の取消を求める反訴がYから提起され，右本訴および反訴が同一の裁判所において同時に審理された結果，口頭弁論終結当時の状態において，Yに詐害行為取消権が存すると判断され，Xの本件動産所有権取得が否定されるべきことが裁判所に明らかな場合においては，X主張の前記所有権は民訴法549条の異議理由に該当しないものと解するのが相当である。」

もっとも，そのような場合でも，両訴が別訴として提起され，その弁論も併合されず，それぞれ別個の判決がなされるときは，詐害行為の成立を理由として，第三者異議の訴えを棄却することは許されないものとする。

【70】 最判昭43・11・15民集22・12・2659（新堂幸司・法協87巻4号〔昭45〕87）

事実 Xは，Aから土地の譲渡を受け，まず仮登

記，ついで7ヵ月後に本登記を受けたが，この間にYが本件土地上に抵当権設定登記を得て，その実行を申立て，競売開始決定がなされた。そこで，Xが本登記を受けた上Yに対し第三者異議の訴えを提起。これに対してYが同一裁判所に別訴で反訴を提起し，AX間の上記土地売買が詐害行為にあたるとして，その取消を求めた。Xは，両訴とも第2審で敗訴した（同一裁判所でその弁論も併合されることなく同一期日にそれぞれ別個の判決がなされた）。X上告し，先決的関係にある詐害行為取消訴訟の判決の確定をまたずして，第三者異議訴訟の判決をすることはできないと主張した。

判旨 「詐害行為の成否が第三者異議の異議事由の存否に関する判断の先決問題となる場合であっても，両者が本訴および反訴の関係にあって，同一の裁判所において併合審理され，その結果，詐害行為取消権が存すると判断され，異議事由たる所有権の取得が否定されるべきことが裁判所に明らかなときは，本訴である第三者異議訴訟は排斥を免れないとすることは，当裁判所の判例とするところである（当裁判所昭和34年(オ)第99号，同40年3月26日第二小法廷判決，民集19巻2号508頁）。しかしながら，第三者異議の訴えと詐害行為取消しの訴えとが別訴として提起され，その弁論も併合されず，それぞれ別個の判決がなされる場合は，これと同列に論ずることはできない。」しかも本件においては，原審が別訴の詐害行為取消訴訟においてくだしたY勝訴の判決は違法として破棄されたことは当裁判所に顕著な事実であるから，原判決は破棄を免れない。

6 被保全債権の時効の援用

取消訴訟の相手方たる受益者または転得者は，詐害された債権の時効を援用しうるかにつき，かつての判例は，相手方の得る利益は時効の直接の効果でないことを理由としてこれを否定していた（後掲【99】大判昭3・11・8民集7・980，新井英夫・判民昭和3年度93事件評釈。なお，後掲【100】最判昭45・1・23判時588・71参照）。しかし，学説の多くは，債権者取消権は，債権の効力が債務者以外の者に及ぶ例外的場合であって，受益者は債権の一般担保である財産の返還を請求される相手方であるから，債権の存否について直接の利害関係を有するものであり，時効の援用を認めるべし，という（我妻・民法総則448，我妻208，勝本・中(3)430，松坂・総判民(7)225ほか）。その後，最高裁は先例を変更して援用を認めた。

【71】 最判平10・6・22民集52・4・1195（佐藤岩昭・平成10年度重判58）

事実 Aに対して連帯保証債務履行請求権と立替払い求償債権を有していたXが，AがY（Aの内縁の妻）になした不動産の贈与契約を詐害行為として取消を訴求したところ，Yが，両債権はともに消滅時効により消滅したと主張した。原審は詐害行為の成立を肯定した上で，詐害行為の受益者に過ぎないYは消滅時効を援用しえないとした。

判旨 破棄差戻。
「民法145条所定の当事者として消滅時効を援用し得る者は，権利の消滅により直接利益を受ける者に限定されるところ（最高裁平成2年(オ)第742号同4年3月19日第一小法廷判決・民集46巻3号222頁参照），詐害行為の受益者は，詐害行為取消権行使の直接の相手方とされている上，これが行使されると債権者との間で詐害行為が取り消され，同行為によって得ていた利益を失う関係にあり，その反面，詐害行為取消権を行使する債権者の債権が消滅すれば右の利益喪失を免れることができ

る地位にあるから，右債権者の債権の消滅によって直接利益を受ける者に当たり，右債権について消滅時効を援用することができるものと解するのが相当である。これと見解を異にする大審院の判例（大審院昭和3年(オ)第901号同年11月8日判決・民集7巻980頁）は，変更すべきものである。」（なお，本件ではXが債務者の承認による時効の中断等の再抗弁を主張しているので，破棄差し戻しの判決がなされた。）

受益者に時効の援用権を認めたこの理は，転得者にも妥当しよう（潮見・87）。消滅時効の援用権者の範囲を拡大する近時の最高裁判例の動向にも沿う判決である（なお，消滅時効の中断につき飯原『訴訟』447, 467参照）。

第2節　債権者取消権行使の範囲

1　被保全債権額との関係

債権者取消権の行使は，代位権と異なり取引の安全に与える影響が大きいので，取消の範囲は責任財産保全のために必要かつ十分な範囲に限定されることが望ましい。とくに，判例・通説の立場では，取消の効果をもって相対的無効と解しつつも，取戻しの方法については逸出財産の債務者のもとへの現実の取戻しを許すので，絶対的取消の結果とほとんど差異がない。そこで相手方に与える影響を考慮して，詐害行為の一部を取り消すことによって債権保全の目的が達成されるような場合にはその範囲を超えた取消を許さない（【72】大判明36・12・7民録9・1339他多数）。

【72】　大判明36・12・7民録9・1339

〔事実〕　AがBに対して有する1,900余円の債権をYに譲渡した行為の詐害性が争われ，Xがこの債権の一部1,000余円につき取消を訴求し，原審がこれを忍容。Yより上告し，一部取消は不当だと主張した。

〔判旨〕　「民法第424条ニ於テ債権者ニ対シ債務者ノ為シタル詐害行為ノ取消ヲ許シタルハ債権者ノ受ク可キ損害ヲ救済スルニ在レバ，場合如何行為ノ何タルヲ問ハズ債務者ノ為シタル行為全部ヲ取消シ全ク行為ノアラザル最初ノ状態ニ復セシムルモノニ非ズ。故ニ債務者ノ為シタル詐害ニシテ債権者ノ為メ損害ト為ル可キハ其全部ニアラズシテ一部ニ止マルトキハ，債権者ヨリ見レバ其全部ノ行為ヲ取消ス可キ必要ナク，又債権者ヲ害スル行為ヲ為シタル債務者ノ相手方ニ付テ云ヘバ，其行為ノ目的ニシテ分割スルコトヲ得ルモノナルトキ，取消サレタル他ノ部分ニ付キ行為ヲ存続セシムル方利益ヲ有スルニ於テハ之ヲ存続セシメテ可ナル可ク，若シ又其目的ガ縦令分割スルコトヲ得可キモノナルモ其一部分分割セラレタルガ為メ他ノ部分ニ付キ行為ヲ存続スルコトヲ欲セザルニ於テハ之ヲ解除シテ可ナル可ケレバ，行為ノ目的ニシテ本件ノ如ク分割スルコトヲ得ル場合ニ於テハ其全部ヲ取消サズシテ其一部ヲ取消スコトヲ得ルハ当然ナリ」

この場合次に問題となるのは，民法425条が取消の効果は総債権者のために生ずるもの

第2節　債権者取消権行使の範囲

としていることとの関係で，保全さるべき債権は債務者に対する「総債権」か，それとも「取消債権者の債権」か，ということである。債権者取消権は，総債権者に対する平等弁済の実現を任務とする否認権と異なり，破産外における個別的強制執行の前提として，個々の債権のためにその責任財産を増加することを目的とするものであるから，保全さるべき債権は，取消債権者の債権とみるべきであり，425条は，単に消極的に，取消の結果復帰した財産については，取消債権者といえども優先弁済権を有するものではないことを明らかにしたにとどまるものとみるべきである。かくて，判例は，取消の範囲につき，原則として，取消債権者の債権額を標準として取消を許している。そして，取消債権者の債権額は詐害行為当時の債権額を標準とし，当該行為以後判決に至るまでの間において発生した債権額はこれに加算しない（**【5】** 大判大6·1·22民録23·8）。

そこで，判例は，遅延利息についても，これは債務不履行によって新たに成立する債務であるから，詐害行為以後に発生する遅延利息債務は，取消の範囲を定めるにあたってこれに加算されないものとした（大判大7·4·17民録24·703）。これに賛成する学説もあったが（我妻192），反対説も有力であった（松坂·総判民(7)225。遅延利息は元本債権の当然の拡張であるから疑問という。同旨，於保199）。しかし，昭和35年に，最高裁は，遅延損害金が詐害行為取消権の被保全債権に入るとした原判決を維持した（**【37·86】**最判昭35·4·26民集14·6·1046）。これにより，実質的に先例変更がなされたも

のとの指摘があったが（三淵·昭35最判解説(民)162），この判決ではこの争点は論旨で取り上げておられず，判示事項，判決要旨にも挙げられていなかったため，判例変更があったとの理解は示されず，学説は従前の立場を維持していた（林＝石田＝高木188（石田），旧注民⑩841（下森），奥田317など）。このような状況下で，最判平8·2·8（判タ906·237）は，前記**【37·86】**最高裁昭和35年判決を引用して肯定説に変更されていることを明示した（これに先立ち最判平元·4·13金法1228·34も，本税が詐害行為前に成立していた場合には，詐害行為後に成立した延滞税も被保全債権に入るとした原審判断を維持している。なお，飯原『訴訟』417，421参照）。

【73】　最判平8·2·8判タ906·237，判時1563·112

事実　Aがその子Yに農地を贈与した行為の詐害行為取消が認められた事例で，債権者Xの被保全債権は元本2,352万円余，これに詐害行為後に発生した約定遅延利息1,414万円余が取消の範囲に含まれるかが問題となり，原審はこれを肯定した。Yより上告。

判旨　「詐害行為取消権によって保全される債権の額には，詐害行為後に発生した遅延損害金も含まれるものと解するのが相当である（最高裁昭和32年(オ)第362号同35年4月26日第三小法廷判決·民集14巻6号1046頁参照）。したがって，右と同旨の見解に立ってXのYに対する本件詐害行為取消請求の一部を認容した原審の判断は，正当として是認することができ，これに所論の違法はない。」

第3章　債権者取消権の行使

2　他に多数の債権者がいる場合

　被保全債権は詐害行為当時に取消債権者が有していた債権である，ということから直ちに，取消の範囲もまた上記の債権額に限られるべきだということには当然にはならない。取消債権者に優先弁済権を認めていないわが民法の下では，他の一般債権者の配当加入をも考慮して取消の範囲を検討しなければ，取消債権者の債権保全に欠けるおそれがあるからである。そこで判例は，単に他にも債権者が多数あるということだけでは取消債権者の債権額を超える取消権の行使は認められないが（【74】大判大9・12・24民録26・2024），債権保全の必要があるならば，あるいは他の債権者が配当加入を申し出ることが明らかであるならば，取消債権者は自己の債権額を超えて取消権を行使しうる，という（【75】大判大5・12・6民録22・2370，同昭7・12・6新聞3504・4）。

【74】　大判大9・12・24民録26・2024

　[事実]　Aに対して230円余の債権を有するXが，AからY，YからBへの不動産の譲渡行為の詐害性を争い，受益者Yを相手として，当該譲渡不動産（数筆）の返還に代わる価格賠償として5,000円の支払いを訴求した事例。

　[判旨]　「民法第424条ニ於テ債権者ニ対シ債務者ノ為シタル詐害行為ヲ取消ス権利ヲ与ヘタル所以ノモノハ該行為ニ因リテ生ジタル債権者ノ損害ヲ救済スルニ在ルモノトス。従テ其行為ノ目的ガ可分ナル場合ニ於テハ常ニ必ズシモ行為全部ヲ取消スベキモノニアラズ。債権者ノ損害ヲ救済スル為メニ必要ナル限度ニ於テノミ其行為ヲ取消シ得ルモノト解セザルベカラズ。然レバ金銭債権ヲ有スル者ハ原則トシテ自己ノ債権額ヲ超越シテ取消権ヲ行使スルコトヲ得ズ，唯其損害ヲ救済スル為メ必要存スル場合ニ於テノミ其債権額ヲ超ヘテ取消権ヲ行使スルコトヲ得ルニ過ギザルモノトス。是従来本院判例ノ認ムル所ナリ（明治42年(オ)第83号同年6月8日判決，大正5年(オ)第833号同年12月6日判決参照）。然ルニ本件ニ付キ原院ノ確定シタル事実ニ依レバ，債権者タルXノ有スル請求金額ハ元金230円及ビ之ニ対スル大正4年2月6日以後ノ金1円ニ付キ1ケ月1銭2厘ノ割合ノ利息ナルニ拘ラズ，債務者タル訴外Aノ為シタル本件詐害行為全部ヲ取消シ該行為ノ目的タル財産ノ回復ニ代ヘ之ガ賠償トシテ金5,000円ノ支払ヲ求ムルモノナリトス。然レバXハ自己ノ債権額ヲ超越シテ本件詐害行為ノ取消権ヲ行使シタルモノナレバ前示ノ理由ニ依リ不法ト謂ハザルヲ得ズ。尤モ原判決理由中ニハ債務者Aニ対シ当時債権ヲ有スル者ハX以外ニモ尚ホ存シ其額少カラザルコトヲ説明シアルモ，元来詐害行為取消ノ効果タルヤ相対的ニシテ，訴訟当事者タル債権者ト受益者又ハ転得者トノ間ニ於テノミ取消ノ効力ヲ生ジ，訴訟当事者ニアラザル債務者ニ対シテハ法律行為ハ有効ニ存スルモノニシテ，債務者ハ取消ノ効力トシテ受益者又ハ転得者ニ対シ財産ノ回復又ハ之ニ代ハル賠償ノ請求権ヲ取得スルモノニアラズ。故ニ受益者又ハ転得者ハ債権者ニ対スル関係ニ於テノミ債務者ノ財産トシテ詐害行為ノ目的タル財産ヲ返還シ又ハ之ニ代ハル賠償ヲ為スベク，又債権者ハ之ヲ債務者ノ財産ニ帰シタルモノト看做シテ直チニ自己ノ債権ノ弁済ニ充ツルコトヲ得ルモノトス（大正7年(オ)第1041号大正8年4月11日判決参照）。然レバ詐害行為取消ハ総債権者ノ利益ノ為メニ其効力ヲ生ズルモノナルコト勿論ナルモ，右ノ如ク単ニ他ニ少ナカラザル債権者アリト謂フ説明ノミニテハ未ダ本件詐害行為ノ取消ニ付キ債

権者ノ損害ヲ救済スル為メ其債権額ヲ越エテ取消権ヲ与フル必要存スル事由ヲ説明シタルモノト解スルコトヲ得ザルモノトス」

【75】 大判大5・12・6民録22・2370

[事実] AはXに対して500円，Yに対して300円の債務を負担していたが，他に資力がないにも拘らず，その所有の宅地（540余円）と住宅（150余円）の上にYのために抵当権を設定した。そこで，Xがこの抵当権設定行為の取消とその登記の抹消を訴求した事例。

[判旨]「詐害行為取消権ハ債権者ノ債権ヲ害スベキ法律行為ヲ廃罷シ以テ其債権ヲ保全スルコトヲ期スルモノナルガ故ニ，債権者ハ故ナク自己ノ債権ノ数額ヲ超越シテ取消権ヲ行使スルコトヲ得ズト雖モ，是レ唯其ノ債権ヲ保全スルニ必要ナラザル場合ニ云フノミ。若シ夫レ其債権ヲ保全スルノ必要存スル場合ニ於テハ其債権ノ数額ヲ越ヘテ取消権ヲ行使スルモ毫モ妨グル所ニ非ズ。原判決ノ認メタル事実ニヨレバ，訴外債務者Aニ対シXノ有スル債権額ハ金500余円又Yノ有スル債権額ハ金300円ニシテ，債務者A唯一ノ財産タル本件住宅並ニ宅地ノ価格ハ金700円ナルヲ以テ住宅並ニ地所ノ両者ヲ以テスルモ尚債権全部ノ弁済ヲ為スニ足ラザルヤ明カナリ。而シテ本訴ハY並ニAニ於テ他ノ債権者ヲ詐害スルガ為メ右300円ノ債権ニ対シテ為シタル抵当権ノ設定行為ヲ取消シ且其登記抹消ノ請求ヲ為スモノナルガ故ニ，若シY所論ノ如ク価格540余円ヲ有スルニ過ギザル宅地ニ対スル抵当権設定行為ノミヲ取消スモ，Xハ之ニ依リ自己ノ債権額500余円ノ弁済ヲ受クルコト能ハザルヤ明カナリ。何トナレバY ノ債権額300円ハ価額150余円ニ過ギザル住宅ノミニ依リ其全部ノ弁済ヲ受クルコト能ハザルハ勿論ナルガ故ニ，Yハ宅地ニ対シテモ亦債権ノ執行ヲ求ムベキハ当然ニシテ，Xハ本件宅地並ニ住宅ノ両者ニ対スル抵当権設定行為ヲ取消スニ非ズンバ到底自己ノ債権全部ノ弁済ヲ得ルコト能ハザルハ算数上明白ナルヲ以テナリ。然レバ則チ原判決ニ於テXノ債権額500余円ヲ保全スルガ為メ価額700円ヲ有スル本件地所及ビ家屋ノ抵当権設定行為ヲ取消シタルハ固ヨリ相当ニシテ所論ノ如クXノ債権ヲ保全スルノ程度ヲ超越シタルモノト謂フコトヲ得ザルモノトス」

これを支持する学説は多数ある（柚木＝高木222，勝本・中(3)427，松坂・総判民(7)228など）。この問題と関連して，民法425条にいう総債権者には，詐害行為以後に債権を取得した債権者も含まれるかの問題があり，これを肯定するときは，取消の範囲についても影響が生ずるが，この点は後述する（第4章第5節4）。また，他に債権者がある場合においても，他の債権者と按分比例によって取得しうべき額に制限されるものではなく，取消債権者の被保全債権全額を基準として取り消しうる。

【76】 大判昭8・2・3民集12・175

[事実] Aに対して2万1千余円の債権を有し，A所有の不動産の上に抵当権の設定を受けていたYが，この不動産を時価より2万円安い5万4千余円で買い受けた。そこで，Aに対し9千余円の債権を有するXがYに対し詐害行為取消訴訟を提起し，その被保全債権額9千余円の範囲で上記不動産売買を取り消し，9千余円の支払いを求めた。原審は詐害行為の成立を認め，被保全債権額の範囲での取消を認容したが，他にも債権者が多数あるから，その按分して取得できる金額を限度とし

て賠償を得ることができるものとして，3千余円についてのみ賠償を認めた。

[判旨] 財産返還の「請求ノ範囲ハ詐害行為ノ取消ニ因リ受益者又ハ転得者ガ返還スルコトヲ要スル財産又ハ利益ノ全部ニ及ブモノニシテ，他ノ債権者ト平等ノ割合ヲ以テ之ガ請求ヲ為シ得ルニ過ギザルモノニ非ザルナリ。蓋詐害行為ノ取消ハ総債権者ノ利益ノ為ニ其効力ヲ生ズルヲ以テ，特定ノ債権者ハ優先権ナキ限リ平等ノ割合ヲ以テ此ノ利益ヨリ弁済ヲ受クルコトヲ得ルニ止マルモノナリト雖，夫ハ一般債権者ガ詐害行為ノ取消ノ結果ニ付平等ノ割合ヲ以テ弁済ヲ受クベキ法律上ノ手続ヲ執ルコトヲ得ベク，斯ル手続ニ出デタル場合ニハ平等ノ割合ヲ以テ弁済ヲ受クルコトヲ得ルコトヲ意味スルモノニシテ，決シテ詐害行為取消権ヲ行使シタル債権者ガ他ノ債権者ト平等ノ割合ヲ以テ受益者又ハ転得者ニ対シ其ノ受ケタル利益又ハ財産ノ返還ヲ請求シ得ルコトヲ意味スルモノニ非ザルナリ。或ハ詐害行為取消権ヲ行使シタル債権者ヲシテ取消ニ係ル全部ノ利益又ハ財産ヲ請求シ得ルト為サンカ其ノ債権者ガ之ヲ独占壟断スルノ虞ナキニ非ズト雖，此ノ如キハ破産手続ノ場合ニ於テノミ之ヲ防止シ得ルニ止マリ，其ノ他ノ場合例ヘバ強制執行ノ場合等ニ於テモ，他ノ一般債権者ガ平等ノ弁済ヲ受クルガ為法律上ノ手続ニ出デザル限リ常ニ同様ノ虞ナキニ非ザルヲ以テ，此ノ点ニ於テモ毫モ詐害行為取消権者ノ請求ヲ制限スルノ理由ナシ。従テ詐害行為取消権ヲ行使シタル債権者ハ他ノ債権者ト平等ノ割合ニ於テノミ其ノ請求ヲ為シ得ルモノト解スルハ，詐害行為取消ノ効力ガ総債権者ノ利益ニ帰スルコトト詐害行為取消権者ノ請求ノ範囲トヲ混同シタル見解ニシテ，他ノ一般債権者ガ平等ノ割合ヲ以テ弁済ヲ受クベキ法律上ノ手続ヲ講ゼズ又其ノ手段ヲ講ズル意思アリヤ否不明ナルニ拘ラズ，之ヲ調査探知シタル後ニ非ザレバ其ノ請求ヲ為スコトヲ得ザルニ至ルベク，斯クテハ詐害行為取消権ヲ行使シタル債権

者ノ保護極メテ薄キヲ以テ，到底斯ル解釈ヲ容ルルノ余地ナキモノト謂ハザルベカラズ」(判民16事件我妻。同旨，大判昭16・2・10民集20・79)。

なお，一般に，他の債権者の存在は配当加入を推定させるから，取消債権者は他の債権者の存在およびその債権の額を主張・立証すれば足り，配当加入しないという事情は被告が挙証すべきだとされる(上田徹一郎「債権者取消権」『新版・民法演習3』134，なお，飯原『訴訟』370参照)。

取消の結果として取戻しを必要としない責任説では，詐害行為全体の取消を許すので，上記の点は取消の範囲としては問題とならず，執行忍容訴訟における忍容の範囲の問題として問題となる(下森・前掲谷口還暦論文181)。

3　目的物が不可分の場合

後述するように，判例は，取消の効果として，現物返還の原則に忠実な態度をとる。そこで問題となるのが，取消の範囲と目的物の性質ないし価格との関係である。たとえば，判例は，数筆の土地の売却が詐害行為となる場合，その全部を取り消さなくとも取消債権者の債権を保全することができるときはその債権額の範囲内で筆数を限定し，目的の土地を特定しなければならないとする(大判大7・5・18民録24・993。債権譲渡の事例につき**【72】**大判明36・12・7民録9・1339)。

しかし，詐害行為の目的物が不可分物(例えば1棟の建物の贈与や売買)の場合には，取消債権者は，被保全債権を超える額であって

も，詐害行為の全部を取り消すことができるものとする。

【77】 最判昭30・10・11民集9・11・1626

[事実] 合計70万円の債務を負う夫がその唯一の財産である時価54万円の建物1棟を妻に贈与し，これに対して45万円の債権を有する者が取消を訴求した事案。

[判旨] 「民法424条に依る債権者の取消権は，債権者の債権を保全するためその債権を害すべき債務者の法律行為を取消す権利であるから，債権者は故なく自己の債権の数額を超過して取消権を行使することを得ないことは論を待たないが，債務者のなした行為の目的物が不可分のものであるときは，たとえその価額が債権額を超過する場合であつても行為の全部について取消し得べきことは，すでに大審院判決の示したとおりである。（明治36年12月7日大審院判決，民録9巻1345頁，大正7年5月18日同判決，民録24巻995頁，大正5年12月6日同判決，民録22巻2373頁，大正9年12月24日同判決，民録26巻2024頁各参照）。」

この判例理論は有力学説によっても承認されていたが（我妻192，柚木＝高木223），他方，学説中には，この結果は，債権者の損害を救済するに必要な限度にとどめられるべき取消権の趣旨からみて不当であるとし，債権者は一部取消の限度において，財産の回復に代え価格の賠償を請求すべきである，と主張するものがある（松坂130）。ところが，その後，前掲最大判昭36・7・19（【4・27】民集15・7・1875）は，10万円以上の価値のある家屋を8万円の抵当債権の代物弁済としたことが詐害行為と

第2節 債権者取消権行使の範囲

なるかが争われた事件において，抵当債権額を超過する部分についてのみ取消を許し，そして，目的物が本件のように不可分物の場合には，取消債権者は取戻しの方法として価格賠償の請求しか許されない，とした。この判旨には補足意見があり，多数意見は従来の一部取消に関する判例理論と調和しないとし，一部取消の場合でも目的物が不可分物の場合には全部取消を認めて原状回復をすべきであり，特別事情のない限り価格賠償を命ずべきではないが，本件では，転得者のみが被告とされている関係上，取消の効果が受益者には及ばないので受益者の抵当権まで原状に回復することが不可能であり，無担保のままで債務者の下に復帰させることは債務者および債権者を不当に利する結果になって不都合なので，価格賠償の請求が許されるにとどまるとみるべきだとした。

その後，第三者が抵当債務を引き受けてその債務を完済した後に，この求償債権につき，当該抵当不動産の代物弁済を受けた事案（抵当権者への代物弁済と同類型，この後この不動産上に善意の第三者のために抵当権が設定された）につき，この大法廷判決は踏襲された（最判昭40・10・15裁判集民80・791）。この判決にも補足意見があり，この場合には，抵当債権者が家屋の代物弁済を受け抵当権登記を抹消したうえ，第三者に対し抵当権の設定登記をしているから，抵当債権を復活させ，抵当権登記を回復させるすることが不可能故，価格賠償の請求のみが許されることとなるという。

先の【77】昭和30年判決の事案は，不可分物である目的物件の価格より取消債権者の債

権額が少額であるための一部取消であるのに対し（多数の場合は全部取消が可能），【4】の大法廷判決の事案は，優先権を有する抵当権者への抵当物件での代物弁済の詐害性が争われ，抵当債権額を超える部分についてのみの一部取消が認められたのであって，取消権の一部不成立の事案なので，若干事案の性質を異にする面がある（債権額の多少にかかわらず取り消せない）。学説は，多数意見を支持する者（板木・民商46巻2号，松坂131）と，補足意見を支持する者（我妻198，柚木・判評41号）とに分れる。また，【4】昭和36年大法廷判決は，目的物が不可分物であるときでも債権額の範囲の一部取消にとどむべきであり，この場合には一部取消の限度においてその価格の賠償を請求するほかない，と解することに見解を改めたものとの評価がある（於保200，松坂131）。しかし，一部取消の場合と一部不成立の場合とでは若干事の性質が異なるから，両者は分けて検討する必要がある（詳細は→第3章第2節4）。

4　詐害行為が部分的にのみ成立する場合

(1)　たとえば，債務者の財産状態が，積極財産1,000万円，負債800万円であるとき，債務者が第三者に金500万円を贈与した場合には，右贈与契約を300万円の限度で取り消し，受贈者に300万円の返還を請求することになる，との見解がある（奥田318，なお，平井第2版295も同旨か）。この見解は，贈与により弁済に不足を生じた額を損害とみ，その不足

額300万円についてのみ詐害行為が成立し，その範囲で取消が成立するとの見解なのであろうか。そうだとすると疑問である。取消権行使のときに，残額500万円が常に確実に残っているわけではなく，また，不相当な価格での不動産売却行為の詐害性について，差額の範囲で取消権が成立するものとは一般には考えられていないのである。また，かかる考え方では相当価格での不動産売却行為の詐害性を肯定する考え方は成り立ちえないこととなろう（奥田287，平井286は共に詐害性を肯定しているはずである）。無資力な債務者による無償贈与は常に取消権を成立せしめ，取消債権者の被保全債権額が500万円以上の場合には全部取消が許さるべきであり，それ以下たとえば300万円の場合に，取戻しの目的物が可分物（金銭）であるが故に，当該債権額に取消の範囲が限定されることになるのである。目的物が動産や不動産の場合も同じことであり，判例・通説の立場では，被保全債権額の如何と取戻しの目的物が可分か不可分かで取消の範囲が決まることとなる。この問題につき，近時，次のような注目すべき判例が現れている。

【78】　**最判平17・11・8民集59・9・2333，判タ1198・104**（中西正・平成17年度重判146）

事実　本件は根抵当権設定行為の詐害性と取消の範囲，取戻の方法が問題となった事例であるが，本件詐害行為取消（否認）の対象である根抵当権設定行為がなされた当時，A（更生）会社の積極財産は主として294筆のゴルフ場敷地および3棟の建物施設等の約326億円余，消極財産は，預託

金返還債務等の一般債務132億円余であったところ，A会社は親会社であるY_1会社のために，その債権者Y_2に対して根抵当権を設定したことによって6億円余の債務及び責任超過に陥った。そこでX（預託金返還債権者等）がこの根抵当権設定行為を詐害行為として取消を訴求した（後に否認権の行使に移行，そこで当初の詐害行為取消訴訟は会社更生法上の否認訴訟に移行した）。なお，この不動産はバブル経済の崩壊により大幅に値下がりし，被保全債権額（109億円余）以下に下落した。

第1審判決（東京地判平15・9・29判タ1181・140）は，行為の詐害性を認定した上，上記債務超過額6億円を超えてもっとも評価額の小さい1筆の土地についてのみ否認権の行使を容認し，根抵当登記の抹消を命じた。これに対し原審判決は，これを破棄し，旧会社更生法78条1項1号（以下1号否認権という）および90条1項1号に基づき，根抵当権設定行為の全部につき否認権の行使を容認した（東京高判平16・10・13判タ1181・132，判評小林秀之判タ1182・122，和泉寿亀銀法21，655・32他）。Yは，1号否認権と民法424条の詐害行為取消権とは制度趣旨を同じくするものであり，会社更生法上の否認権の行使は必要な限度で行使すればよく，本件不動産は可分であり，更生会社の消極財産が積極財産を超過することになった限度で一部否認しても不都合はないと主張したが（ここには上記奥田説の影響が見られる），原審判決は，会社更生法上の否認権は更正手続きを円滑に遂行するために，多数の利害関係人の利害を公平に調節するものであるから，民法の詐害行為取消権とは異なった観点からの考慮が必要であること，本件根抵当権設定契約はAのYに対する債務の担保のために締結された（無償否認行為に類する）もので，その全体がYの債権者をして完全な弁済をうけることができなくなる状態におくものであること，また有機的一体としてのゴルフ場を目的としていることなどから，その全体について否認権の行使

を認めるのが適正な更正手続きの遂行に適うものとした。Y側より上告。

判旨　「（一）（旧会社更生法78条1項）1号否認権は，更生手続が開始されたことを前提に，裁判所により選任され，更生会社の総財産についての管理権を有する管財人が，旧会社更生法78条1項1号に該当する行為により逸出した更生会社の一般財産を原状に回復させ，更生債権者等に対する弁済原資を確保するとともに，更生会社の事業の維持更生を図る目的の下に，その職責上行使するものであって，一般の債権者が民法424条に基づき個別的に自らの再建の確保を図るために詐害行為取消権を行使する場合の取消債権者の債権額のような限界は存在しないこと，（二）更生債権及び更生担保権については，届出，調査の期日における調査，確定の訴え等の旧会社更生法所定の手続によって確定すべきものとされている（旧会社更生法127条，126条，135条，147条等）し，届出期間内に届出をしなかった更生債権者及び更生担保権者であっても，更生手続に参加することが一切できなくなるわけではなく，期間後の届出が許される場合もある（同法127条，138条等）上，更生会社に属する一切の価額等については，財産評定等の旧会社更生法所定の手続によって確定すべきものとされている（同法177条等）ので，管財人が1号否認権を行使する時点では，更生債権，更生担保権，更生会社に属する財産の価額等がすべて確定しているわけではないことに照らすと，管財人が1号否認権を行使する場合には，旧会社更生法78条1項1号に該当する行為の目的物が複数で可分であったとしても，目的物すべてに否認の効果が及ぶと解するのが相当である。」

この判決は，直接には，1号否認権と詐害行為取消権との差異に力点をおいて，複数の可分物でも全部否認が許されるとしたものであるが，「取消権者の債権額のような限界は

存しないこと」と述べていることからすると，詐害行為取消権行使の範囲について取消債権者の被保全債権額を原則とする従来の判例法理の上に立っているものであって，第1審判決のように，取消の範囲につき，債務・責任超過額の範囲での取消を認める立場を認容しているるものではないことが伺えよう。

　因みに，現行破産否認権においては，前述したように詐害行為否認と偏頗行為否認とを基本的に区別する立場から，偏頗行為，すなわち担保の供与および債務の消滅行為は詐害行為否認の対象とならないこととした（160 I 柱書かっこ書）。もっとも支払停止発生前の支払不能状態における偏頗行為をも対象として取り込むことによって（162 I ①），旧法下において判例が債務消滅行為についても故意否認を認めていた実質を考慮している（伊藤・前掲書384頁参照）。ただし，債務消滅行為であっても，対価的均衡を欠く目的物による代物弁済などは，その超過部分に関する限りで詐害行為としての性格を持つとして，当該行為の為された時期に応じてなお詐害行為否認を認めている（160 II）。そこでたとえば，債務額が100万円で代物弁済の目的物の価格が150万円の場合は，超過部分50万円の範囲で詐害性が認められ，その限度で否認が成立することになる（一部成立による一部否認あるいは全部成立なれど一部否認）。この規定の考え方は，偏頗行為に限定してのものである。対価的均衡を欠く財産処分行為の詐害行為否認については，一部成立による一部否認（あるいは全部成立なれど一部否認）の考え方をとらず（全部成立による全部否認），また相当価格による財産処分行為については，161条の特別規定で，否認の成立要件を厳密に絞り込む方法で詐害性を限定的に肯定する政策を採用した。この新立法の否認権の考え方は，詐害行為取消権に関する従来の確定判例および近時の学説の流れとは異なるものであり，両制度の接近化を図るべきか，それとも制度目的の差異に立脚して，従来どおりの政策を維持すべきか，民法改正の今後の動向が注目される（本件訴訟につき，筆者は，X側から意見書の執筆をを求められたので，原裁判所に意見書を提出した。下森「債権者取消権をめぐる近時の動向（②日本法）——破産否認権制度改正の債権者取消権制度に与える影響——」成蹊法学66号（2008年）所収。本最高裁判決の先例的意義およびこの問題に関する新立法の否認権と債権者取消権の関係に関する立法論的課題についての詳細はこの論文参照）。

　(2)　次に問題となるのは，抵当権が設定されている不動産が譲渡あるいは代物弁済された場合のような，詐害行為取消権の明確な一部不成立の場合である。抵当権の付着している不動産の譲渡あるいは代物弁済が詐害行為となる場合の取消権成立（あるいは取消）の範囲および原状回復の方法は難解である。譲渡の相手方（受益者）が抵当権者か（以下代物弁済型という），そうでない第三者か（以下第三者譲渡型という），取消訴訟の被告が受益者か転得者か，被告が1人か複数か，詐害行為の後に抵当権が混同あるいは弁済により消滅し登記が抹消されているかどうか，さらには共同抵当かそうでない単独の不動産上の抵当

権か，あるいは目的物が可分物か不可分物かといった要素の組み合わせ如何により結論が異なるからである。特に判例通説のとる相対的無効説・原状回復原則主義において，判例の結論を論理一貫的に説明しようとすると，なかなか困難である。判例法には，その史的変遷の過程において若干の混乱ないし変更が見られるが，現時点において判例が到達している結論を整理しておくと，大要次のとおりである（判例法の史的変遷過程の詳細については，注民旧版844以下，その後の判例法については，私法判例リマークス創刊号〔平11〕69，及びジュリスト・重判解77〔平4〕，下森解説参照，この2つの論稿で旧注民の分析視角を少し変更した）。

(a) まず，目的不動産が抵当権者に譲渡された場合（代物弁済型，売買契約の形式をとり，代金と債務が相殺された場合も含む），一般に抵当権は混同によって消滅し，登記も抹消されている。この場合現物回復を認めることは可能であるが，すでに抵当権の登記が抹消されているので，無担保の不動産として回復を認める結果になると元来共同担保の目的となっていなかった部分まで回復を認めることになり，ときに債権者および債務者を不当に利することになる。そこで判例は，かかる場合には一部取消・価格賠償の請求のみを認め，判例が責任財産回復の原則としている原状回復（【82】大判昭9・11・30民集13・2191等）を認めていない。すなわち，大判明44・11・20（民録17・715，共同抵当，抵当権消滅・登記抹消済み事例，被告は受益者），【4・27】最大判昭36・7・19（民集15・7・1875，一棟の建物上の単独抵当，抵当権消滅・登記抹消済み，被告は転得者），最判昭40・10・15（裁判集民80・791，建物とその敷地の上の共同抵当，抵当権消滅・登記抹消済み，受益者がその後新たにこの不動産上に抵当権を設定，被告は受益者）がそれである。なお，目的物が2筆の土地のような可分の場合，取消しの範囲内で，且つ被保全債権を満足させるに必要な範囲内で，一方の土地のみの無担保現物回復を許すことも考えられないではないが，大審院はこれを否定している（前掲大判明44・11・20）。

今後に残された問題として，この類型のもとでも，転得者がまだあらわれていない事例の場合には，全部取消を認め抵当権を復活させて現物の返還を命ずべきだという我妻説の問題提起をどう受けとめるか，の問題がある。債権者取消権制度の趣旨からして原状回復主義が妥当だとした場合には，我妻説の問題提起に応えるべきであろう（奥田・320も我妻説を支持する）。

(b) つぎに，目的不動産が抵当権者以外の者に譲渡された事案（第三者譲渡型）において，抵当権が詐害行為後も消滅せず，抵当権設定登記が残っている事例においては，最高裁は抵当権付での原状回復を命じている（登記手続きとしては，抵当権の目的となっている受益者あるいは転得者所有名義の不動産を移転登記により債務者名義に移すこととなる）。すなわち，最判昭54・1・25（民集33・1・12，〔1筆と思われる〕土地上の抵当権，抵当権不消滅，被告は受益者，不可分物として全部取消・全部抵当権付原状回復），【79】最判昭62・4・7（金法1185・27，数筆の土地上の共同抵当，抵当権不消滅，被告は受益

第3章　債権者取消権の行使

者で数筆の土地である目的物の一括譲受人，可分物故一部取消・一部抵当権付原状回復）がそうである。

【79】　最判昭62・4・7金法1185・27

事実　XはAに対して2,000余万円の債権を有していたところ，債務超過のAが妻のYにその所有の数筆（甲，乙，丙）の土地を贈与したので，Yに対して詐害行為取消訴訟を提起し，贈与行為の取り消しを求めた。これらの土地の上には，BがAから甲土地上に根抵当権（被担保債権1,500万円）を，Cが甲，乙，丙の土地上に根抵当権（被担保債権500万円）をそれぞれ受けていたので，取り消しの範囲及び取り戻しの方法が問題となった。

判旨　「詐害行為取消権の制度は，詐害行為により逸失した財産を取り戻して債務者の一般財産を原状に回復させることを目的とするものであるから，逸失した財産自体の回復が可能である場合には，できるだけこれを認めるべきである（大審院昭和9年(オ)第1176号同年11月30日判決・民集13巻23号2191頁参照）。したがつて，抵当権の付着する土地についてされた贈与が詐害行為に該当する場合において，受贈者が当該抵当権者以外の者であり，右土地の価額から抵当権の被担保債権額を控除した額が詐害行為取消権の基礎となつている債権の額を下回つているときは，右贈与の全部を取り消して土地自体の回復を認めるべきであるが（最高裁昭和53年(オ)第809号同54年1月25日第一小法廷判決・民集33巻1号12頁参照）。抵当権の付着する二筆以上の土地について右のような贈与がされた場合において，右土地の総価額から抵当権の被担保債権額を控除した額が詐害行為取消権の基礎となつている債権の額を上回つているときは，特段の事情のない限り，右控除後の残額に被担保債権額を加算した額に近くこれを下回らない価額の土地についての贈与を取り消して土地自体の回復を認めるのが相当である。」

(c)　なお，受益者である譲受人が複数名のケースはまだなく，最高裁の判断が注目される。受益者の中に善意者が含まれているとき取消しの範囲＝割付問題をどうするかの問題があるからである（後掲【81】平成4年判決との関係に注意）。

因みに，昭和54年判決以前の判例は，第三者譲渡型においても，一部取消・価格賠償のみを認めていた。すなわち，前掲明治44年11月20日判決後，大審院は，第三者譲渡型（抵当権不消滅）ケースにおいても，代物弁済型（抵当権消滅）ケースであるこの明治44年判決を先例として踏襲し，原状回復を否定し，一部取消・価格賠償を命じた（大判大8・4・12民録25・674〔共同抵当，被告は受益者〕，同大9・3・6民録26・241〔共同抵当，被告は受益者〕，同昭8・3・18新聞3543・7〔共同抵当，被告は受益者〕）。最高裁もまた，この先例を前提とした判決を下していた（【87】最判昭50・12・1民集29・11・1847，共同抵当〔1棟の建物とその敷地の借地権，不可分物と見る〕，被告は受益者，全部取消・価格賠償を当然の前提として価格賠償額算定の基準時のみが争点とされた）。しかし，前掲昭和54・1・25判決がこれらの先例を変更したものである（同旨，安永正昭・判時928号・判評246号〔昭54〕142以下）。

(d)　最後に，第三者譲渡型でも，その後の弁済によって抵当権が消滅し登記も抹消され

ている場合については，最高裁は，一部取消・価格賠償の請求を認めるにとどめた（【80】最判昭63・7・19，裁判集民事154・363，判タ683・56，判時1299・70，判批佐藤岩昭民商100・2・319，森田宏樹判時1315・200）。

【80】 最判昭63・7・19裁判集民154・363，判時1299・70

[事実] 抵当権の設定されたA所有の不動産（土地とその地上の建物，価額2,000万円以下）につき，Yからの既存借受債務（1,076万円のため代物弁済の予約（仮登記済み）および譲渡担保契約（移転登記済み）がなされた後に，抵当権がYによる代位弁済等で消滅し，抵当権設定登記が抹消された。その後，Aに対して連帯保証契約に基づく売掛代金債権（812万円余）を有していたXが前記代物弁済の予約および譲渡担保契約を詐害行為として取消を訴求し，所有権移転請求権仮登記および所有権移転登記の各抹消登記を求めた事例。原審は上記行為の詐害性を認めた上，上記予約は本件土地建物を一括して対象としたものであって不可分であることを理由として，全部取消，現物による原状回復を認めた。Yより上告。

[判旨] 破棄差戻。
「抵当権の設定されている不動産について，当該抵当権者以外の者との間にされた代物弁済予約及び譲渡担保契約が詐害行為に該当する場合において，右不動産が不可分のものであって，当該詐害行為の後に弁済等によって右抵当権設定登記等が抹消されたようなときは，その取消は，右不動産の価額から右抵当権の被担保債権額を控除した残額の限度で価格による賠償を請求する方法によるべきである。けだし，詐害行為取消権は，債権者の共同担保を保全するため，詐害行為により逸出した財産を原状に回復させようとするものであるから，その取消は，本来，債務者の詐害行為により減少された財産の範囲にとどまるべきものであり，その方法は，逸出した財産自体の回復が可能である場合には，できるだけこれによるべきところであるところ，詐害行為の目的不動産に抵当権が付着している場合には，その取消は，目的不動産の価額から右抵当権の被担保債権額を控除した残額の部分に限って許されるが，右の場合において，その目的不動産が不可分のものであって，付着していた抵当権の設定登記等が抹消されたようなときには，逸出した財産自体を原状のまま回復することが不可能若しくは著しく困難であり，また，債務者及び債権者に不当に利益を与える結果になるから，このようなときには，逸出した財産自体の返還に代えてその価格による賠償を認めるほかないのである（最高裁昭和30年（オ）第260号同36年7月19日大法廷判決・民集15巻7号1875頁，同53年（オ）第809号同54年1月25日第一小法廷判決・民集33巻1号12頁参照）。」

ついで，この類型で，目的物の譲受人が複数の別人である事案が登場した。最判平4・2・27（民集46・2・112，9件の土地・建物上の共同抵当，抵当権消滅・登記抹消済み事例，被告は譲受人である2名の受益者〔1名については詐害行為不成立と認定された〕）がそれである。

【81】 最判平4・2・27民集46・2・112（平4・重判解77，下森解説）

[事実] 多額の債務を負担していたAがその所有不動産（9物件）の内，甲物件（土地と地上建物）をY₁会社に3,500万円で，乙物件（複数筆の土地）をY₁会社の代表者であるY₂に1,000万円で譲渡した。この売買契約当時，これら両物件中5物件の上にB信用金庫が極度額3,000万円の根抵当権設定登記を受けていたが，上記売買代金の中から

3,000万円が弁済され，登記が抹消された。そこで，Aに対し約2,000万円の債権を有していたXがY$_1$・Y$_2$を相手に上記譲渡行為について詐害行為取消訴訟を提起した。原判決は，上記各売買契約の詐害性を認定した上で，本件不動産の各物件の時価を確定することなく，Y$_1$の買い受けた甲物件の限度で現物返還を認め，Y$_1$に対する請求を認容したが，Y$_2$に対する請求は棄却した。その理由として原判決は，乙物件の売買代金額（1,000万円）は本件根抵当権の被担保債権額（3,000万円）を下回るからA・Y$_2$間の譲渡行為は詐害行為とならない，しかし，甲物件の売買代金額（3,500万円）は被担保債権額（3,000万円）を上回り，その差額（500万円）は取消権の基礎となるXの被保全債権額（2,000万円）を下回るから，A・Y$_1$間の行為は詐害行為となるので，甲物件全部を取消の対象として，この物件自体の回復を認めるのが相当である。また，甲物件の根抵当権はすでに抹消されていて，現在その価額は詐害行為取消権の基礎となっている債権額を超えているとみられるから，甲物件の範囲でのみ回復を認めることにより詐害行為取消の目的を十分達成でき，それ以上の回復を認めるべきではない，という。Y側より上告し，抵当権が消滅しているのに現物返還を認めたのは違法であると主張した。なお，Xは上告しなかったので，乙物件の請求棄却部分は上告審の審判の対象外となった。

[判旨] 原判決中Y側敗訴部分について破棄差戻し。

「共同抵当の目的とされた数個の不動産の全部又は一部の売買契約が詐害行為に該当する場合において，当該詐害行為の後に弁済によって右抵当権が消滅したときは，売買の目的とされた不動産の価額から右不動産が負担すべき右抵当権の被担保債権の額を控除した残額の限度で右売買契約を取り消し，その価格による賠償を命ずるべきであり，一部の不動産自体の回復を認めるべきものではない（最高裁昭和30年(オ)第260号同36年7月19日大法廷判決・民集15巻7号1875頁，同61年(オ)第495号同63年7月19日第三小法廷判決・裁判集民事154号363頁参照）。

そして，この場合において，詐害行為の目的不動産の価額から控除すべき右不動産が負担すべき右抵当権の被担保債権の額は，民法392条の趣旨に照らし，共同抵当の目的とされた各不動産の価額に応じて抵当権の被担保債権額を案分した額（以下「割り付け額」という。）によると解するのが相当である。」と判示した上，本件においては，上記被担保債権額3,000万円を本件甲物件の価額と本件乙物件の価額に応じて按分して，本件甲物件が負担すべき割り付け額を算出した上，本件甲物件の価額からこの割り付け額を控除した残額の限度で，Y$_1$に対し価格賠償を命ずべきであるとした。

この事件では目的物が複数の別人に譲渡されたことの故に，価格賠償の範囲の問題が新たな争点として浮上し，本件最高裁判決は，受益者が負担する価格賠償額の算定にあたっては，民法392条の趣旨から共同抵当の各目的不動産の価額に応じて抵当権の被担保債権額を案分した割付額とすべしと判示した点が新判例である。また，この判例の先例的意義について，本判決は，「共同抵当権が消滅した場合でも，その不動産の総価格から被担保債権額を控除した差額が一部の不動産の価格を超えるときは，その額に相当する不動産そのものの回復を請求しうる」とする我妻説（我妻・新訂債権総論197）を否定したものであり，単独抵当，共同抵当を問わず，「抵当権が消滅した場合には，一部取消し・価格賠償により，残っている事例については，全部取消し・現物返還による」との最高裁の基本的考え方

が定着したとの評価（倉吉敬調査官の本件判例解説，曹時44・5・967）が大方の支持を得ている（本件判例解説，角紀代恵・法教144・104，後藤巻則・法セ454・124，林錫璋・法教・判例セレクト'92・22，判評，佐藤岩昭・判時1430・170）。しかし，我妻説の想定している類型は同一人への一括譲渡型の様に思われ，複数の別人への譲渡事例である本判決の射程距離が同一人への一括譲渡型にまで及ぶものかどうか（目的物が可分の場合，なお，現物回復の余地がないではない），さらには，他方において抵当権およびその登記が残っている場合でも，複数別人への譲渡型の場合には，価格賠償を認めることも考えられないではない。したがって，抵当権の消滅の有無で現物回復か価格賠償かを判断する判例準則が定着したと断定することには，なお慎重でありたい。

(e) 複数別人への譲渡型に特有の争点として新たに登場した価格賠償額の割付問題について一言しておこう。前掲倉吉・角解説が指摘した残された諸問題をも含めて考えた場合，割付的処理が常に妥当かの判断は難問である。受益者の一人が取消対象から外れた本件の特殊事情のもとでの一つの割り切り方であろうが，この処理の理論的一般的妥当性についてはなお検討を要するように思われる。

(3) 以上の判例理論に対し，責任説の立場から，次のような問題の提起がなされている（下森・谷口還暦論文184以下）。昭和36年判決の多数意見の論理構成には，その根底に，我妻博士が的確に指摘されたように（我妻196），

抵当不動産は，その価格から被担保債権額を控除した残額だけが一般財産に含まれるという考え方があるようである。しかし，被担保債権額に該当する部分は，一般債権者に対する責任財産をまったく構成しないとまで考えるべきではなく，一応責任財産に含まれはするが，優先権がある故に一般債権者にとって責任財産として機能しえないと解するのが妥当である。ということは，抵当権付不動産を譲渡した場合，被担保債権にあたる部分について詐害行為が当然に不成立となるわけではなく，一応その行為全部の取消が問題とはなりうる。しかし，抵当権者が受益者である場合には，その者には，その被担保債権額の限度で取消を対抗できないという理解につながる。このように解すれば，抵当権者への代物弁済型（抵当権消滅）あるいは抵当権付での第三者譲渡型（抵当権不消滅）で受益者を被告とする取消権行使の場合に，譲渡行為の全部取消をなしうることを明確に説明しうる（一部不成立とみたのではこの結論はひきだせない。我妻説ではこの点の説明は必ずしも明らかでない）。

つぎに，我妻説では，代物弁済型で転得者を被告とする場合（前掲【4・27】昭和36年大法廷判決の事案）や，第三者譲渡型で抵当権が消滅している事例（前掲【80】昭和63年判決，【81】平成4年判決の事案）の場合には，原状回復が不可能であり，価格賠償しかないとされるが，それも疑問である。そのような結論がでるのは，取消の効果をもって相対的無効と解し，取戻しの方法をもって逸出財産の債務者のもとへの現実の取戻しと解していること

との結果にほかならない。取消の効果をもって責任的無効と解し（責任法的反射効のみを切断するという点では相対的，しかし責任的無効というかぎりでは絶対的効力をもつ），債務者のもとへの逸出財産の現実の取戻しを要しない責任説の立場では，そのような場合にも原状回復は必ずしも不可能ではない。すなわち，他の債権者のために抵当権の設定してある不動産を抵当権者以外の者に抵当権付のままで譲渡した場合（第三者譲渡型で抵当権不消滅の事例）は，責任的取消を認めればそれで問題は簡単に解決する。

さらに，抵当権者に譲渡した場合（代物弁済型で受益者を被告とする事例）では，責任的取消の結果，目的不動産はそれが以前債務者のもとにあった時と同様な状態で，総債権者のための責任財産たる地位を回復するのであるから，そのことの反射効として，そしてそのこととの関係において，いったん消滅した抵当権者の被担保債権が相関的に復活し，そのことによって抵当権も復活する（判決による復活の宣告が必要。登記は抹消回復登記〔不登63，72，旧67・68〕による）。かくて，取消の相手方たる受益者（元の抵当権者）は，自己所有の不動産の上に自己の債権のための抵当権を有する形になり（その物が他人つまり取消債権者の権利の目的＝責任財産を構成しているが故に抵当権は消滅しない。179Ⅰ但書），取消債権者の，その目的不動産に対する強制執行に際して抵当債権額の限度で優先弁済権を主張しうることになる。このように解すれば，昭和36年判決の多数意見のように詐害行為の一部取消（あるいは一部不成立）というようなことをいわなくても，ほぼ同じ結果を出しうるし，また，このような形での原状回復の方が，我妻説の場合より，関係者に与える影響が少なくてすみ，制度の目的によりよく合致する。この代物弁済型で転得者を被告とする事例では（昭和36年大法廷判決の事例），責任的取消の効果は絶対的であって受益者にも効果が及ぶから，転得者に対する取消訴訟で受益者の被担保債権と抵当権の回復とを宣言し，受益者から目的物件の所有権を譲り受けた転得者は，同時に抵当権もその被担保債権とともに譲り受けたことになるものと構成すれば（手続としては，抵当権の抹消登記を回復し，転得者へ抵当権移転の付記登記をすることになろう），原状回復の目的はかんたんに達成でき，価格賠償によるほかないとあきらめる必要もあるまい。ただ，抵当権者以外の第三者に売買すると同時に抵当債務を弁済し，抵当権の登記を抹消したうえで買主たる受益者に移転登記をした場合（第三者譲渡型，受益者が被告，前掲昭和63年判決の事例）には，原状回復の方法は若干厄介である。受益者自身の（あるいは受益者の払った代金の一部での）弁済によって抵当権が消滅したとすると，第三者の弁済として，その後の処理は，論理的には，その第三者が弁済による代位（500）により，債権および抵当権を取得する形になるから，不動産譲渡行為が詐害行為として責任的取消になると，代物弁済型の場合と同様，相関的に被担保債権および抵当権の復活を認め，抵当権の抹消登記を回復し，さらに弁済者である前記第三者（＝受益者）へ代位の付記登記をする。かくて，譲受人である前記第三者（＝受

益者）は，取消債権者のなす強制執行に際し，代位によって取得した抵当権に基づき被担保債権額を限度として優先弁済権を主張しうることとなる（詳細は，下森・谷口還暦論文185・186参照。私見に対する批判として，佐藤岩昭・判批民商108・69，飯原『訴訟』382，森田宏樹・判批判時1315・200がある。このほか修正責任説の立場からの問題提起として，加藤〔雅〕265のほか，淡路313参照）。

（4）　最後に，取り消しによる「原状回復」の意味について触れておきたい。債権者取消権制度の目的は，金銭債権者保護のための責任財産の保全にあり，民法総則中の「取消」とはその保護目的を異にする。したがって，「原状」とは，物理的原状（抵当権付での現物回復）と解する必要はなく，現物にせよ，金銭にせよ，あるいはその他の方法（責任的取消）での価値的原状回復であれば足りるはずである。その意味では，近時有力に主張されている価格賠償請求権重視説（平井説）も，一つの有益な政策判断である。しかし後に検討するように（第4章第3節1(3)），他方において，価格賠償請求権で割り切ってしまうことの問題性（例えば受益者の債権者との公平関係）もある。責任説（あるいは訴権説）の立場からみるときは，執行忍容訴訟を欠くわが国法体系の不備が根本的問題であり，平成4年判決の出現によって益々その問題性が明らかになったと考えるものである。ここでも改めて可及的速やかな立法的解決を求めたい。

5　取消債権者の被保全債権額が不確定の場合

判例・通説の立場では，取消の範囲につき取消債権者の債権額を基準とするから，この債権額が遅くとも取消権成否の最終認定時（第2審の口頭弁論終結時）までに確定することを要する。そこで，被保全債権それ自体やその債権額について，不確定あるいは内容の変る可能性のある債権を保全するために取消権を行使しようとするときは，取消の範囲をどう解すべきかが問題となる。婚姻費用分担請求権を被保全債権とする取消権行使の可否が争われた事件（【9】最判昭46・9・21民集25・6・823）でこの問題が明白となった（第2章第2節1(2)(c)⑤）。

前述したように，判旨は，調停によって毎月一定額を支払うことと定められた将来の婚姻費用の分担に関する債権は，詐害行為当時はまだその支払期日が到来していない場合であっても，取消権の成否の判断との関係では，既に発生したものとみてよく，詐害行為当時，右調停の前提たる事実関係の存続が予測される限度において，これを被保全債権とする取消権の行使が許されるものとし，これを否定的に解した原判決を破棄差戻した。しかし，具体的にどの範囲で取消が認められるかは，問題として残されており，解決の困難な問題である（星野・法協91巻5号は，傾聴すべき理論を展開されているが，問題が残るとされている。なお，飯原『訴訟』61以下参照）。ここでも，取消権行使の効果として現実の取戻しを要しな

い責任説の立場では，全部取消を認めても相手方に与える影響は最小限度にとどまる結果，取消の範囲を取消債権者の債権額に限定する必要はなく，全部取消を許すので問題は簡明に処理できる。すなわち，取消の結果としてなされる現実の執行の範囲が，各個の執行手続における債務名義によって決せられれば足りるので，取消訴訟の際に被保全債権額が確定している必要は必ずしもなく，責任財産をとりあえず保全しておいて，その後債権額の確定を待って現実の執行手続をとればよいことになる（詳細については，下森・谷口還暦論文および本件判批・家族法判例百選〔新版・増補〕300以下参照）。もっとも，価格賠償の場合には問題が残る（飯原『訴訟』63は，この場合には証拠に基づいて独自の認定をするしかあるまいという）。

第4章　債権者取消権行使の効果

第1節　効果論の概説

1　詐害行為取消の結果，債権者は原則として現物の返還請求権を取得し，それが不能もしくは著しく困難な場合にだけ，例外的に現物の返還に代る価格賠償請求権を取得すると一般に解されているが（【82】大判昭9・11・30民集13・2191等）両者の関係については実際上いろいろな問題が生じている（第4章第2節）。

2　価格賠償請求権の法的性質とその成立要件，損害賠償請求権との差異，賠償額算定の基準時などについても検討すべき問題がある（第4章第3節）。

3　価格賠償請求権のほかに不当利得返還請求や取戻についての遅延賠償請求の可否が問題となることもある（第4章第4節）。

4　取消権行使の効果は総債権者の利益のために生ずる（425条）。受益者または転得者から取り戻された財産またはこれに代る賠償金は，債務者の責任財産として回復され，総債権者の共同担保となる。取消債権者も，責任財産回復に要した費用について先取特権を持つ以外は，自己に引き渡された財産にも優先権を持たない。しかし，判例上事実上の優先権が認められる場合もあり，議論がある。また，回復された責任財産から取消権者が満足を受ける方法，取消の効果が及ぶ債権者の範囲さらに特定物債権による取消を認めた場合の満足方法等をめぐっても判例学説上議論がある（第4章第5節）。

5　取消権行使の結果，受益者または転得者が目的物の返還またはこれに代わる賠償をした場合，債務者とこれらの者との間の利害の調整問題が生ずる。ここでも議論が分かれており，立法による解決が待たれる。

こういった取消の効果やさらには前述した取消権の行使方法を今後検討するにあたっては，根本問題として，従来から展開されてきた，債権者取消権を取消権（形成権）とみるべきか，取戻請求権（請求権）とみるべきか，取消の効果を相対効とすべきか絶対効とすべきかの理論的あるいは政策的対立につき，改

めて総括的に再検討する必要がある。ここでは，ドグマチックな抽象的・法的性質論からの演繹的解決にとどまるべきではなく，利害関係者のそれぞれの利害の公平且つ妥当な調整を具体的に検討し，総合的視野から，効果論を基礎におき，その実現のための要件論，行使方法論を再整理して，将来の立法論に備えることが今後の重要課題といえよう（第4章第6節）。その際，総括的清算手続としての破産法，倒産法上の否認権制度との関連性に充分目配りする必要がある。

第2節　責任財産の回復（取戻）方法

　判例・通説のいう相対的取消の内容・効果は必ずしも明確ではないが，相対的取消とは，詐害行為を債権者と返還請求の相手方とされる受益者または転得者との関係で取り消すというものであり，それは結局，「債務者の一般財産との関係で取り消す（否認して効力のないものとする）」ことになるのだという（我妻201）。そこで，具体的には，①取消の効果である財産の回復またはこれに代る賠償を請求する権利は，債務者に帰属するのではなく，債権者に直接帰属することになる（【92】大判大8・4・11民録25・808）。②転得者を相手とする場合にも，取り消されるのは債務者のなした詐害行為であって，受益者・転得者間の行為ではない（【13】大判大5・3・30民録22・671）。③したがって，その場合にも，受益者・転得者

間の転得行為は影響を受けないという。そこで，次に，判例法における逸出責任財産の具体的回復方法についてみよう。

1　現物返還の原則

　詐害行為を取り消した結果，債権者の取得する権利は，原則として現物の返還請求権であって，その不可能もしくは著しく困難な場合にだけ（たとえば善意の譲受人＝転得者が生じた場合など），例外的に損害賠償（賠償）を請求する権利が認められる（大判昭7・9・15民集11・1841〔取消訴訟中に転得者に譲渡された事例〕）。

【82】　大判昭9・11・30民集13・2191

判旨　「債権者ガ民法424条ニ依リ其ノ債務者ノ為シタル法律行為ノ取消ヲ裁判所ニ請求シ得ルハ，其ノ法律行為ニ因リ債権者ノ一般担保タル財産ヲ減少シ債権者ヲ害スルコトニ因ルモノナルヲ以テ，同条ニ依リ債務者ノ為シタル財産移転ノ法律行為ヲ取消シ其ノ目的タル財産ノ返還ヲ命ズルニ当リテハ，特別ノ場合ヲ除キ，其ノ財産ノ評価額ニ相当スル金円ノ返還ヲ命ズベキニ非ズシテ，其ノ目的物自身ノ返還ヲ命ズベキモノトス。本件ニ付原審ノ確定シタル事実ニ依レバＸノ債務者ＡハＹ会社ノ出資額1,000円ノ有限責任社員トナリ，此出資ノ為ニ其ノ所有ノ営業用什器並ニ諸材料及営業権ヲ金721円50銭ト評価シテＹ会社ニ移転シタルモノナルヲ以テ，右出資行為ガ民法第424条ニ該当スルモノトシテ取消サレタル以上，特別ノ事由ナキ限リＹ会社ハ現ニ其ノ移転ヲ受ケタル此等財産其ノモノヲ返還スルコトヲ要シ又返還スルヲ以

テ足ルモノト為サザルベカラズ。然ルニ原審ハ其ノ特別事情ノ存在ヲ明ニスルコトナク，且出資当時営業用什器並諸材料ヲ521円50銭営業権ヲ200円ト見積リ出資シタルモノナルニ因リ，右金額ヲ返還スル義務アルモノト判示シタルハ，詐害行為取消ノ法理ヲ誤解シタルカ，然ラズンバ審理不尽又ハ理由不備ノ不法アルモノニシテ原判決ハ破毀ヲ免レザルモノトス」

この場合，取消の範囲との関係でいろいろな問題が生ずることは前項で述べたとおりである（なお，判例・学説に関する近時の整理として飯原『訴訟』489以下参照）。

2 取消権者への引渡の可否

通説・判例のとる折衷説の立場では，責任財産の回復は，逸出財産の債務者のもとへの現実の取戻しによって行われるというのであるから，取消債権者が，受益者または転得者に対して，財産の回復またはこれに代る価格賠償を請求する場合，原則としては債務者への回復を請求しうるにとどまるはずであるが，それと並んで，その目的実現のために直接自己への財産の引渡を請求できるであろうか。

(1) 前述したように，判例は当初，債権者は，財産を直接自己に引き渡せと請求することはできないが，債務者の資産に復帰させることを受益者に対し，債務者に代位せず自己の権利として請求することができるとしていた（【63】大判大6・3・31民録23・596）。しかし，その後，受益者の受けた利益または財産を，自己独り弁済を受けるために「直接之ガ請求ヲ為スコトヲ得ザルハ勿論ナルモ」，他の債権者と共に弁済を受けるために，自己に直接支払または引渡の請求をなすことができる，とした（【62】大判大10・6・18民録27・1168）。最高裁もこの立場を踏襲している（最判昭39・1・23民集18・1・76）。

債務者に引き渡すべき旨を請求しうるにすぎないとするときは，取戻しの目的物が金銭や動産などの場合に，債務者が受領しないと処置に困ることを理由に，これを認めるのが学説の大勢である（我妻194，松坂・総判民(7)211，飯原・前掲論文180ほか）。取戻しの目的物が金銭の場合，直接自己への引渡をうけた債権者がこの金銭からどのような形で被保全債権の満足を受けるかについては問題があるが，取消の効果のところで検討する（第4章第5節3）。

因みに，前掲【62】大判大正10年6月18日判決は，「相殺」を詐害行為として取り消す旨の勝訴判決（判旨によれば，受益者から相殺したものであり，債務者のなした相殺ではない点で，取消の対象としては問題が残る。実体的には債務者からみた相殺と変らないとみたのであろうとの指摘がある〔奥田・321〕）を得た原告が，受益者に対して，取消の結果復活した代金債権の支払を求めたのに対し，これを認容すべきものとしたのである（これを否定した原判決を破棄し，差戻した）。したがって，ここでは，単に受益者の利得の返還が問題となっているのではなく，それを超えて，取消債権者との関係で復活した代金債権の取立までもが認められた点に特色がある。債権者取消権制度でここまでの効果を認めてよいかは疑問がある

第4章　債権者取消権行使の効果

（たとえば，債務免除を詐害行為として取り消した場合，さらに，受益者たる第三債務者に，債務者に代って債権の支払を求めることまで，取消権行使の効果として認められるものではあるまい。この場合と対比した場合疑問がある）。もっとも，この結論を好意的にうけとめる見解もある。すなわち，債務者には取消の効力が及ばず，したがって，債務者との関係では代金債権は復活しないから，債務者はその債権を取り立てることができず，取消債権者に取立を認める以外に適当な方法が見出せないことを理由とし，取消債権者は，総債権者との関係で，責任財産の法定管理権者として，総債権者のために右代金債権を行使（取立）するものと構成する見解である（奥田・321）。この見解によると，債務免除の取消の場合も同様に解することになるのであろうか。取消の効果として取消債権者が法定管理権者となるという着想は注目すべき見解であるが，その理論的根拠・内容について，今一歩具体的に掘り下げた研究が展開されるのを待ちたい。かかる説明なくして，復活した代金債権の取立まで結果として認めた大正10年判決には疑問なしとしない。

相対的無効説をとる場合にはどう考えるべきか。我妻博士は，判例が，取消権の内容として，目的物またはこれに代る賠償を請求せずに，単に取消だけを訴求してもよいとしていることに疑問を表明される中で，詐害行為が債務免除や債権の譲渡の場合など，取消の結果として債務者が金銭債権を有する状態となるときは，債権者は，この債権に対し，差押転付命令を取得することによって，法律上も優先弁済を受けることができるとして，そのためには，取消だけの訴えを認める実益があるというべきかもしれないが，取消の相対効からすると，債務者をその債権の主体として差し押え，転付命令を取得することが許されるかは疑問である，とされる（我妻204）。この理からすると，奥田説の指摘のように，債権者代位権の行使も疑問だということになろう。では，債務者に代って取消債権者が債権を取り立てる方法は，取消と同時に，これによって復活する債権の履行請求を取消債権者に認めるという方法で代置しうるのか（前述のように前掲大正10年判決はかかる結果を相殺の場合につき無意識的に是認しているように思われ，債権譲渡や債務免除の場合も同様に許してよいのではないかの見解もある。飯原・前掲論文185）。我妻博士はこの点は明確にされていない。飯原説・奥田説の問題提起をうけて，さらに検討さるべき課題である。

責任説においては，債務免除が取り消されたときは，取消債権者は債務者に対する債務名義に基づき，免除された債権を差し押え，あるいは転付命令をうけることができることになる。責任的無効の結果，免除された債権は，債権者の執行との関係では，債務者の責任財産を構成するものだからである（中野・民事執行法〔増補新訂5版〕287，責任的取消の限度で絶対効）。債権譲渡の取消しの場合も同様に考えてよい。判例・通説のとる相対的効力説の下でも，理論的な問題は残るが，実務の処理としては，このような処理をするのが妥当であろう。

なお，債権譲渡の詐害行為取消しに関する

下級審判決例に次のようなものがある。

【83】 東京地判平元・5・24判時1351・74

[事実] A会社は、Y₁に対し3,500万円の約束手形支払い債務を含め合計5～6,000万円の債務を負い、Y₁以外の者に対する債務を含めると総額1億円近い債務を負っていた。Aの取引先の倒産でAが連鎖倒産する可能性を知ったY₁は、Aの本件Y₂に対する本件請負代金債権（747万円）の譲渡を受けた。そこで、Aに対し759万円の手形債権を有していたXがこの債権譲渡を詐害行為として取消を求め、同時に第三債務者であるY₂に対して、詐害行為取消の効果として、あるいは債権者代位権の行使を理由として、Xに対して直接本件請負代金を支払えと訴求した。

本件判決は詐害行為の取消は認めたが、Y₂に対する金銭の支払い請求、債権者代位権の行使はこれを否定し、Y₁に対して詐害行為取消の事実をY₂に通知するよう命ずるに止めた。

[判旨]「債権の譲受人又は転得者が第三債務者から譲受債権の弁済を受けてこれを回収済みのときは、財産の回復のため債権の譲受人又は転得者に対し弁済を受けた金銭の支払を求めることができるが、債権の譲受人又は転得者が第三債務者から譲受債権の弁済を受けてないときは、原状回復の方法として、取消債権者が債権譲渡の取消しを第三債務者に対抗し得るように、債権の譲受人又は転得者に対し当該債権の譲渡が詐害行為として取消された旨第三債務者に通知することを求めることができるに止まり、裁判所は右原状回復としてこれを命ずる必要があるが、取消債権者が第三債務者に対し譲受人又は転得者の未回収の債権を回収するためその金銭の支払を求めることは、詐害行為取消による責任財産保全としての原状回復の範囲を超えるものであって許されない」。また、「取消債権者が詐害行為取消とともに債権者代位権に基づき第三債務者に対する当該債権の履行を請求することは、当該債権譲渡が詐害行為として取り消され、その旨の通知がなされて、はじめて債権譲渡の取消を第三債務者に対抗し得ることとなり被代位債権の存在を主張しうることに反するから、これを認めることはできない」（同旨東京高判昭61・11・27判タ641・128他多数。反対の判決例もある。東京高判昭61・11・27についての野村豊弘・判批、ジュリ901・96が、当時までの下級審判決例を詳細に紹介している）。

この結果として、取消債権者の最終的債権回収は、責任説同様、債務者に対する債務名義に基づき、（取消債権者との関係で）債務者のもとに回復された債権を差し押えあるいは転付命令をうけることによって行われることとなろうし、それでよかろう。

（2） 目的物が不動産の場合はどうか。強制執行の準備手続としての責任財産回復のためには、不動産の場合は登記名義の回復で足りる。確定判決があれば、不動産登記法63条（旧27条）により、債務者の協力がなくてもその登記ができるから、金銭や物のときのような債務者の受領行為を必要とする場合とは問題が異なる。

登記名義の回復方法は、形成権説では抹消登記、請求権説では移転登記の方法で行われる。判例は、形成権説をとっていた時代は当然として、その後折衷説に変わり、取消の効果を相対効と解するようになってからも、抹消登記の方法を選んできた（【23】大判明39・9・28民録12・1154、同明41・11・14民録14・1171、【63】同大6・3・31民録23・596〔登録の例〕、同昭7・8・9民集

11・1707など多数）。これを具体例でみると、採掘権がS→Y→Zと順次譲渡され、Sから直接Zに移転登録された事例（【63】大判大6・3・31民録23・596）、SがYのために抵当権を設定して仮登記をした後、YがこれをZに譲渡した事例（大判昭7・8・9民集11・1707）につき、転得者Zを被告とする取消訴訟で、抹消登記（登録）を認めたが、これらは転得者のみを相手とする取消訴訟でも、抹消登記によって直接債務者名義に登記の回復が可能であった事例である。これに対して、不動産がS→Y→Zと譲渡され、それぞれ移転登記がなされた事例では、大審院は、YとZの各移転登記の抹消を必要とする旨暗示し（大判昭7・9・15民集11・1841）、学説には、YとZを共同被告として訴求しなければ各登記を抹消できないと説くものがあった（福井勇二郎・判民昭和7年度143事件評釈）。受益者YがZのために抵当権を設定した事例ではどうか。Y・Zともに悪意の場合には、両者を被告として、SY間の譲渡行為を取り消し、移転登記と抵当権設定登記の各抹消登記を求めることにより原状回復が可能となる（【28・67】大判大9・5・29民録26・776参照）。問題はZが善意の場合である。取消債権者は、Yに対する訴訟で移転登記の抹消を求めうるであろうか。判例は、取消の効力の相対効を理由としてこれを肯定する（【68】大判大6・10・3民録23・1383。ただし、正確には、取消を許した判例で、この場合抹消登記の方法による回復も許す趣旨であったのかは不明）。最高裁も、かかる事案の下で、AY間の移転登記の抹消を認めた原判決の立場を傍論で容認している。

【84】 最判昭39・7・10民集18・6・1078

事実 XがAY間の不動産譲渡行為を詐害行為として取消及び移転登記の抹消を訴求した事例であるが、Yから当該不動産上にこの不動産の価格を上回る抵当権の設定を受けていた第三者Z（1・2番抵当権者）が、もしXの取消が認められれば抵当権も無効に帰すことになり損害を被るとして、原審継続中に当事者参加の申立（旧民訴法71条）をした。これに対し、原判決は、詐害行為の取消は相対効であるから、詐害行為の取消があっても転得者Zとの関係においてはなお効力を有し、Zの抵当権は当然消滅をするものではないからとして、当事者参加の申立を却下した。Zはこの判決に対して不服を申し立てなかったが、この事実関係を原審で主張していたYは、原判決がこの点の主張がXのYに対する本件請求に与える影響につきなんら判断を示していなかったこともあり、上告し、①当該抵当権は現在競売手続きが進行中であり、本件不動産の見積価格は被担保債権額を下回るので、仮に詐害行為取消が認められても、Xの得るものはない。したがって、原判決にはこの点について審理不尽、理由不備の違法がある。②本件のような場合は抵当債権額を超える価格部分についてのみ取消が認められるべきものである、と主張した。

判旨 破棄差戻し。

「そもそも、詐害行為取消の訴を認容する判決の効力は、相対的であると解せられるから、訴外Aと上告会社（Y）との間の譲渡行為を取消の対象とする本件のごときにあって、受益者たるYが当該不動産上に第三者のための抵当権を設定したからといって、右抵当権付のままの不動産を債務者へ復帰させることをもって一般債権者の債権の共同担保を確保し得て債権者取消権行使の目的を達し得るような場合には、債権者は転得者たる抵

第2節　責任財産の回復(取戻)方法

当権者に対し抵当権設定の取消を請求しなくても受益者に対し譲渡行為の取消並びにその所有権取得登記の抹消登記手続を請求できると解し得ることは，原判決が原審における参加人の参加申立許否の判断について説示するとおり，これを肯認できるが，その反面また，債務者Aと受益者Yとの間の本件不動産の売買契約が詐害行為として取り消されてYの所有権取得登記の抹消登記手続がなされても，転得者たる訴外Zの抵当権は当然消滅に帰するものではないといわねばならないから，右取消後の状態においても，なお一般債権担保の目的たるべき本件不動産に対し依然として優先的な抵当権の追及が存続する関係にある。しかして，Yの原審における主張によれば，訴外Zに対する抵当権の被担保債権額は，合算して本件不動産の価格を上廻るというのであるから，もしその主張が是認されるとすれば，特段の事情のない限り，本件取消権を行使してみても一般債権者に対する共同担保の確保に寄与するものとはいい難い。従って，原審としては，よろしく右主張の抵当債権額を認定して，それと本件不動産の価格との対比を考量し，本件取消請求が債権者取消制度の趣旨とする共同担保確保の目的を達し得る場合にあたるかどうかを審按すべきであるところ(大審院大正6年(オ)第471号同年10月3日判決，民録23輯1383頁，当裁判所昭和30年(オ)第260号昭和36年7月19日大法廷判決，民集15巻7号1875頁参照)，原判決は右の点を何ら考慮することなく，漫然本件不動産の所論売買契約の取消を認容し，上告人に対し所有権移転登記の抹消登記手続を命じている。

　右は，原判決が民法424条の解釈適用を誤り，その結果として審理不尽，理由不備の違法をおかすものというのほかなく，結局この点を指摘する論旨は理由があり，原判決はその余の上告論旨について判断するまでもなく破棄を免れない。」

　本判決はその理由中の判断において，詐害行為取消の訴えを認容する判決の効力は相対的であると解せられるから，Zのために抵当権を設定したからといって，抵当権付のままの不動産を債務者へ復帰させることをもって，取消権行使の目的を達しうるような場合には，Zに対し抵当権設定の取消を請求しなくてもYに対し譲渡行為の取消ならびにその所有権取得登記の抹消登記手続を請求できると解しうる，と説示しているが，この解釈は疑問である。現行登記法は登記の相対的抹消などというものを知らないから，すべての人に対する関係における抹消とみるほかあるまい。それに，第一，Yに対し抹消登記を命ずる判決が出たとしても，登記抹消の手続をなすに際しては，登記上利害の関係を有する第三者であるZの承諾またはZに対抗することを得べき判決のあることを要するはずである(不登旧146，現68，63)。そして，取消の相対効からしても，判決の既判力からみても，Yに対する取消判決はなんらZに影響を及ぼさず，Zは抹消登記についてこれを承諾することを拒絶しうるし，上記判決は，Zに対抗することを得べき判決とはいえぬはずである。そうだとすると，登記抹消がYに対して命じられたとしても事実上その手続は不能に終るほかない(つとに下森・前掲志林57巻3＝4号213-214がこの点を指摘している。また第3章第1節2(2)(d)参照。同旨，飯原『研究』163)。なお，従来から，下級審判決例の中には，移転登記によって原状回復をはかろうとするものがみられた(新潟地判昭36・12・27訟務月報8・57，東京高判昭35・12・12訟務月報7・445，仙台高判昭29・12・28下民5・12・2146，東京地判昭36・7・28訟務

月報7・1577，大阪高判昭38・2・23高民16・1・34など。飯原『研究』181・161以下参照）。かかる場合には，これらの下級審判決例の認めるごとく，YからAへの移転登記を命ずることで問題の解決をはかるのが妥当であろう（下森・前掲論文214・232，玉田弘毅・民商52巻3号〔昭40〕394）。その後，最高裁は，不動産所有者でない者が登記簿上所有名義人となっているとき，真正な所有者が右所有名義人に対して抹消登記請求に代えて移転登記請求をもなしうるのと同様，詐害行為取消訴訟において取消の目的不動産の登記を受益者から債務者に復帰させる場合にも同様になしうるとした。

【85】　最判昭40・9・17訟務月報11・10・1457

判旨　「不動産所有者でない者が登記簿上所有名義人となつているときは，真正なる所有者は，右所有名義人に対し，抹消登記請求に代えて右不動産の所有権移転登記を請求しうることは，当裁判所の判例とするところである（最高裁昭和28年(オ)第843号同30年7月5日第三小法廷判決民集9巻1002頁，同昭和27年(オ)第865号 同32年5月30日 第一小法廷判決民集11巻5号843頁，同昭和32年(オ)第380号同34年2月12日第一小法廷判決民集13巻2号91頁参照）。そして，この理は，詐害行為取消訴訟において取消の目的不動産の登記を受益者から債務者に復帰せしめる場合も変りないものというべく，この場合だけをとくに別異に扱うべき論拠は見出しえない。」

しかし，理論的には，取消の相対効からして，取消の効力の及ばぬ債務者に何故に名義が回復されうるか（真正所有者の場合とはこの点が異なる）は問題であり（同旨奥田322），判例理論の下では移転登記請求権の法的根拠を理論的にどう説明するかの問題が残る。なお，価格賠償で問題を処理する方法もあるが，原状回復を原則とする立場からみて問題があることは前述したとおりである（第3章第2節4，なお，本章第3節1⑶参照）。登記名義の債務者のもとへの回復を必要としない責任説ではかかる問題は生じない。

⑶　特定物債権者が取消権を行使して，これが認められた場合，受益者に対して債務者名義への登記回復を請求するとともに，さらに債務者に対して自己への所有権移転登記（あるいは，受益者に対して直接自己への移転登記）を請求しうるかの問題があるが，最高裁はこれを否定的に解した（【91】最判昭53・10・5民集32・7・1332。この問題については本章第5節5で検討する）。

第3節　価格賠償

1　価格賠償の法的性質と要件

⑴　価格賠償を請求しうる場合

詐害行為が財産権の移転や弁済などの場合，その財産権の目的や給付物が物理的に滅失し，譲渡され，または特定性を失って相手方の一

般財産に混入したときは，取消権の行使によって物理的にその財産権や給付を債務者の責任財産に復帰させることができない。このようなとき，財産権や給付の復帰に代えて，その価格の賠償を請求できるものとされる。また財産権や給付の目的が相手方の行為によって物理的に減耗し，または他人の権利の目的とされる（受益者が抵当権を設定した場合など）などによって減価した場合には，目的物の復帰とともに価額の賠償を請求しうる。

(2) 価格賠償の法的性質

この価格賠償の性質につき，判例は，「財産の回復義務は受益者又は転得者が詐害行為によつて債務者の財産を脱漏させたために生じた責任に帰因するものであるから，その財産を他人に譲渡したからといつてこれを免れるものではなく，また財産譲渡の結果利得の残存すると否とを問うものでもない」という。

【86】 最判昭35・4・26民集14・6・1046（【37】）

[事実] 無資力の債務者Aが実兄のYからの既存の借入金150万円のためにその所有の不動産（価格300万円）の上にYのため抵当権を設定。そこで，Aに対して45万円の債権を有していたXがこの抵当権設定行為を詐害行為として取消を求めた事例。この抵当権はすでに実行され，Yの長男Bが231万円余で競落取得していた。なお，この不動産上には，先順位の抵当権者がいたので，Bがこの先順位抵当債権とYの抵当債権150万円を共に譲り受け（BY間の債権譲渡は無償），これら譲受債権で競落代金を相殺完納したものである。本件抵当債権150万円の配当分は104万円余であった。そこで，Xは本件取消訴訟でYに対して，取消の結果Yは優先弁済受領権を失ったものとして，自己の被保全債権45万円と利息の支払いを求めた。原判決はこれを認容した。Yより上告。

[判旨] 「詐害行為取消権は，詐害の原因たる債務者の法律行為を取り消し，受益者又は転得者がなお債務者の財産を保有するときは直接これを回復し，これを保有しないときはその財産の回復に代えてその賠償をさせ，もつて債務者の一般担保権を確保することを目的とするものである。そして，その財産の回復義務は受益者又は転得者が詐害行為によつて債務者の財産を脱漏させたために生じた責任に基因するものであるから，その財産を他人に譲渡したからといつてこれを免れるものではなく，また財産譲渡の結果利得の残存すると否とを問うものでもないと解さなければならない。本件は，債務者訴外Aが昭和29年7月8日原判示（甲）不動産につきYのためになした抵当権の設定が詐害行為であると主張されているものであるところ，原判決の確定した事実によれば，右不動産については，その後抵当権の実行による競売の申立がなされ，訴外Bは昭和30年3月1日競売代金231万5千円で競落許可決定を得た上，先順位抵当債権を本件抵当債権150万円とともに譲り受け，これら譲受債権をもつて競落代金を完納したものであり。本件抵当債権の配当分は先順位抵当債権額を控除した結果104万7,425円となつたというのであるから，本件抵当権の設定が取り消されるときは，Xはその債権元本45万円及びこれに対する遅延損害金を右配当分から総債権者の利益のために弁済をうけうるのであり，この場合Xは訴外Bが悪意であれば，同人から直接右金員の弁済を請求することができるが，同人に抵当債権を譲渡したYに対してもまた利得に代る賠償として右債権額の限度内の金員の支払を求めることができるものといわなければならない。」

第4章 債権者取消権行使の効果

これに対し学説は多岐に分れているが（詳細は，下森・前掲志林57巻3＝4号236，同・前掲谷口還暦論文187参照），①不当利得による悪意の受益者の返還義務に準ずるとするもの（田中実・法学研究34巻2号〔昭36〕205），②民法191条（占有者の回復者に対する損害賠償債務）に根拠を求めるもの（石坂・民法研究Ⅱ153，平井三次・判民大正12年度101事件評釈，勝本・中(3)439），③取消の効果として発生した責任関係に基礎をおく一種の代償請求権とみるもの（下森・前掲谷口還暦論文）などである。なお，通説たる相対的無効説の論者は，そもそも取戻請求権の法的性質を明確にしておらず，したがってまた，それに代る価格賠償請求権の法的性質も明らかにしていない。因みに，ドイツの通説である債権説論者は，取戻請求権の法的性質をもって，不法行為による賠償請求権でもなく，不当利得返還請求権でもない独特の法定責任であるというが，それに代る価格賠償請求権の法的性質については必ずしも明確にしていなかった(Jaeger, Anf. G., §20 Anm. 17-20; Jaeger = Lent, KO., §37 Anm. 6. これに対する責任説からの批判として，Paulus, Sinn und Formen der Gläubigeranfechtung, AcP., Bd. 155, S. 248 u. 317f.があり，その後 ケメラーの不当利得説とパウルスの責任説を折衷して取消権の法的性質をとらえた W. Gerhardt, Die systematische Einordnung der Gläubigeranfechtung, 1969があり，価格賠償について同書236頁以下で詳細に論じられている）。

なお，法的性質をどう解するかはさておき価格賠償の成立のための要件として，物理的な滅失・毀損についての相手方の故意・過失は問われず，また相手方にその代償利得の存することも必要でない（たとえば受益者が無償あるいは取得額と同額で譲渡した場合でも価格賠償が認められる）と解されている（奥田・322。否認権につき，加藤正治・破産法研究Ⅳ419，霜島甲一・条解会社更生法〔中〕〔昭48〕175）。もっとも，詐害行為がなかったとしても滅失・減価を生じたであろう場合はこの限りでない（否認権の場合につき，名古屋地判昭39・9・8金法397・11は，自動車の譲渡行為の否認につき，価額が下落している場合，自動車の引取を拒絶して価格賠償を請求できないという。引取とともに減価分の価格賠償を請求することもできないといえよう）。他面，目的財産の使用による利得の償還を求めることは可能といえよう（前掲名古屋地判）。何故に受益者・転得者にかかる重い責任が課せられうるかの法的根拠については，責任説を除き，あまり掘り下げた説明がない。今後論議さるべき課題である（なお，ドイツ現行法について本章第4節2(4)参照）。

(3) 現物返還との関係

債権者は現物返還が可能なときでも（被告が現物返還を希望してもなお），金銭による価格賠償を請求しうるか。判例は，原則として（例外，転得者が設定をうけた抵当権の被保全債権額が目的不動産の価格を上回る場合など），価格賠償を請求できないという【**82**】大判昭9・11・30民集13・2191〔営業権，営業用什器などの現物出資行為が取り消された事例で，価額の返還を命じた原判決を破棄差戻したもの〕，山中・判民昭和9年度157事件評釈。なお，現物返還の可能の挙証責任は取消権行為の相手方にあると解され

る。霜島・前掲書175〔否認権の事例〕参照)。

取消債権者としては，現在の判例法理の下では，金銭賠償をうる方が，相殺による事実上の優先弁済をうける点で，かつ執行の手間が省ける点で有利ではある(我妻・新版民法案内Ⅶ294)。また，競売による売却価格の低下を回避しうる点でも有利であり，相殺による優先弁済を許さないこととすると，総債権者にとっても有利である(辻正美・論叢100巻1号〔昭51〕110)。しかし，債権者取消権の目的は責任財産の回復(原状回復)にあることからみると，それが可能であり，かつ受益者あるいは転得者がそれを望んでいるときにまで，あえてそれに代えて金銭での賠償を命ずることは，過ぎたることである。競売手続の省略・換価による価格低下の回避も，もともと債務者の手許にあったとしても不可避なものであるから，その不利益を受益者・転得者に転嫁させるのは疑問といえよう(奥田・323)。もっとも，近時価格賠償原則あるいは重視主義をとる説が一部で有力に主張されている(前記辻論文の他，平井宜雄・293，同「不動産の二重譲渡と詐害行為」鈴木禄弥古稀記念『民事法学の新展開』〔有斐閣，平5〕192，大島俊之『債権者取消権の研究』137，鈴木〔禄〕192，平野341，佐藤『理論』373等参照。これに対して，飯原『訴訟』390は反対)。

2 価格賠償額算定の基準時

最高裁は，取消訴訟の事実審口頭弁論終結時を原則とする。

【87】 最判昭50・12・1民集29・11・1847

事実 YのAに対する既存貸金債権848万円の担保として，すでに第三者であるB銀行のために抵当権が設定されていたA所有の家屋とその敷地借地権につき，YA間で代物弁済の予約がなされ，その後予約完結権が行使されて，所有権移転登記および引渡しがなされた。そこで，他の債権者Xが上記代物弁済の予約を詐害行為として取消を訴求した事例。原審はXの請求を認めたが，取消の範囲および取戻の方法について，予約当時本件建物に抵当権が設定されており，その目的物は不可分であるから，口頭弁論終結時における建物及びその敷地である土地の借地権価格の合計額2,000万円から，被担保債権額429万余円を控除した残額のうちXの債権額1,185万余円の限度で取消を認め，価格賠償として1,185万余円の支払いをYに命じた。Yより上告し，①相当価格を以ってする代物弁済は詐害行為とならないこと，また，②本件価格賠償の基準時は本件詐害行為時あるいは代物弁済の予約完結時とすべきであり，この当時の本件建物及び借地権価格は968ないし962万余円であり，この価格からBの抵当債権額429万余円を控除した残額は受益者であるYの債権額848万円を下回るものであるから，本件代物弁済の予約は詐害行為とならない，もし原審判決のように口頭弁論終結時を基準時とするとその後の土地の価格の値上がりといった他動的な原因によって詐害行為となるという不合理を招来する，と主張した。

判旨「不動産の譲渡が詐害行為として取消を免れず受益者において現物返還に代る価格賠償をすべきときの価格の算定は，特別の事情がないかぎり，当該詐害行為取消訴訟の事実審口頭弁論終結時を基準としてなすべきものと解するのが相当である。けだし，右価格賠償における価格の算定は，受益者が事実審口頭弁論終結時までに当該不動産

第4章 債権者取消権行使の効果

の全部又は一部を他に処分した場合において，その処分後に予期しえない価額の高騰があり，詐害行為がなくても債権者としては右高騰による弁済の利益を受けえなかったものと認められる等特別の事情がないかぎり，詐害行為取消の効果が生じ受益者において財産回復義務を負担する時，すなわち，詐害行為取消訴訟の認容判決確定時に最も接着した時点である事実審口頭弁論終結時を基準とするのが，詐害行為によって債務者の財産を逸出させた責任を原因として債務者の財産を回復させることを目的とする詐害行為取消制度の趣旨に合致し，また，債権者と受益者の利害の公平を期しえられるからである。」

本件判旨は，詐害行為後に予期しえない価額の高騰があり，詐害行為がなくとも債権者としては右高騰による弁済の利益を受けえなかったというような特別事情がある場合は別だとしており，これをうけて学説には，著しい価格騰貴の場合や価格下落の場合には，詐害行為がなかったとすれば当該財産に対する執行手続が行われたであろう時点の時価にそれ以後の利息を付して賠償させるのが適当ではなかろうか，というものがある（奥田・323）。悪意の受益者が受益時に即時に返還していたならば債務者の責任財産は現在どのようになっているであろうかという視点を判断の基準とすべしというものである。また，不動産の場合はともかく，全ての場合を口頭弁論終結時説で処理するのは疑問であり（例えば陳腐化の激しい流行商品，古くなると無価値となる薬品等），一律的処理は困難との指摘もある（法曹時報本件川口調査官解説639頁）。

この最高裁判決があらわれる前の問題状況についてみておくと，学説は十分に論じておらず，判例も債権者取消権に関するものは下級審判決しか見当らない（佐賀地唐津支判昭33・12・3訟務月報5・228，飯原『研究』192，同『訴訟』387以下参照）。しかし，旧破産法上の否認権に関する判例・学説は多数あり，裁判例の結論は多様に分れている（詳細は，岡垣「否認権の行使により代価償還が行われる場合における価額算定の基準時」判タ210号79，霜島・前掲書176参照）。まず，①現時の価額ないし口頭弁論終結時とするもの（大判昭4・7・10民集8・717，同昭15・4・24法学10・93）があり，理由として，否認の対象たる行為がなかったら現在の財団の状態がどうであるかを考えて算出すべきだからという。なお，前掲佐賀地裁唐津支部判決は，前記最高裁判決とほぼ同旨で，口頭弁論終結時説をとった。つぎに，②否認権行使時とするものがある（最判昭39・3・24裁判集民72・589，判タ162・64，同昭42・6・22判時495・51ほか）。さらに，下級審判決例の中には，③否認権行使の相手方が当該目的物を第三者に処分した時とするもの（東京高判昭35・9・14判タ110・69ほか），④否認の対象たる行為がなされた時とするもの（東京高判昭38・5・9下民14・5・904）などがある。

この問題について，学説は，上の①の立場（口頭弁論終結時説）をとるもの（加藤・破産法研究Ⅷ180，飯原『研究』193，霜島・前掲書179）と，②の立場（否認権行使時＝訴提起の時）をとるもの（加藤一郎・判民昭和15年度20事件評釈，岡垣・前掲論文79）とに分れる。ドイツでは口頭弁論終結時説が通説である（Jaeger, § 7 Anm. 19; Warneyer, § 7 Ⅳ b; RGZ 706, 766, 750, 45）。もっとも，取消権行使時とい

う言葉の意味については検討を要する。周知のごとく，詐害行為成否の判断基準時は，詐害行為の時および取消権の行使時とされる。そして，ここに取消権の行使時とは口頭弁論の終結時を意味するものと解されており（我妻184参照），取消の訴えの提起時を当然に意味するものではない。取消訴訟提起後であっても，口頭弁論終結時前に債務者の資力が回復すれば（但し，その挙証責任は相手方にある），懲罰を目的とせず，強制執行の準備手続としての機能を果す債権者取消権制度の趣旨からしてもはや取消権の行使を認める必要はないからである。したがって，一般に取消権行使時という表現が使われている場合，それを訴提起時と速断すべきではない。そうだとすると，口頭弁論終結時説と取消権行使時説とは論者により差異なく使われている場合があることに注意すべきであろう。

　ところで，取消の効果として現実の取戻しを要しない責任説の立場では，取消訴訟の執行忍容判決確定時以降，相手方名義の財産に対する強制執行が可能となるのであり，当該財産がそれ以前に譲渡その他の事情によって執行が不能であれば，その代償として価格賠償請求権がこの判決確定時点で生ずる。したがって価格算定の基準時は，右時点に最も接着した時点である口頭弁論終結時とするのが妥当という（下森・ジュリ718号〔昭和50重判解説〕74）。これに対し相対的無効説の立場では，取消によって遡及的に詐害行為が相対的に無効となり，原状回復請求権が発生するとみるので，この原状回復が譲渡その他の理由で不能となったときは，それに代る損害賠償として価格賠償請求権が発生するものとみて，履行不能の場合に準じて相手方が第三者に目的物を譲渡した時を基準時とすべしという主張（前記③の立場）も考えられないわけではない。しかし，前述のごとく，価格賠償請求権の法的性質を原状回復請求権の履行不能による損害賠償とみるのは疑問であり，**【87】**最高裁昭和50年判決の説くごとく，責任財産の現実的回復に代る価格賠償と把握し，基準時を事実審口頭弁論終結時とみるのが正当である。なお，この判旨の留保事項，すなわち処分後に予期しえない価格の高騰があった場合の賠償範囲の縮限可能性は，すでに従来から学説により主張されていたことでもあり（霜島・前掲書179），妥当といえよう。また，このほかにも，ケースによっては例外的処理をするのが公平な場合もあろう。

第4節　不当利得返還請求権と遅延賠償の請求

1　不当利得返還請求

　価格賠償請求権は，前述のように不当利得返還請求権の性質をもつものではない。しかし，金銭以外の財産権の移転行為またはそれを内容とする弁済・代物弁済が取り消された場合で，相手方がその財産権の取得から返還

までの間の帰属によって利得を収めているときは、その返還を不当利得として請求しうる。たとえば土地・建物の売買・代物弁済が取り消された場合、その間に相手方（買主）が取得した地代・家賃のごとくである。

2 遅延賠償の請求

(1) 取消権行使の結果、受益者または転得者に対し金銭の給付を求めうるときは遅延利息を請求しうる。すなわち、①取消権行使の結果、直接に金銭債権が生ずる場合（金銭債権の弁済の取消、安いものを高く売りつけた売主に対する売買の取消など）、②金銭債権の譲渡、金銭債権質の設定で、債権が取立ずみの場合、③価格賠償・不当利得返還請求の場合などである。

(2) 遅延賠償の起算点は、前掲①②の場合は、それぞれ詐害行為時、金銭の取立時である（否認権の例が参考となる。霜島・前掲書180参照）。価格賠償の場合は、価額算定の基準時とするのが妥当であろう。

(3) 遅延賠償の利率は民事法定利率の年5分が原則であるが、①詐害行為取消の対象となった弁済または代物弁済された債務が商行為に基づいて生じたものであるとき、②債務者が商人であるとき、または③詐害行為が商人間の行為であるときは、商事法定利率年6分によるのが妥当であろう。もし詐害行為がなかったならば債務者は、少なくとも当該財産または金銭をもって年6分以上の利益の基礎となしえたであろうからである（霜島・前掲書181参照）。

(4) 因みに、現行ドイツ債権者取消権法は、11条1項2文に、旧法下には存在していなかった価格賠償に関する新規定を設けた。すなわち、1項1文の取消目的物の返還請求権に関する定め（執行忍容の根拠規定）をうけ、2文で「利得者が法律上の原因の欠缺を知っていた場合の不当利得の効果についての規定を準用する」との規定を設けた。これは2次的請求（Sekundäransprüche）を定めた規定であり、たとえば取消の目的物が取消の相手方のもとで滅失したり、譲渡されたためにその物に対する強制執行〔執行忍容判決による掴取状態（Zugriffslage）の原状回復〕が不可能となったような場合、取消の相手方は、この規定および民法819条1項（悪意および法律・良俗違反の場合の不当利得者の加重責任）、818条4項・292条2項・987条以下の規定（訴訟継続による責任の過重規定）に基づいて賠償しなければならないことを定めたものである。もっとも、賠償義務は返還の不能につき取消の相手方に帰責事由がある場合にのみ発生する。この新規定は、政府草案の理由書によると、取り消しうべき行為により取得された物の毀損あるいは掴取状態の原状回復が不能の場合に、取消の相手方をして、責任法上、悪意の不当利得者や違法な占有者よりもより悪くはなく、しかしより良くもない地位におくことを目的としたものという。また、賠償されるべき価格は、債務者に対する強制執行の際に滅失した物が有していたであろう価格で

ある。したがって，取消の相手方が得たものではなくして，取り消しうべき行為の結果債務者財産から逸出されたものがその基準となる。このような方法によって取り消しうべき行為がなかったなら存在したであろう財産状態が回復されるのである。価格算定の基準時は取消訴訟の最終の事実審口頭弁論終結時である。また，価格賠償と掴取状態への原状回復との選択権は存しない。二者択一ではなく，一つの価格賠償請求権のみが問題となるのである（以上の点につき Nerlich/Niehus 前掲コメンタール116頁以下参照）。立法論としては，日本法の下でも価格賠償に関する明文の規定を設けるのが妥当と考えるが，取消の相手方の帰責事由を要件とすべきかどうかについては，慎重な検討の必要があると考える。

第5節　425条の意義と内容

1　立法の沿革

本条は，旧民法財産編343条の一部を採用したものである。すなわち，同条は，「廃罷ハ詐害行為ニ先タチ権利ヲ取得シタル債権者ニ非サレハ之ヲ請求スルコトヲ得ス然レトモ廃罷ヲ得タルトキハ総債権者ヲ利ス但各債権者ノ間ニ於テ適法ノ先取原因ノ存スルトキハ此限ニ在ラス」と定めていた。第59回法典調査会議事速記録によると，穂積陳重委員より趣旨説明があり，まず，廃罷訴権は詐害行為前に債権を取得した者でなければ行使できないということおよび但書の先取特権のある場合は特別であるということは分り切ったことであるから削除したという。そして，取消の効果について，「取消ノ結果ハ固ヨリ債務者ガ原地位ニ復スルノデアリマスカラ夫故ニ其取消請求者ノ利益ノ為ノミデナイト云フコトハ何ウモ之ハ断ツテ置カナイト疑ヒガ生ズルモノデアラウト思ヒマス自分ノ利益ノ為メニ之ヲ請求シタノデアルカラ其判決ハ自分ノミニ及ブト云フ疑ヒハ随分生ジ得ルコトト思ヒマス……夫レデ始メハ之ヲ加ヘテ置カナカツタノデスガ段々考ヘタ末遂ニ入レルコトニ致シタノデアリマス」と述べている。そして，他の委員から，外国に類似の立法例がないことについて質問されたのに対し，この規定は必ずこうなければならないものと思うと答えている。ひきつづいて，富井委員が，起草委員の相談のとき，この点について反対を述べる許可を得ていたと断って，次のような反対意見を述べた。まず，彼は，取消の効果に関するフランスの学説を紹介し，詐害行為以前に債権者であった者にのみ取消の効果が及ぶとする説，総債権者のために効果が及ぶとする説，取消債権者だけの利益になる説の3説あり，後者が多数説であることを明らかにしたうえで，判決の効力の点から平等主義を批判し，また，主として，フランスの学説に依拠して優先主義的見解を主張した。しかし，採決の結果，原案が採択された。以上要するに，本条の立法の沿革は，立法当時ドイツ法，

第4章　債権者取消権行使の効果

イタリア法は優先主義をとり，旧民法起草当時フランスの学説でも優先主義が多数説であったのであるが，ボアソナードによって平等主義的な旧民法財産編343条の法文が設けられ，これが穂積陳重によってひきつがれて，比較法的には特異である平等主義が選択されたわけである。しかし，規定が簡単で，手続規定も不備であることから，後にみるごとく，今日この条文の解釈をめぐって，学説・判例上困難な問題が生じている（比較法および立法の沿革の詳細については，大島俊之「民法425条論序説」時報54巻1＝2号〔債権者取消権の研究に所収〕，片山直也「立法沿革より考察した民法425条の意義と限界」慶応義塾大学大学院法学研究科論文集18号〔昭59〕参照）。

2　規定の趣旨

以上のような立法沿革を受けて，今日の学説上の通説は，この規定の趣旨につき，この規定は，第1に，債権者取消権は，債権者の最後の守りである債務者の一般財産（共同担保）を保全する（原状に回復する）制度だという基礎理論を宣言するとともに，第2に，この規定は，取消の効果として返還を受けた財産から取消債権者が弁済を受けるにあたって優先権を有するものでないことを示す，このことは，債権者が財産または損害賠償を直接自己に支払または引渡を請求した場合においても同様である，という（我妻202，於保201）。

ところで，すでにみたごとく，債権者取消権制度は，総破産債権者のために行われる総括執行手続としての破産制度とは異なり，特定の金銭債権者のために認められる個別的執行のための準備手続制度である。そこで，強制執行手続との関係が，債権者取消権の規定および解釈・運用に大きな影響を及ぼしていることは周知のところであるが，ここでも，強制執行手続における優先主義・平等主義をめぐる諸問題の影響が大きい。すなわち，わが国の強制執行手続はドイツ法を母法としながらも，その採用する差押優先主義によらず，フランス法の影響のもとに債権者平等主義を採用している。しかも，わが国の金銭執行は「愚直なまでに画一的な平等主義をとっている」という（宮脇幸彦・強制執行法各論〔昭53〕26）。もっとも，他方においてわが国の法は，優先主義のもとでのみ合理性のある規定，たとえば動産執行における超過差押の禁止規定（民執128Ⅰ，旧民訴564Ⅱ）などを設けていて体系的一貫性を欠き，差押の効力とも関連して，解釈・運用上多大の困難があった。わが国の法がかかる立場をとった背景には，民事訴訟法制定の時点で，破産法が一般法として存在しておらず，それを補うために個別執行の領域において平等主義をとらなければならないという政策的考慮があったという（三ヶ月章・民事執行法〔昭56〕17）。しかし，その後大正の中期に破産法が制定され，一般破産主義に立脚する総括執行の立法が登場したことによって状況が変り，判例・学説上優先主義への事実上の接近がみられ，民事執行法の制定にあたっては，優先主義・平等主義をめぐるこれまでの混乱・対立が何らかの形で解決されることが一つの課題であった。そして，実質的に優先主義に近づく案も検討されたが，

最終段階で，これまでわが国の個別執行の歴史において終始一貫して平等主義がとられており，これを改めることの抵抗が大きいことを考慮して，新立法のもとでも平等主義が維持されたという（三ケ月・前掲書205以下）。強制執行につき優先主義をとるドイツにおいては，強制執行の準備手続である債権者取消権についても優先主義的性格が付与され，特定の債権の現実的満足をもって債権者取消権の直接の目的としている。このことは，ドイツの債権者取消権法が，取消権行使の要件として，取消債権者の債権について，履行期の到来と債務名義の存在を要求し（旧取消権法2，現行法も同じ），また取消の効果につきもっぱら取消債権者のために無効たるものとしていたことからみても明らかである（旧法1・7）。その結果，取消権の行使は自己の債権の実現のための執行を可能にする執行忍容の訴（Klage auf Duldung der Zwangsvollstreckung）によるべきであり，取消債権者が取戻財産につき優先権を有するものとされている（詳細は，松坂・債権者取消権の研究127以下参照）。前述したようにフランス民法には，わが国の民法425条に該当する規定は存在せず，学説上争いがあったが，判例・通説は，ドイツ法と同様に，取消により詐害行為は取消債権者に対してのみ取り消されたことになると解している（松坂・前掲書118。なお，19世紀フランス学説の問題状況につき，片山・前掲論文が詳しい）。なお，ドイツ現行法1条は「取消債権者のために無効」という文言を削除したが，11条の効果規定において「(取消しの目的財産につき)取消債権者を満足させるのに必要である限り

で，その者の処分に任せなければならない」と規定した。その意味について，それは，たとえば取消の目的物が動産の譲渡（移転）の場合には，執行官は民訴803条以下〔動産執行〕の規定に基づいてそれを差押え，取消の相手方はそれに対する強制執行を忍容すべきであり，不動産の場合には，取消請求の内容は権利の譲渡あるいは取消を求めるもの，とくに債務者への所有権の移転を求めるものではなく，民訴864条以下〔不動産執行〕の規定ないし強制競売および強制管理法に基づく強制執行の忍容を求めるものとされているので，この点は旧法下と変わりがない（Nerlich/Niehus 前掲コメンタール112頁，114頁）。

ところが，立法の沿革でみたように，わが国の民法は，取消の効果を総債権者に及ぼし，平等主義の立場にたつという，独自の道を選択した。このことも，当時破産法が立法されていなかったために，否認権の効果をも債権者取消権に兼ね備えさせることが期待されたためといえようか（船越隆司・判評261号〔昭55〕13，高橋朋子・法協99巻3号〔昭57〕503以下）。しかし，実際の運用においては，後述するように平等主義が貫徹されていたわけではなく，ここでも混乱が認められる。

民事執行法の立法にあたって，強制執行手続と密接な関連をもつ債権者取消権について当然検討がなさるべきであり，またある程度の議論はあったが（例えば，「特集・強制執行法改正要綱と民法」ジュリ517号93以下参照），十分な時間的余裕がなく，また，民法の改正を伴う問題は避けられたということもあって，債権者取消権に関する執行法上の問題はとり

残されたままになっている。新立法は平等主義を維持したが，債権者取消権の場合にも，優先主義か平等主義かの問題は，今後本格的に検討さるべき問題である。

3　取消債権者が満足を受ける方法

前述のごとく取消権行使の結果，取り戻された財産またはこれに代る価格賠償金は，債務者の責任財産を形成し，総債権者はこれから平等の割合をもって弁済を請求することができ，取消債権者がその上に優先弁済権をもつものではない【3】大連判大7・10・26民録24・2036）。そして，債権者取消権制度は，責任財産の保全が直接の目的であるから，保全された財産から取消権者がいかなる方法で満足を受けるかは，本来この制度の関知するところでなく，したがって民法に規定がない。そこで，一般論としては，取消債権者は，債務者から，任意に，または強制執行の手続を経て，その債権の弁済を受けることになる（飯原『研究』240，同『訴訟』507以下）。その際，取消債権者は，取消権行使の費用については，共益費用として債務者の総財産の上に一般の先取特権を有する（306-1）。なお，取消債権者が弁済を受ける方法については，本条との関係，さらには取消の効果の法的性質をどうみるかの問題とも関連して，困難な問題がある。

（1）まず，詐害行為の目的物が登記・登録を伴うものである場合，その取消の効果は，債務者によってなされた移転登記・登録の抹消，または抹消に代る債務者名義への移転登記・登録（ただし責任説では，前述のように取消の相手方名義のままで執行できる状態が生ずる）のみであるから，債権者がこの回復された財産から債権の満足を受けるためには，債務者に対する債権につき債務名義をえて強制執行をして満足をうけることになるのが通常であろう。この際，他の債権者は開始された執行手続に配当要求をなしうるから，本条の趣旨が貫徹されうる。

（2）詐害行為の目的物が動産の場合，判例通説の下では，取消債権者は目的物の直接自分への引渡しを受けることができるから，民執法169条により，取消の相手方に対する取消判決（そのうちの動産の引渡し部分）に基づく執行をして執行官から動産の引渡しを受けた後，債務者に対する債務名義に基づき，執行官にその動産を差し出して執行を求めることとなる（飯原『訴訟』509，責任説〔下森説〕においては，執行忍容判決を受けた後，相手方の占有下にある当該動産に対して，債務者に対する債務名義に基づいて直接強制執行することとなる）。

（3）ところが，取戻しの目的物が金銭の場合において，取消権の行使により取消債権者が，他の債権者と共に弁済を受けるために，自己に直接金銭の支払を請求しうるとする場合には（第4章第2節2(1)），現行法上その支払を受けた金銭につき，取消債権者のみならず他の債権者への弁済にも充てられるための手続的規定を欠くため，取消債権者は強制執

行の方法によらないで，事実上その支払を受けた金銭をそのまま自己の債権の弁済に充当し，その際他の債権者には配当加入の機会がなく，事実上の優先弁済となって，本条の趣旨との関係で問題が生ずる。

なお，この場合，取消債権者が取戻金銭から自己の債権の満足を受ける方法・根拠については学説上争いがあり，一方的弁済充当説，相殺説，強制執行説，責任説が対立している。

(a) 一方的弁済充当説は，取消債権者が引渡または支払を受けたものが自己の債権の目的と同一または同種のものであるときは，そのまま自己の債権の弁済に充当しうるとする（柚木＝高木231。ただし，特定債権保全のための取消権行使の問題との関連で問題が展開されていることに注意。本章第5節5)。また古い判例に，傍論であるが，「債権者ハ之ヲ債務者ノ財産ニ帰シタルモノト看做シテ直チニ自己ノ債権ノ弁済ニ充ツルコトヲ得ルモノトス」というものがある（【74】大判大9・12・24民録26・2024)。しかし，取消債権者が債務者に代って受領した金銭を直ちに一方的に自己の債権の弁済に充当しうることの根拠が明確でない（なお，この説に対する批判として，飯原『訴訟』512参照)。

(b) この点を明確にするのが相殺説である。すなわち，取消債権者は取り戻した金銭を債務者に返還すべき義務があり，この義務と自己の有する債権とを対当額で相殺することによって満足を受けうるという（松坂132，於保201，我妻＝有泉＝水本146，下森「債権者取消権

に関する一考察(2)」志林57巻3＝4号〔昭35〕237，林＝石田＝高木190，鈴木122等，近時の多数説である)。最高裁判例に，原判決が相殺の有効性を正面から認めたのに対して，上告理由が，取消の相対効からすると，債務者は取消債権者に対し取戻金銭の返還請求権を有するものではないから，相殺は許されないはずだと主張した事案で，相殺の適否について判断せず，別個の理由で結果として，取消債権者の相殺による事実上の優先弁済を認めたものがある（なお，次項(c)の強制執行説参照)。

【88】 最判昭37・10・9民集16・10・2070

事実 無資力のAがその債権者であるX（銀行）に対してりんごボイル缶を譲渡担保として譲渡したので，別訴で他の債権者Yが詐害行為取消訴訟を提起したところ，取消が認められたが，目的物がすでに第三者に譲渡されていたので，価格賠償金としてYの被保全債権額である86万余円の支払いがXに命じられた。そこで一旦この金額をYに支払ったXが改めてYに対し本訴を提起し，詐害行為取消の効果は民法425条により総債権者に及ぶから，YがXから支払いを受けた上記金銭も総債権者の間で分配されるべきであると主張して，Aに対する総債権額に対する自己の債権額の分配割合計算に基づいて算出した79万余円の支払いを訴求した。これに対してYは，Aに代わってかXら直接支払いを受けた金銭はすでにAに対する債権を自働債権としてAへの引渡し債務と相殺したからXに分配する余地はないと主張した。

判旨 「詐害行為の取消は，総債権者の利益のためにその効力を生ずる（民法425条)。すなわち，取消権の行使により，受益者又は転得者から取戻

第4章　債権者取消権行使の効果

された財産又はこれに代る価格賠償は，債務者の一般財産に回復されたものとして，総債権者において平等の割合で弁済を受け得るものとなるのであり，取消債権者がこれにつき優先弁済を受ける権利を取得するものではない。このことは取消債権者が取消権行使により財産又は価格賠償を自己に引渡すべきことを請求し，よつてその引渡を受けた場合においても変ることはない。しかしながら，債権者が債務者の一般財産から平等の割合で弁済を受け得るというのは，そのための法律上の手続がとられた場合においてであるというにすぎない。従つて上告人の本訴請求にあるように取消債権者が自己に価格賠償の引渡を受けた場合，他の債権者は取消債権者の手中に入つた右取戻物の上に当然に総債権者と平等の割合による現実の権利を取得するものではない。また，取消債権者は自己に引渡を受けた右取戻物を債務者の一般財産に回復されたものとして取扱うべきであることは当然であるが，それ以上に，自己が分配者となつて他の債権者の請求に応じ平等の割合による分配を為すべき義務を負うものと解することはできない。そのような義務あるものと解することは，分配の時期，手続等を解釈上明確ならしめる規定を全く欠く法のもとでは，否定するのほかない。」

取消の相対効理論をとった場合，取消債権者との関係で詐害行為が無効となると解しうるから（取消訴訟の当事者間で無効というよりは，取消債権者との関係で無効と解する方が妥当なことにつき，石坂・民法研究下262参照），取消債権者の方で，債務者に代って受けとった金銭につき，債務者への返還義務が自分にあると主張して，これと自己の債権とを相殺するという主張をなすことは，論理的に可能であり，相対効理論が相殺の適否に障害となるとはいえまい。この考え方に対しては，次のような批判がある。すなわち，相殺はそれによって取消債権者の債務者に対する債権の回収を可能にすることとなるが，取消債権者は債務者に対する債権の債務名義をもたないでも取消訴訟を提起することができ，その訴訟では，債務者に対する債権は，取消債権者と取消の相手方との間で確定されるものであり，その判決を債務名義とする執行は，取消の相手方の一般財産に対して行われるものであるから，これによって取消債権者が取得した金銭が債務者に対する債権の満足のために供されるのは，筋違いというものである，と（飯原『訴訟』513。この考え方をとるときは，債権の回収は後述の強制執行説によることとなる）。しかし，取消訴訟の役割は逸出した責任財産の回復（つまり債務者に対する債権の満足に供されるための回復）にあるのであって，回復された責任財産から債権者がどのような方法で被保全債権の回収を図るか（債権の満足に供するか）はその次の問題である。取消債権者が債務者に代わって受け取った金銭について，債務者に対する債務名義に基づいて強制執行することで回収を図ることができることはいうまでもない。しかし，つねにその方法でなければならないものであろうか。相対的無効説の立場でも，回復された金銭は，取消債権者との関係において債務者のものであり，かつそのようなものとして扱わなければならない筈のものであるから，債権者が一方的にそれを自己の債権の弁済に充てることは許されないとしても（自力救済の禁止），まず，債務者の自発的意思あるいは合意に基づいて債権者が弁済を受けた場合，取消訴訟で敗訴した取消の

相手方はこれに対して適法な異議の申立ができないのであるから，結果として債権者の債権の回収は有効となろう。ついで，債務者が任意の弁済に応じない場合に，取消債権者の方で，債務者に代って受け取った金銭につき，債務者への返還義務が自分にあると主張して，これと自己の債権とを相殺するという主張をなすことは許されないのか。任意の弁済による回収が結果として有効となる以上，相殺による回収が許されないという論理は必ずしも説得的とはいえまい。詐害行為取消訴訟の目的は執行保全にありそれ自体直接債権者に満足を得させるものではないから，当該訴訟によって取り戻された責任財産からの債権の満足はつねに強制執行手続きによらなければならないというのはやや生硬な議論ではあるまいか。もちろん，この場合425条との関係において，他の債権者に優先して弁済を受けることになる点をどう考えるかの問題はある。しかし，他の債権者の配当加入の機会を奪うという点は次の強制執行説の批判で述べるとおり，また，論者自らも認めているとおり，「配当要求を認めていた旧民訴上でも，取消債権者が執行官に金銭を差し出して執行を求めると，執行官はそれを直ちに債権者に引き渡すことになっていたため（旧民訴574），実際には他の債権者の配当加入の機会がなかったが，民執法上は動産執行に一般債権者の配当加入は認めない（民執133，140）し，金銭差押えの場合に執行官のとる措置は同様である（民執139Ⅰ）から，この点は理論上の根拠とはならない」（飯原『訴訟』513）。そうだとすると，債権者取消権制度の目的から見て，相殺による債権の回収という方法で，「取消債権者が取得した金銭が債務者に対する債権の満足のために供されるのは，筋違いというものである」という批判は必ずしもあたらないのではあるまいか。

なお，取消債権者に返還義務があるとしても，他の債権者と共に弁済を受けるために支払を受けたものであるから，相殺には制限があるのではないかとの批判もある（福永有利「債権者取消訴訟」奥田ほか編・民法学(4)〔昭51〕163）。この批判に対しては，債権者が取戻財産から平等の割合で弁済を受けうるというのは，そのための法律上の手続がとられた場合においてであり，それ以上取消債権者が積極的な分配義務を負うものでない，という判例の考え方が一応の答えとなろう（前掲【88】最判昭37・10・9）。

(c) 強制執行説は，取消債権者が取戻物から自己の債権の満足を受けるためには，必ずその物について債務者を執行債務者としてさらに強制執行をしなければならないとする（板木・否認権に関する実証的研究476，飯原『研究』246以下，同『訴訟』513）。前述したように，この説によっても，取消債権者が取戻金銭に対する強制執行の申立と同時にその金銭を執行官に引き渡すと直ちに執行は終了することとなるであろうから（民執124），他の債権者が差押以前に配当要求をする機会はなく（同140），さらにまた，民事執行法は，債務名義を有しない債権者の配当要求を認めず（51，154），しかも動産執行については，超過差押を禁じ，また先取特権または質権を有す

第4章　債権者取消権行使の効果

る者以外の配当要求を封じて，二重執行の方法によることとしたから（同128・133），取戻しの目的物が金銭の場合には，取消債権者が独占的かつ優先的に満足を受ける結果になる（因みに，金銭以外の動産が取り戻されたときにも，民事執行法は上記のような状況から本条の適用に大きな影響を及ぼすことになる）。もっとも，取消債権者がこのような執行の申立をなすことはきわめてまれであるから，その時は，他の債権者は債務者に対する債務名義によって強制執行──すなわち，取消債権者が取戻金銭の提出を拒まないときはその金銭に対する有体動産執行，そうでないときは返還請求権に対する債権執行──ないしは仮差押ができ，これによって取消債権者の事実上の優先的満足を妨げることができる，という（福永・前掲論文164）。つねに強制執行によらなければ取消債権者は満足を受けえないとするのが果して妥当か，前述したごとくやや硬直の感がしないではないが，この説によるときは，取消の効果につき相対効をとり，かつ取消の範囲を取消債権者の被保全債権額に限定したままでは，他の債権者が取戻金銭に強制執行をしてきたとき取消債権者の保護に欠けることになろう。

(d)　この点，取消の効果を責任的無効（絶対効）と解し，逸出財産の現実の取戻しを要しない責任説によれば，詐害行為の全部取消を認めても相手方に与える影響は最小限にとどまる結果，全部取消を許すので，この点は妥当に解決できる。すなわち，責任説によれば，いわゆる価額賠償義務は当該目的物の返還義務の履行不能によるものではなく，取消の結果として回復される物的有限責任が，目的物の費消・毀損・譲渡等により実現されないことに基づいて，その代償として生ずる人的有限責任とみるべきである（取消の相手方は，その物または権利の価額を限度として，債務者の負う総債務につき責任を負う）。そして取消債権者は，総債権者のために，詐害行為の取消を請求する訴えにおいて，これと併合して，自己の債権につき，将来の給付請求として，この人的有限責任の履行＝金銭の支払を取消の相手方に対して訴求しうる，という（中野貞一郎・訴訟関係と訴訟行為〔昭36〕192以下）。そして，この説では，取消自体の効果は総債権者のために生ずるが（責任的取消の限度で絶対効），取消債権者が金銭の支払を命ずる判決を得て，取消の相手方に対してなす執行は，自己の債権の満足のためになされる執行であるから，被保全債権額が逸出財産の価額より少ない場合には，その債権額を請求の限度とすることは当然であるし，その執行によって取消債権者が金銭を取得した後に，他の債権者がその金銭からの配当を求めえないのも当然である。しかし，責任判決（取消判決）の効果は他の債権者にも及ぶから（絶対効），他の債権者はもはや詐害行為取消訴訟を提起する必要はなく，相手方に対する執行忍容判決を得て，取消債権者が満足を得た残りの額を限度として，その債権につき満足をうけることが可能である。因みに，取戻しの目的物が金銭以外の有体動産の場合にもこの方法によることになる。相対効説によるときは，現行民事執行法の下では，動産執行につき配当

要求を許されない他の債権者は取消の効果を享受する余地がなく，425条の趣旨にそぐわないことになる。換言すれば民事執行法133条・140条の規定は，既存の通説・判例の立場にたつ限り民法425条の趣旨に反する結果となり，問題を残した改正ということになろうが，責任説によるときは，両者の関係を妥当に処理できるともいえよう。

(e) 以上みてきたように，取消債権者が金銭の支払を受けてしまうと，事実上独占的・優先的に満足を得る結果になるが，これに対して他の債権者は現行法上いかなる対抗手段を有するかをみておこう。取消債権者が金銭の支払を受けてしまった後の手段としては，強制執行説を採用した上で，取消債権者の執行前に，他の債権者が自ら強制執行ないしは仮差押をなすという方法（実効性はあまりない）以外には，債務者の破産を申し立てる方法しかない。破産になれば，多くの場合破産管財人は取消債権者が取り戻したものを破産財団へ取り返すことができ（破160，161・162・165，71），もしまだ取消訴訟の係属中であればその訴訟手続は中断し，破産管財人がこれを受継することができるから（破45），他の債権者は取消債権者と平等な割合で取り戻したものから配当を受けうることになる。しかし，わが国の実状では，破産手続は周知のように時間と費用の点で問題があり，この方法はあまり実効性がない。そこで，他の債権者としては，自分も債権者取消権を主張して別訴を提起し，弁論を併合してもらうか，もしくは他の債権者の提起した取消訴訟に参加する方法をとる

ことがまず考えうる（福永・前掲論文165は，民訴法71条の独立当事者参加が認められるという）。つぎに，すでに取消訴訟が終了しており，それに参加する余地もない場合には，取消債権者の掌中に金銭が入る前に，将来発生する債務者の取戻金銭の返還請求権を，債務者に対する債務名義に基づき，差押ないし仮差押するという方法がある，との見解がある（福永・前掲論文166。なお，本項の問題については飯原『研究』258以下，同『訴訟』519以下参照）。

4　取消の効果が及ぶ債権者の範囲

取り戻された財産への強制執行に際し，配当加入をなしうる債権は，①詐害行為により害された債権に限るのか，行為後に発生した債権も含まれうるのか，あるいは，②取消の相手方たる受益者が債権者の一人であったとき，その債権に基づいて（詐害行為が担保権設定行為のとき），あるいは取消後元の債権が復活したと主張して（弁済または代物弁済のとき）配当加入をなしうるか，さらには，③取消の相手方たる受益者は，取消の結果取得した債務者に対する債権（あるいは，対価として支払った金銭等の返還請求権）に基づいて，取戻財産に対し配当要求をなしうるか，つまり425条にいう総債権者の範囲如何についても，従来から争いがある。

(1) まず，詐害行為後に債権を取得した者については，その行為によってその債権が害されたとはいえないから，債権者取消権を行使しえず，したがってまた，取消の利益を受

けうる者も，詐害行為前の債権者に限られる，という考え方がある（板木・前掲書449）。通説は，民法425条が他の債権者の配当加入を認めたものであると説くが，とくに詐害行為の前後によって配当加入できるかどうかの意識的な区別をしていない（明確に肯定しているものもある〔梅88，その他磯谷，山中等〕。飯原『研究』256，同『訴訟』519参照）。旧民法343条は，詐害行為取消権を行使しうる者は詐害行為前の債権者に限るとしながら，その効果は総債権者を利すとし，その元になったボアソナードの起草した旧民法草案363条についてのボアソナードの説明は，この点を意識的かつ明確に肯定している（片山・前掲論文172参照）。

差押に優先主義を採らないわが国においては，もし詐害行為がなく，ある債権者のした強制執行が順調に行われていれば，すべての債権者がその配当に加入して（ただし，動産執行の場合は前述のごとく別）平等弁済を受けうるはずであるから，たまたま詐害行為があったからといって，その後に債権を取得した者をこれから除外することは権衡を失する，したがって配当加入を認めるのが妥当であるとの見解がある（飯原『研究』256）。

この見解をとるときは，取消権を付与される債権の範囲と，配当加入を許される債権の範囲とが異なってくることになり，取消の範囲についてもさらに突っ込んだ検討が必要となる。例えば次のような問題である。判例は，前述のように（第3章第2節2），取消の範囲を取消債権者の被保全債権額の範囲に限定しつつも，他の債権者の配当加入の申出の明白

なときは，例外的に取消の範囲の拡大を認める。ところが，債務者がその所有土地15筆を受益者に譲渡したので，債権者がこの譲渡行為の取消を求めたが，その債権の一部には詐害行為後に生じたものもあったという事案の下で，原審がこの債権をも加算して取消の範囲を決定したところ，大審院は，行為前に発生した債権の範囲内でのみ取消を認めた（【5】大判大6・1・22民録23・8）。しかし，前述のように取消権を付与される債権の範囲と配当加入を許される債権の範囲とが異なってよいとすると，詐害行為後に発生した債権についても配当加入を認める以上（しかもその債権が取消債権者の債権の一部である以上），その債権の額も含めて取消の範囲が決められるべきこととなろう。かくて上記大正6年判決の立場は再検討が必要となるわけである（下森・民商83巻3号454参照）。

（2）取消の相手方たる受益者が債権者の一人であった場合，彼はその債権に基づいて配当加入あるいは自ら強制執行をなしうるであろうか。旧民法草案363条に関するボアソナードの説明に次のようなものがある。「（一）もし債権者の一人に対して詐害の約束がなされたならば，その債権者は一人，債務者の財の分配から斥けられ，その除外は他のすべての債権者を利さなければならない。（二）債務者がある債権を詐害的に放棄した場合，放棄が同意されることによって利益を得る者は，その債務を弁済しなければならず，すべての債権者はそれによって利益を得る。（三）譲渡が廃罷される場合にも何ら異なるべきでは

なく，債務者の財の中に戻された物は，売却され，その代価はすべての債権者の間で分配される。（四）但し，廃罷を言渡された者が彼自身反対給付を為していた時は，その返還が必ずなされるように，他の債権者たちとともに分配に加わる」（Boissonade, Projet, tome Ⅱ, n～o 165 et 166, p. 172 et 173. 大島俊之「民法425条論序説」法時54巻1号〔昭57〕156および片山・前掲論文172による）。この記述によると，ボアソナードは，一般的には受益者・転得者の取戻財産に対する配当加入を認めるも，受益者が債権者の一人であったときは，元の債権の復活を主張して配当加入することを許さない趣旨であったように読みとれる。

この問題に関する判例の立場は必ずしも明確とはいえないが，次のような判例がある。

(a) まず，既存の債権者の一人に対する2個の不動産への抵当権設定行為が詐害行為となるとしたうえで，取消の範囲の決定にあたり，受益者たる当該債権者も，当該不動産に対して強制執行をなしうるし，また取消債権者のなす執行に際して配当加入をなしうるからとして，両者の債権を満足させるには両不動産上の抵当権をともに取り消す必要がある，とした判例がある（前掲【75】大判大5・12・6民録22・2370）。かかる事案の場合には，受益者がその有する債権で配当加入をすることを拒否する理由はまずあるまい（もっとも，ボアソナードはかかる場合でも配当加入を認めない趣旨であったのであろうか）。

(b) 問題は，当該詐害行為により受益者の有していた債権がいったん消滅した場合である。第三者に対する売掛代金債権を代物弁済として債権者の一人に譲渡した行為が詐害行為として取り消されるにあたり，同じく取消の範囲の決定との関係で，代物弁済の取消の結果，受益者の債権が復活し，他の一般債権者と同順位でその権利を行使することができることを理由として，取消の範囲を決めた判例がある。

【89】 大判昭16・2・10民集20・79（【54】）

[事実] 債務総額3万7千余円，資産総額1万9千余円のAが，Yに対して負っていた1万1千円の債務の代物弁済として売掛代金債権のうちから7,580円余をYに譲渡した。そこでAに対して1万4,300円の債権を有する他の債権者Xがこの債権譲渡行為を詐害行為として取消を訴求した。これに対してYはAの債務に対する資産割合は約50％強であるから，本件譲渡行為は，Yに対する債務1万1千円の50％強に相当する5,500円の限度では詐害行為とならないと主張した。

[判旨] 「AハY以外ノ一般債権者ヲ害スルコトヲ知リテ右譲渡ヲ為シタルモノナリトス。サレバ若シ右約1万5千円ノ売掛代金債権ガ額面相当ノ価額ヲ有シタリトセバAノ債務ニ対スル資産ノ割合ハ5割強ナルガ故ニ，前記ノ譲渡行為ハYニ対スル債務約1万1千円ノ5割強ニ相当スル約5,500円ノ限度ニ於テハ詐害行為トナラザルベキ旨ノ所論ハ一見理由アルガ如シト雖，凡ソ詐害行為ノ取消ハ民法第425条ニ依リ総債権者ノ利益ノ為ニ其ノ効力ヲ生ズルモノナルガ故ニYハ前記代物弁済ニ因ル残債権ニ付他ノ一般債権者ト同順位ニ於テ其ノ権利ヲ行ヒ得ベキモノナルノミナラズ，右

第4章　債権者取消権行使の効果

5,500円ノ限度ヲ超過スル部分ノミヲ取消ストキハ右代物弁済ニ因リテ消滅シタル債権額中右取消ノ部分ニ相当スル額ノ債権ハ復活シYハ此部分ニ付テモ他ノ一般債権者ト同順位ニ於テ其ノ権利ヲ行ヒ得ベキモノト云フベク、随テ右5,500円ノ限度ヲ超過セザル部分ノ譲渡ハ依然トシテ詐害行為タル性質ヲ失ハザルベキモノナルヲ以テ原審ガ本件売掛代金債権ノ譲渡全部ノ取消ヲ認容シタル所論ノ如ク違法ナルモノト云フヲ得ズ論旨理由ナシ」

　取消の効果につき相対効果理論をとるときは、債権が当然に復活するといえるのか、やや疑問であるが、取消債権者との関係で復活を認め、取り戻された代物弁済の目的物（不動産、金銭以外の有体動産あるいは権利）への配当加入ないしは強制執行を許さなければ不公平となろう。受益者に背信的行為があった場合には、これを拒絶しうることも考えうるが、そうでない限りは、肯定すべきであろう（なお、破産否認権の場合には復活が認められている〔破169〕）。もっとも、前述のごとくボアソナードは否定説のようであるが、その根拠はよく分らない。受益者の背信性を問題としたものであろうか。

　(c)　次の問題は、取戻しの目的物が金銭の場合である。動産を譲渡担保にとった受益者＝債権者が、他の債権者からの取消訴訟で価格賠償を命じられ、これを支払った（供託し、取消債権者が還付を受けた）後に、訴えを提起し、総債権額に対する自己の債権額の割合の分配請求をした事案（取消債権者は相殺を主張）の下で、最高裁はこれを否定した（**【88】** 最判昭37・10・9民集16・10・2070）。その際、最高裁は、「債権者が債務者の一般財産から平等の割合で弁済を受け得るというのは、そのための法律上の手続がとられた場合においてであるというにすぎない」とし、分配の時期、手続等を解釈上明確ならしめる規定を全く欠く法の下では、取消債権者には、他の債権者に対する積極的な分配義務はないもの、と判示した。

　(d)　ついで、次のような判例があらわれた。

【90】　最判昭46・11・19民集25・8・1321

[事実]　倒産必至となったA会社が約2,000万円の大口債権者であるY会社の社長Bと話し合い、Bが社長を務める他のC会社に、Aの有する在庫商品を400万円で売り渡し、その代金債権をAからYに譲渡することでその限度でAのYに対する債務を消滅させる旨の合意（代金債権の譲渡による代物弁済）が、AYC間に成立し、その履行がなされた。そこで、当時Aに対して売掛代金債権78万余円を有していたXが、Yを相手に上記行為を詐害行為として自己の残存債権額68万5千円余の範囲で取消を訴求し、その金銭の引渡を求めた。これに対し、Yは、Xに対して本訴において配当要求の意思表示をしたから右取消にかかる金員は、XとYとがその債権額に応じて按分して取得すべきものとなったと主張し、自己の債権額に対応する按分額の限度で支払いを拒んだ。1, 2審とも詐害行為の成立を認め、Yの主張を否定したので、Y上告。最高裁は上告を棄却した。

[判旨]　「所論は、原判決が、上告人の配当要求を理由とした按分比例による配当の主張を排斥したのは違法であると非難する。そして、所論は、そ

のいわゆる配当要求は，強制執行法上の配当要求ではなく，受益の意思表示であるというのであるが，実定法上，かかる意思表示の効力を認むべき根拠は存在しない。本来，債権者取消権は，債務者の一般財産を保全するため，とくに取消債権者において，債務者受益者間の詐害行為を取り消したうえ，債務者の一般財産から逸出したものを，総債権者のために，受益者または転得者から取り戻すことができるものとした制度である。もし，本件のような弁済行為についての詐害行為取消訴訟において，受益者である被告が，自己の債務者に対する債権をもって，上告人のいわゆる配当要求をなし，取消にかかる弁済額のうち，右債権に対する按分額の支払を拒むことができるとするときは，いちはやく自己の債権につき弁済を受けた受益者を保護し，総債権者の利益を無視するに帰するわけであるから，右制度の趣旨に反することになるものといわなければならない。

ところで，取消債権者が受益者または転得者に対し，取消にかかる弁済額を自己に引き渡すべきことを請求することを許すのは，債務者から逸出した財産の取戻しを実効あらしめるためにやむをえないことなのである。その場合，ひとたび取消債権者に引き渡された金員が取消債権者のみならず他の債権者の債権の弁済にも充てられるための手続をいかに定めるか等について，立法上考慮の余地はあるとしても，そのことからただちに，上告人のいわゆる配当要求の意思表示に，所論のような効力を認めなければならない理由はないというべきである。」

この判決に対しては批判が多いが（詳細は，下森・民法の判例〔3版〕122参照），有力な批判として，自己の債権の回収のために一番熱心で，もっとも早く手をうった受益者が保護されず，一足遅れた，しかしそれ以外の債権者よりも少し早かった取消債権者を保護する

ことになるのであるから不公平だ，という見解がある（星野・法協91巻1号182以下）。そこでこれに対する対応策として，これまで表明されている見解をみると，大別して4つの立場がある。第1は，判旨の立場に問題があることを認めつつも最終的解決は立法によるほかないとし，現行法上は破産手続によるほかないというもの（飯原・判タ280号），第2は，このような不合理を避けるためにはそもそも弁済や代物弁済の詐害性を否定することだというもの（川井・金商313号），第3は，本件上告理由のいうように，受益者＝債権者は自己の債権額と取消債権額との比率による取消債権額の部分の支払を拒みうるというもの（星野・前掲。ただし，星野説は次の第4説に入るようにも思われる），第4に，受益者＝債権者からの配当要求があった場合には，取消債権者は自己の債権額プラス受益者＝債権者の債権額まで請求を拡張しうると解したうえで，受益者＝債権者の配当要求を認めるものである（福永・民商66巻6号）。

なお，立法論として，債権者は，受益者（または転得者）に対して供託すべき旨を請求しうるにとどまるとするか，少なくとも，引渡を受けた金銭を裁判所に提出すべきものとして，他の債権者に配当加入の機会を与えるべきであろうというものがある（我妻194以下。ただし，取戻財産が金銭である場合の一般論として述べられたもの）。

(e) この問題につき，『注釈民法(10)巻債権(1)旧版』（有斐閣）で以下のように述べた。すなわち，受益者＝債権者にも配当加入を認め

ることとする以上，取消の範囲は拡げるべきであるが，いったん金銭を取消債権者に渡したあとでは，現行民事執行法の下では，先にみたごとく受益者＝債権者の配当加入あるいは強制執行は事実上困難であるから，全部取消を認めた上で，自己が支払をうけうる按分額の範囲で支払を拒みうるとする解釈が比較的妥当といえようか。取消債権者と受益者以外の一般債権者との間では，若干問題があるにせよ，取消債権者がその被保全債権額の範囲で金銭の支払をうけ，弁済充当あるいは相殺により事実上優先弁済を受ける結果となっても，債権回収のために，困難な詐害行為取消訴訟を起した点を汲みとれば，不当とはいえない面がある。他方，他の債権者としては自分も取消訴訟を起せばよいからである。しかし，受益者が債権者の一人であるときは，自己に対して詐害行為取消訴訟を起す途はなく，第一，いち早く債権回収に努力したのであるから，一足遅れた取消債権者に優先される結果となるのはいかにもおかしいといえよう（場合によっては，取消訴訟に参加しなかった債権者に遅れることもありうる）。破産手続はわが国の実状に合わず，弁済の詐害性も例外的に認めた方がよく，かつ代物弁済については対価が不相当な場合もありうるのであるから，弁済や代物弁済の詐害性を否定しただけでは問題の解決にはならない。そうだとすると，債権者同士が詐害行為取消訴訟で争うときは，債権者取消権制度にある程度の簡易破産的機能をもたせ，全部取消を認めたうえで，取消訴訟に参加した債権者と受益者＝債権者との間で，各自の債権額に按分した取分を認め，

受益者＝債権者にはその部分についての支払を拒みうるとしておくのが，現行の民事執行法の下での解釈としては一番公平かつ妥当な解釈とはいえまいか。債権者取消権制度は詐害行為に対する制裁を目的とするものではなく，責任財産の回復を目的とするものであるから，回復された責任財産に対する立場は，債権者である以上同等であるべきであり，民法425条の趣旨にも合致するものといえよう。早い者勝ちを一定の限度で否定するとすれば，普通に強制執行がなされた場合に，他の者が配当加入して得られた金額を各人に与えれば，制度の目的からみて必要かつ十分といってもよかろう。

その後倒産法制の整備により，問題状況は変った。しかし，現行民法の解釈論としては，現段階では，一応この見解はこのまま維持しておく。新しい倒産法の今後の実際の運用状況をもう少し見極める必要があると考えること，また，近い将来の民法改正により立法的解決も考えうる時代だからである。

（3）取消の相手方が債権者以外の受益者または転得者である場合に，それらの者が，取消の結果目的物の返還をしたときは，債務者に対して担保責任を追及し，もしくは不当利得の返還請求をすることができるが，受益者または転得者は，このような債権をもって配当加入をなしうるであろうか。

ボアソナードは前述のごとく肯定する考え方であり，また破産否認権の場合には，一定の要件の下で，反対給付あるいはそれによる現存利益もしくはそれに代る価額の償還等を

請求しうる（破168）。なおボアソナードは，民事上の破産の場合において通常の執行手続よりもより一層平等主義の徹底した破産法類似の手続を自ら起草することを予定していたらしく，廃罷訴権行使後の執行にもおそらくこの手続をあてることを考えていたようであるとの指摘がある（片山・前掲論文173。なお，三ケ月「ボアソナードの財産差押法案における執行制度の基本構造」民事訴訟法研究Ⅵ161以下）。破産は債務者財産の終局的清算であるから，当然，反対給付の返還請求権を認めなければ不公平であろう。問題は，債権者取消権制度の場合にも同様に解すべきかである。

相手方に配当加入を認める学説は，おおむねそれを当然のごとく説明し，その法的根拠を明確にしていない（我妻200，末弘34，川島・法協81巻3号307等）。判例の立場は必ずしも明確でない（飯原『研究』257が積極説としてあげる判例は，いずれも受益者＝債権者の例であって，取消の結果取得した債権での配当加入を認めたものではない）。因みに，この点について積極的に解するとしても，配当加入につき債務名義を必要とすることになった現行民事執行法の下では，取消の結果取得した債権に基づいて配当加入をするのは事実上かなり困難であろう。

この点を消極的に解する学説もある。まず，配当に加入しうる債権者を詐害行為以前に債権を取得した者に限定しようとする説は，詐害行為自体によって債権者となった者にも配当加入権を認めない（板木「債権者取消権・債権者代位権」民法演習Ⅲ89）。この他，受益者が担保責任を問う場合について消極的に解するものがあり，その理由として，もし配当加入を認めると取消債権者を保護するというこの制度の目的を達することができないと説き，したがって右受益者は債務者の他の財産，つまり債権者が取消権の行使によって返還を受けた財産以外の財産または債務者が新たに取得した財産から弁済を受けるべきであるという（加藤正治・破産法研究Ⅳ215）。

(4) 最後に本節の問題点につき総括的に検討しておこう。かつて筆者は，425条の平等主義的な趣旨に立法論的に反対し，取戻しの目的物が金銭の場合，相殺による事実上の優先弁済を肯定した（下森・前掲志林57巻3＝4号237）。そして，425条にいうすべての債権者の範囲につき，「債権者取消権制度は，詐害行為によって損害をうけた債権者，すなわち，詐害行為当時における一般債権者を救済するために，本来，適法かつ有効になしうべき債務者の財産管理行為に干渉することを許す制度であるから，その行使の利益をうける者もまた，右のような一般債権者と解すべきである。したがって，詐害行為後に債権を取得した者は，配当加入をなしえない」。かくて，取消の結果債務者に対して債権を取得することになる受益者または転得者は，当然配当加入をなしえないが，受益者が債権者の一人であったときは，その債権，あるいは取消の結果復活した債権に基づいて配当加入をなしうるものと解した（下森「債権者取消権と不当利得」谷口還暦記念・不当利得・事務管理の研究Ⅲ192）。

しかし，その後考え方が変った。その第1

は，わが国の破産制度の実状に鑑み，債権者取消権制度にある程度の簡易破産的機能を認めるのが妥当と考えるに至ったこと，第2に，詐害行為取消訴訟を債権者同士が争う類型とそうでない類型とに分けて考えることの必要性と有用性の認識をえたこと，第3に，民事執行法の制定による事情の変更である。

かくて，上記の問題につき，私はかつて以下のような見解を述べた（『注民旧版』869頁）。

(a) まず，受益者が債権者の一人でない場合あるいは転得者が相手の取消訴訟類型では，取消債権者を中心とする債務者の一般債権者の保護と受益者・転得者の取引安全の保護との調整がそこでの問題であり，後者の保護は，主として取消の相手方の主観的要件あるいは詐害行為成否の相関的判断によってこれを図る。詐害行為の成立を認める以上，債権者グループの利益を優先させ，425条にいうすべての債権者の中には詐害行為後に債権を取得した一般債権者も含む（この点，以前の私見改説。取消の範囲について問題がある）。そして，取消の結果取得した債権に基づく相手方の配当加入は認めない（この点は従前どおり）。この点，債務者財産の終局的清算手続たる破産否認権の場合と異なっても，不当とはいえない。つぎに，取戻しの目的物が金銭の場合の，取消債権者と一般債権者との平等問題については，通説・判例のとる相対効理論および現行民事執行法を前提として考えるかぎり，権利の保全に熱心であった取消債権者の事実上の優先弁済受領はやむをえまい。その他の一般債権者としては自らも取消訴訟その他の法的手続をとるべきである。なお，責任説をとるときは425条の趣旨が生かせる余地がある。また立法論的には考慮の必要がある。

(b) つぎに，受益者が債権者の一人である債権者同士の争いの類型の場合（特定物債権者同士の争いの場合は→第4章第5節5）には，債権の回収に熱心であった債権者と，一足遅れた債権者との平等をどの程度はかるかの問題である。詐害行為の成立を認める以上，原則として取消債権者と受益者＝債権者との債権額を合算して取消の範囲を決め，受益者の債権あるいはもとの債権の復活を認めて配当加入を許すのが妥当である。差押に優先主義をとらず，債権者平等主義をとっているわが法の下では，特別事情なき限りかかる受益者をとくに排除するいわれはあるまい。ただ，取戻しの目的物が金銭の場合，あるいは金銭以外の有体動産や権利の場合，現行民事執行法の下で困難な問題があることは，先に検討したとおりである。比較的無難な解釈論としては，前述したように，取消の範囲を拡大したうえで，受益者＝債権者が支払をうけうる按分額の範囲で，取消債権者への金銭の引渡ないし支払を拒みうるとするのが妥当であろう。なお，通謀的害意を要件として，弁済の詐害行為取消を認める場合には，受益者の配当加入を認めないことにするのが信義則上妥当と考える。しかし，ここでも，近時の倒産法改正で問題状況がやや変ったが，上記見解は当面維持し，立法的解決を待ちたい。

5 特定物債権による取消の場合の満足の方法

特定物債権を被保全債権とする詐害行為取消権の行使が認められた場合，取消債権者は取消の結果債務者のもとに回復すべき登記名義をさらに自己に移転せよと請求しうるであろうか。

(1) 最高裁はこれを否定した。

【91】 最判昭53・10・5民集32・7・1332

XY₁間でY₁所有不動産につき死因贈与契約がなされていたところ，Y₁がY₂と養子縁組契約をし，この不動産を贈与して移転登記を完了した。そこでXよりY₁Y₂間の贈与を詐害行為として取り消したが，その後Y₁が死亡したので，さらにX自身への移転登記を求めたという事案。

〔判旨〕「特定物引渡請求権(以下，特定物債権と略称する。)は，窮極において損害賠償債権に変じうるのであるから，債務者の一般財産により担保されなければならないことは，金銭債権と同様であり，その目的物を債務者が処分することにより無資力となった場合には，該特定物債権者は右処分行為を詐害行為として取り消すことができるものと解すべきことは，当裁判所の判例とするところである(最高裁昭和30年(オ)第260号同36年7月19日大法廷判決・民集15巻7号1875頁)。しかし，民法424条の債権者取消権は，窮極的には債務者の一般財産による価値的満足を受けるため，総債権者の共同担保の保全を目的とするものであるから，このような制度の趣旨に照らし，特定物債権者は目的物自体を自己の債権の弁済に充てることはできないものというべく，原判決が『特定物の引渡請求権に基づいて直接自己に所有権移転登記を求めることは許されない』とした部分は結局正当に帰する。」

この判決に対しては多くの支持意見があるが(吉永・判タ383号40，辻・民商81巻1号123，早川・法協97巻7号1025，下森・判評258号26など。つとにこの見解をとるものとして，我妻181，飯原『研究』251以下，同『訴訟』517，星野108，林＝石田＝高木181〔石田〕がある)，反対意見もある(中井美雄・判タ390号94。なお，本判決以前に一方的弁済充当説をとる柚木・判評41号，板木・民商46巻2号があり，近時，鈴木153も反対説)。

(2) 反対説の理由とするところは大要つぎのとおりである。金銭の支払を求める債権者取消訴訟の場合に，判例は，この制度が総債権者の平等を実現する制度であるといいつつも，現実には，取消債権者に優先的地位を認めている。この場合，法律上，他の債権者の，回復された金銭に対する配当要求に関する手続上の規定が不備であることが理由とされている。ところが，判例は，特定物債権の場合には共同担保の保全が制度の目的だからとして，取戻しの目的物による弁済請求についてこれを否定するが，これは取戻しの目的物如何によって異なった処理をしていることになるが果して妥当か。金銭の支払を求める取消訴訟の場合に民法425条を死文化するような運用を認める以上，特定物債権の場合にも同様に解しうる余地があるといえよう。他に金

第4章　債権者取消権行使の効果

銭債権者がいる場合にはともかく，そうでない場合には，唯一の債権者たる取消債権者の移転登記請求を認容するのがもっとも合理的ではないか。強制執行による満足では，換価が時価より相当安くなる実状の下では，支払った代金相当額の賠償請求すら十分満足をうけえないことになるおそれがある。特定物債権が金銭債権に変らなければ取消権の行使を認めないというのならともかく，判例はそうは明言していないし，いったん金銭債権に転化したとしても，それは社会通念上の不能によるものであるから，登記名義が債務者のもとへ回復した場合には元の特定物債権を復活させてなんら差し支えあるまい。

(3)　以上の批判を踏まえてどのように考えるべきか。まず，判例法理の理解の仕方であるが，たしかに判例は特定物債権が金銭債権に変らなければ取消権の行使ができないと明確に述べてはいないが，判例のうけいれた学説の立場は，少なくとも取消権行使の時には金銭債権に転化していることを当然の前提とし，金銭債権（損害賠償債権）保全のための取消権行使という立場をとっているのであり，それをうけて最高裁も先例を変更したのであるから，金銭債権への転化が前提となっているとみるのが判例法の理解としては正当であろう。つぎに，取戻しの目的物が金銭の場合との均衡問題であるが，判例が直接債権者自身への目的物の引渡を認めるのは，あくまでその後なさるべき強制執行の準備手続としてそれを許すのであって，取消債権者の被保全債権（金銭債権）そのものへの弁済としてそれを許すものでないことは明白である。目的物が金銭の場合でも同様であり，さればこそ，取消債権者の弁済充当行為あるいは相殺の意思表示が問題とされるのである。そして，金銭の場合に事実上の優先弁済を認める結果になる判例法理にむしろ問題があるのであり，とくに債権者同士が争う取消訴訟類型の場合にその平等性が問題とされ，批判があることは，前述したとおりである。また，他に債権者がいなければ移転登記請求を認めてもよいではないかという議論の前提問題として，受益者の，取戻財産に対する配当加入の可否問題を検討しておく必要がある。前述のごとく，判例の立場は必ずしも明確でないが，通謀的害意者の場合は別として，前述のように金銭債権者同士，特定物債権者同士の争いの類型においては，相手方の配当加入を認めるのが公平であろう（取消の結果元の特定物債権が復活し，かつ履行不能による損害賠償債権となり，これに基づいて配当加入をなしうると構成することとなろうか）。二重譲渡の場合，登記の遅れた買主が，たとえ債務者無資力の場合であっても（否，そうであるからこそ，まさに），登記を先に得た買主に優先する結果となるのは，いかにもおかしい。特定物債権そのものの法的保護は，背信的悪意者理論によってはかれば必要かつ十分である。かくて，取消の相手方に配当加入を認めることとすれば，取消債権者が登記の引渡を請求しうる場合は存在しなくなる。しかし，仮にこれを認めない立場でも，金銭債権の保全に限定すべきである。特定債権保全に債権者取消権制度を転用するのは，177条との関係で不当な結果となろう。

問題の根元に立ちかえると，登記名義の債務者への回復や目的物の現実の取戻しを認める相対的無効説にかかる混乱の生ずる遠因があるのであり，これを要しない責任説の立場では，問題は明快に解決される（下森・前掲谷口還暦論文184以下参照）。因みに，取消の相手方に配当加入を認めることとした場合，配当加入につき債務名義を要することとなった民事執行法の下で，ここでもその実効性，さらにはその結果の妥当性について問題があることを指摘しておかねばなるまい。平等主義を維持しつつも，優先主義的傾向が強められた現行民事執行法は，民法425条との関係について多くの検討課題を残したことになる。

第6節　取消の相対効

1　取消の効果は，判例によれば，共同担保保全に必要な範囲で取消訴訟の当事者たる債権者と受益者または転得者との間においてのみ詐害行為を相対的に無効ならしめるにとどまる（前述第1章第4節参照）。そこで，取消判決の既判力は，取消訴訟に参加しない債務者に及ばないのみでなく，債務者と受益者・転得者との間の法律関係にも何らの影響を及ぼさない。取消の効果としての原状回復もまた，債権者と相手方（取消訴訟の被告）との間においてのみ相対的に発生するものであって，債務者はこれによって受益者または転得者に対して直接に財産の回復またはこれに代るべき賠償の請求権を取得することはない。そこで，債権者もまた債務者に対する債務名義により受益者または転得者に対し，その受けた利益または財産から弁済を受けるため，債務者の受益者または転得者に対する財産（たとえば金銭）の返還請求権を差し押え，転付命令を得る等の執行をなすことをえない。

【92】　大判大8・4・11民録25・808

[事実]　Aが唯一の資産である帆船1艘及び付属品をYに譲渡したので，XはYを相手にこの売買契約を詐害行為として取消を訴求し，勝訴の確定判決を得た。しかし，Yはすでにこの帆船を他に売却し原状回復が不可能であったので，これに代わるべき損害賠償としてAはYに対して2,000円の債権を取得したものとして，Xは内金1,500円について差押さえをし，転付命令を受けてYにその履行を請求したところ，原審判決はこれを認容した。Y上告。

[判旨]　「詐害行為ノ廃罷訴権ニ於ケル取消ノ効力ハ相対的ニシテ，何人ニモ対抗シ得ベキ絶対的ノモノニアラザルヲ以テ，詐害行為取消ノ裁判ハ独リ訴訟当事者タル債権者ト受益者又ハ転得者トノ間ニ於テノミ法律行為ヲ無効ナラシムルニ止マリ，訴訟ニ関与セザル債務者ニ対シテ法律行為ハ依然トシテ有効ニ存在スルガ故ニ，取消ノ効果トシテノ原状回復モ亦債権者ノ受益者又ハ転得者ニ対スル関係ニ於テノミ発生シ，債務者ハ之ニ依リ何等直接ニ権利ヲ取得スルモノニアラズ。従テ債務者ハ法律行為ノ取消ニ依リ受益者又ハ転得者ニ対シテ，直接ニ財産ノ回復又ハ之ニ代ルベキ賠償ノ請求権ヲ取得スルモノニアラザルナリ。蓋シ詐害行為ノ取消ニ依リ債務者ノ為シタル法律行為ハ無効

第4章　債権者取消権行使の効果

ニ帰シ，債権者ハ受益者又ハ転得者ニ対シ債務者ノ資産ヨリ脱漏シタル財産ヲ直接ニ回復シ，又ハ之ニ代ルベキ賠償ヲ得テ間接ニ債務者ノ資産状態ヲ法律行為ヲ為シタル以前ノ状態ニ回復スルコトヲ得ベク，斯ル資産状態ノ回復ハ一ニ法律行為取消ノ効果ニ基クニ外ナラザレバ，之ガ関係モ亦訴訟当事者ニ限ルベク，受益者又ハ転得者ハ債権者ニ対スル関係ニ於テ債務者ノ資産トシテ如上ノ財産ヲ返還シ，又ハ之ニ代ルベキ賠償ヲ為スベク，債権者ハ債務者ノ原状ニ回復シタル資産トシテ，之ニ依リ債権ノ正当ナル弁済ヲ受クルモノニシテ，訴訟ノ当事者ニアラズシテ法律行為ノ依然有効ニ存続セル債務者ニ対スル関係ニ於テ，其資産状態ハ之ニ因リ直接ニ増加スルモノニアラザルハ勿論，債務者モ亦直接ニ之ガ請求権ヲ取得スルモノニアラザレバ，債権者ガ其ノ正当ナル弁済ヲ受ケタル剰余ハ元ヨリ受益者又ハ転得者ノ資産ニ復帰スルモノナリト謂ハザルベカラズ。唯詐害行為ノ取消ハ総債権者ノ利益ノ為メニ効力ヲ生ズルヲ以テ，未ダ弁済ヲ受ケザル債権者ノ存スル場合ニハ，斯ル債権者ニ対スル関係ニ於テ如上剰余ノ資産ガ尚ホ債務者ノ資産ヲ構成スルコト勿論ナレバ，債権者ニ対スル関係ニ於テ受益者又ハ転得者ノ資産ニ復帰スルハ，元ヨリ総債権者ノ弁済ヲ了ヘタル場合ナルコト言ヲ俟タザルナリ……原審ハ受益者タル Y ガ目的物返還不能ニ基キ負担シタル賠償義務ヲ以テ，債務者 A ガ直接ニ Y ニ対シ取得シタル債権ナリト判示シ其差押転付ヲ以テ正当トシ本訴請求ヲ認容シタルハ即チ詐害行為廃罷訴権ノ法理ヲ誤解シタル不法アリ。原判決ハ此点ニ於テ破毀ヲ免レズ」

しかし，取消債権者は，他の債権者と共に弁済を受けるために，受益者または転得者に対して，その受けたる利益または財産を自己に直接支払または引渡をなすことをその固有の権利として請求しうる，という【62】大判大10・6・18民集27・1168）。そこで，取消のみで責任財産回復の目的が達成できる場合（詐害行為が債務免除の場合など）は別として，取戻しが必要な場合には，取消（形成の訴）かつ取戻し（給付の訴）を求めて詐害行為訴訟を起すことになるのが通常である。なお，債権者が弁済を受けた剰余は，債務者に帰せずして，受益者または転得者の資産に復帰する。

2　取消の相対効の結果，取消訴訟は受益者または転得者を被告として行われ，債務者は被告適格を有しない。そこで，取消債権者が取消訴訟で自己の債権の存在を主張しても，直接，債務者に対して裁判上の請求をしたことにはならないからとして，判例は，消滅時効の中断を認めない。

【93】　最判昭37・10・12民集16・10・2130

[事実]　本件は，債権者 X 等から受益者 Y_1 に対する詐害行為取消請求訴訟が提起された後に，債務者 Y_2 に対する売掛代金支払請求訴訟が提起され，両者が併合されたものであるが，受益者 Y_1 に対する詐害行為取消訴訟が提起された時点では，未だ X の被保全債権である売掛代金債権の消滅時効期間が経過していなかったところ，その後の Y_2 に対する訴え提起（昭和32年4月15日）時点ではそれが経過していたという事案の下で，債務者 Y_2 が消滅時効を援用し，受益者 Y_1 が Y_2 のなした消滅時効の援用を抗弁として主張したものである。

[判旨]　「X らが，Y_2 に対する売掛代金債権の消滅時効完成前である昭和29年7月5日，Y_2 が Y_1 に対してした本件不動産の譲渡を詐害行為であると主

張し，Y₁を被告として該詐害行為取消の訴を提起したことは原審の確定したところである。しかしXらは，右訴訟において，単に詐害行為取消の先決問題たる関係において，本件売掛代金債権を主張するにとどまり，直接，債務者たるY₂に対し裁判上の請求をするものではないから，右詐害行為取消訴訟の提起をもって，Y₂に対する前示債権の時効の中断があったものと解することはできない。この理は，右訴訟においてY₂が相手方たる適格を認められないため当事者として訴訟に関与するに由ないからといって，なんら異なるところはないといわなければならない」として上告棄却。

このことは，被告である受益者または転得者のために債務者が補助参加した場合でも同様だとされている。

【94】 大判昭17・6・23民集21・716（【65】）

事実 別訴で，X（債務者）B（受益者）間の不動産売買契約につき，A（取消債権者）がその行為を詐害行為としてBに対して取消訴訟を提起した。その後，YはAからこの債権を譲受け，この訴訟に当事者参加をし，Aは脱退した。XはBを補助するために補助参加し，上記債権を否認したが，Y勝訴の判決が確定した。そこで，Xは改めてYを被告として本訴を提起し，上記債権は消滅時効により消滅したと主張して債権不存在の確認を求めた。これに対しYは，Xが先の詐害行為取消訴訟の被告であるBの補助参加人としてこの訴訟に参加していたから，この債権は，同訴訟において行使されたものといえ，これによって消滅時効が中断されたと抗弁した。

判旨 「詐害行為ノ取消ヲ求ムル訴ハ債権者ガ自ラ原告ト為リ，悪意ノ受益者又ハ転得者ヲ被告トシテ債務者ノ行為ノ取消ヲ求ムベキモノニ属シ，債務者ハ該訴訟ニ於テ相手方タル適格ヲ有セザルモノナルコト当院ノ判例トスルトコロニシテ，債権者ハ該訴訟ニ於テ債権ノ存在ヲ主張スト雖モ，夫ハ単ニ詐害行為取消ノ先決問題タル関係ニ於テノミ之ヲ為スニ止マリ，債権者自ラ債務者ニ対シ裁判上ノ請求ヲ為スモノニ非ズ。此ノ理ハ債務者ガ被告タル受益者又ハ転得者ノ為ニ補助参加ヲ為シタル場合ニ於テモ何等異ナルトコロナシ。而シテ債権者ノ行為ヲ取消シ債務者ノ財産上ノ地位ヲシテ，其ノ行為ナカリシ以前ノ状態ニ復帰セシメムトスルハ，固ヨリ債権者自己ノ債権ヲ保全セントスル意図ニ出ズルコト勿論ナリト雖，此ノ場合ニ債権保全ノ意図アル故ヲ以テ，仮差押又ハ仮処分ガ時効中断ノ効力アルコトヲ規定シタル民法第147条ノ規定ヲ類推適用スルコトヲ得ザルハ言ヲ俟タザルノミナラズ，債権者ガ債権者ナルコトヲ原因トシテ行為スル場合ヲ以テ総テ債権ノ行使ナリト解シ，消滅時効中断ノ効力アルモノト為スニ於テハ，債権者ガ債権ヲ譲渡シタル場合ニ於テモ債務者ニ対シ時効中断ノ効力ヲ生ズルモノト為サザルベカラザルニ至ラム。而カモ債権者ガ債務者ヲ被告トシテ給付又ハ積極的確認ノ訴ヲ提起シタル場合，若クハ債務者ヨリ提起セラレタル債務不存在確認ノ訴ニ於テ被告タル債権者ガ債権ノ存在ヲ主張シタル場合ト詐害行為取消ノ訴トハ訴訟ノ目的物ヲ異ニスルガ故ニ，給付又ハ確認ノ訴ニヨリ時効中断ノ効力アルコトヲ類推シテ，詐害行為取消ノ訴ノ提起ニ因リテモ消滅時効中断ノ効力アルモノト為スハ中ラズ」

これに対し，取消訴訟には，債務者に対する「裁判上の請求」または「保全執行」としての中断効はないとしても，民法155条に準じて，債務者に対する取消訴訟の告知または通知に中断効を認むべきである，との見解がある（於保202）。取消の相対効を理由に債務

第4章　債権者取消権行使の効果

者には被告適格なしとする判例理論にはいろいろ批判も多い（飯原『研究』151以下参照）。必要的共同訴訟と解する必要はないが，被告とすることができない（補助参加は認められている。前掲【94】判例参照）とまでする必要があるかは一つの検討課題であろう（近時修正責任説を唱える加藤〔雅〕253以下は，訴訟提起時に債務名義が存在していない場合には債務者・受益者を被告とする固有必要的共同訴訟とすべきだという）。なお，債権者としては，詐害行為取消の訴えに併合して，債務者に対する債権の給付を求めることは許されるから（【93】最判 昭37・10・12民集16・10・2130，同 昭39・1・23民集18・1・76は併合によって裁判された例），この方法で時効を中断しうると同時に，両判決確定後，直ちに強制執行によって満足をうけうる点でも，この方法は有利である。

3　受益者または転得者に対する取消が認められた場合，取消債権者の返還請求権と，受益者または転得者の債権者との当該財産に対する優先関係はどうなるか（取消の相手方破産の場合にこの問題が明確になる）。取消に絶対効を認めれば事は簡単である。相対効をとるときはどうか。結局は利益考量で決すべき問題ではあるが（広中俊雄「債権者取消権の性質──法的構成」ジュリ300号〔昭39〕150），学説上，意見が分れている。取消債権者の優先権を否定する説は，もし取消の相手方が破産したときに取消債権者に取戻権を認めるときは，その財産を目的として信用をあたえた他の破産債権者（すなわち，取消の相手方の債権者）の権利を害し，取引の安全を害する，と

いうにある（加藤正治・破産法研究Ⅳ288以下）。しかし，債権者取消権行使の効果につき，取消債権者の優先弁済権を認めず，しかも取消の範囲を被保全債権額に原則として限定している判例法の下で，さらに，取消債権者に，相手方の債権者に対する優先権を認めないとすると，せっかく取消債権者が困難な取消訴訟を起しても，その実効性がますます薄められることとなって，妥当性を欠くように思われる。この場合，取消の効果を相対効としつつ，取消債権者の優先性を認める法的構成をどうするか，残された課題である（下森・前掲志林57巻3＝4号215参照）。

4　取消権行使の結果，債務者と受益者，受益者と転得者との法律関係はどうなるであろうか。

（1）取消の効力を絶対的無効とみ，取消の範囲について限定を設けず，詐害行為の全部取消を認める形成権説の場合には，債務者・受益者間の行為は，はじめから存在しなかったことになるから，受益者はそれによって受けとった物を債務者に返還する義務を負うとともに，債務者に対して，自己の給付したものの返還を請求しうる。この場合，所有権に基づく返還請求権と不当利得返還請求権との両者が考えられうる。また，弁済や代物弁済が詐害行為として取り消された場合には，いったん消滅した元の債権が復活する。この場合には債務者の追奪担保責任の問題は生じない。担保義務は契約の有効な成立を前提とするものだからである（石坂・改纂民法研究下

巻259以下参照)。つぎに，悪意の転得者は債務者の行為取消の効果を受け，いったん取得した権利は無権利者から取得した結果となり，その権利は当然に債務者に復帰する。この場合，転得者は，受益者が譲渡した権利は他人の権利であったことを理由として，有償契約の場合には，受益者に対して権利欠缺に対する追奪担保の責任を問いうる(561・559，石坂・前掲書270)。

(2) これに対して，相対的効力説によるときは，債務者・受益者間の行為は依然として有効であるから，この場合の説明が困難となるが，この説を代表する我妻説は，詐害行為が無償行為の場合には，目的物の返還あるいはそれに代る損害の賠償をしても，受益者に不当な損害はないが(加藤〔雅〕245も同旨)，有償行為の場合には，受益者は債務者の損害賠償責任は問えないけれども，彼の支払った対価につき，債務者の一般財産がそれだけ不当利得することになるものとして，現存利益の返還請求権が認められるものとする。また，弁済や代物弁済が詐害行為として取り消されたときは，弁済によっていったん消滅した債権は復活するものとする。転得者から目的物の返還またはこれに代る賠償を請求する場合にも，債務者の一般財産に生じた不当利得は，その利得の現存するかぎり，そして転得者の損失の限度で，これを転得者に返還しなければならない。すなわち，転得者は，受益者に対して追奪担保その他の請求はできないが，債務者の一般財産が受益者から対価を受けた上に転得者から目的物の返還を受けることによって生ずる不当利得の返還を，受益者をとびこして債務者の一般財産から請求することができる。受益者または転得者はこの不当利得返還請求権に基づいて，取消債権者の取戻財産への強制執行に際し，他の一般債権者と同一の立場で配当加入をなしうる，という(我妻200)。しかし，債務者・受益者間の行為が有効であるとする以上，債務者・受益者間，受益者・転得者間にはそれぞれ担保責任が生ずるとみるのが筋であろう(加藤〔正〕前掲書215，川島73)。根拠規定は，561条の担保責任とみるべきではなく，567条の趣旨の類推適用に求めるのが妥当であろう。また，不当利得の問題が生ずるともいえるが，相対効を前提とする以上，受益者が支払った対価につき債務者が不当利得をするのではなく，受益者または転得者から取り戻された財産で債務者が債務を免れた場合に，債務者が債務免脱の不当利得を得たものとみるべきであろう。

(3) この点を，責任説は次のように説明する。財産譲渡行為が詐害行為として取り消されたときは，責任的取消の結果，受益者は他人(債務者)の債務につき責任を負った形となるから，その財産につき取消債権者が強制執行をして満足を得た場合には，売買の目的物に担保が付着していた場合の売主の追奪担保責任に関する567条の趣旨を類推適用して，受益者は債務者の担保責任を問いうる。詐害行為が無償行為の場合には，551条の類推適用の結果，原則として受益者は，債務者の担保責任を問いえない。さらに，受益者は自己の財産で債務者の債務を弁済したことになる

から，債務者に対して，不当利得返還請求権としての性質をもつ求償権を取得することになる(弁済による代位も考えうる。なお，加藤〔雅〕244参照。但し，加藤〔雅〕245は，無償行為の場合，受益者の債務者に対する不当利得に基づく求償権を認めない。出捐額がゼロであるからという。また，受益者善意・転得者悪意の場合に取消権の行使を認め，転得者の受益者に対する求償権を一応認めつつ，しかし，それ自体の行使は権利濫用となるが，これを被保全債権として受益者の債務者に対する求償権を423条に基づいて代位行使することは許されるという。この点下森説は，奥田説同様，転得者の受益者に対する求償権は否定し，転得者の債務者に対する不当利得に基づく直接の求償権行使を認める。転得者の財産で債務者がその債務を免れたことがその根拠である。不当利得の内容をどう捉えるかの差異によるものである)。担保責任と求償権の行使そのいずれを選択してもよいが，物価の変動があった場合はともかくとして，計数的には，原則として後者が有利であろう(無償行為の場合は明確に有利)。この場合の債務者に対する不当利得返還請求権を債務免脱による不当利得とみるときは，強制執行の終わった後にその請求権が発生するのであるから，受益者あるいは転得者の配当加入問題は生じない。そして，一般にかかる場合の債務者は無資力であるから，事実上は弁済をうけえず，債務者の資力が回復するのを待つほかあるまい。

これに対して弁済や代物弁済が詐害行為として取り消されたときは，当該目的物は，従前同様，債務者の責任財産を構成すべく復活するのであるから，それが一般的に担保していた受益者の債権も当然復活することになる。そして，その復活した債権に基づいて，受益者は，取消債権者のなす強制執行の際に，配当加入しうるものと解する(第4章第5節4(2)(e))。

さらに，転得者が取消の相手方とされたときは，転得者は，受益者に対して567条の類推適用により担保責任を問いうる。もっとも，受益者善意，転得者悪意でも詐害行為の取消が認められうるとした場合(相対的構成)には，前述のごとく(第3章第1節2(e))，転得者は受益者の担保責任を追及しえない(担保責任の根拠規定を561条でなく567条に求めても，同様のことがいえる。)。さらにまた，債務者に対しては，責任関係が実現されたときは，第三者の弁済となり，求償権を取得する(なお，加藤〔雅〕説については前述した)。その求償権の性質・効力は，物上保証人のそれに準じて考えればよい(下森・前掲谷口還暦論文191，同「詐害行為取消権の法的構成」民法の争点Ⅱ51参照)。

(4) 我妻説と責任説との差異を次に具体的事例で説明してみよう。A(債権者)はB(債務者)に700万円の貸金債権を有していた。Bは他に資産がないにもかかわらず，時価600万円の不動産をC(受益者)に400万円で売却し，Cはさらにd(転得者)に600万円で転売し，それぞれ移転登記も完了した。この不動産はその後(詐害行為取消権行使時——正確には口頭弁論終結時)700万円に値上りしている。この事案でAの取消権行使が認められた場合の，BC間とCD間の法律関係はどうなる

第6節　取消の相対効

　AがCを相手として価格賠償の請求をし，700万円の賠償を得て，その債権が満足を得たとすると，責任説では，Cは第三者の弁済をしたこととなり，Bに700万円の求償権を取得する。また，Bに対して567条の担保責任を問い，契約を解除した場合には，400万円の代金返還と損害賠償の請求をなしうることになる。この不当利得構成でゆくときは，取戻財産に対する配当加入は不可能であるが（Aの満足後にCの債権が発生するのだから），追奪担保責任でゆくときは，配当加入の余地が論理的には可能となる。しかし，筆者はこの立場をとらず，また加入を認めるとしても，債務名義の点で実効性は疑わしい。なお，無償の場合，CはBの担保責任を問えないが，不当利得の返還請求権は成立する。

　我妻説によるときは，CはBに400万円の不当利得——Bが浪費したときはもっと少なくなる——の返還請求権を有する（債務名義の点で実効性は疑わしいが，取戻財産に対する配当加入が認められる）ことになるが，これではCが安く買った効果は全く否定され，絶対効と同じことになる。無償でCが贈与を受けた場合，CはBになんらの請求もなしえない。ここでも絶対効と同じ結果となる。

　AがDを相手に取消訴訟をした場合も同様で，責任説では，D名義の当該不動産にAが強制執行をして債権の満足を得た場合は，その限度で，DはBのために第三者の弁済をしたことになるから，700万円の求償権を取得する。また，Cが悪意の場合には，567条の類推適用によりCの担保責任を問う

る。我妻説では，DはBにどれだけの不当利得の返還を請求しうることになるのか。Cからうけとった400万円が不当利得となりそうだが，その結果は果して妥当か。BC間の行為が無償行為の場合には，DはBに不当利得の返還請求もできず，またDは常にCの担保責任を問えないとされるが，果して妥当であろうか（於保203参照）。取消権の法的性質につき責任説をとらなくとも，この問題に関しては，同じように考えるのが妥当ではあるまいか。責任説からのこの問題提起は，近時の学説によって承認されつつある（林=石田=高木191〔石田〕，沢井裕・テキストブック債権総論〔昭55〕71，奥田・327，鈴木128等）。もっとも，奥田説は，転得者を被告として取消権が行使された場合，転得者は債務者に対して債務免脱の不当利得返還請求をなしうるが，受益者に対しては，その者が悪意であっても追奪担保責任を問えないとし，その理由として，受益者と転得者との間では，債務者→受益者，受益者→転得者の財産移転行為は何らの瑕疵なく完全に履行されたのであり，転得者が債権者からの返還請求により権利を奪われたのは，もっぱら転得者の事情によることであって，前主たる受益者の無権利（ないし無権限）のゆえではないからである，という。ただそうなると，たまたま被告とされた受益者または転得者が実質上，全損失をかぶることとなり，その犠牲において，取消債権者その他一般債権者の満足がはかられている点に問題を残し（於保・203），ことに，判例のように相当代価による不動産売却も詐害行為となるとして取消が認められ，受益者か

ら財産自体が一般財産中へと回復されながら、受益者はその支払った対価につき、債務者との関係では法律上の原因に基づくものである（売買は有効）として返還請求が認められず、他方、復帰財産は債務者に帰属していないとして、その段階での不当利得返還請求も認められないということでは、この矛盾は一層深刻であると指摘する（奥田・327）。

この難問題一般については前述したところであるが（第4章第5節4、私見については、同章同節4(2)(e)）、ここでの問題と関連して若干の補足を加えておこう。転得者を被告として取消権が行使された場合、受益者が善意の場合は常に詐害行為が成立しないとの絶対的構成をとれば、転得者が悪意であっても、彼に対する取消権の行使は認められないのであるから、問題は生じない。問題は相対的構成をとった場合である。まず、受益者が善意のときは、奥田説の説くとおり、受益者はまったく瑕疵のない権利を転得者に移転したのであり、「転得者が債権者からの返還請求により権利を奪われたのは、もっぱら転得者の事情による」ことであるから、受益者の追奪担保責任を問いえない。転得者としては、実効性がないとしても、債務者に対する不当利得返還請求によるほかない。この不当利得返還請求権に基づいて、返還された責任財産への取消債権者による強制執行の際、配当加入が許されるかについても債務者財産の終局的清算手続きたる破産否認権の場合と異なり、個別強制執行の準備手続きたる債権者取消権制度の場合には、配当加入が認められなくともやむをえまい（因みに、この場合の不当利得返還請求権の内容は我妻説のいう受益者の支払った対価の返還請求権を指す、債務免脱の不当利得とみる私見の立場では執行が終わってからこの請求権が発生するのでそもそも配当加入の余地がないからである）。転得者が自らの善意を挙証できない限り、かかる結果を甘受するほかあるまい。また、仮に配当加入を認めるとしても、配当加入につき債務名義を必要とする現行民事執行法の下では、配当加入は事実上困難であること、前述したとおりである（第4章第5節4(3)）。問題は受益者が悪意の場合である。この場合には、たまたま被告とされた受益者または転得者が実質上、全損失をかぶることとなる。この事例においては、受益者に追奪担保責任を課すことにしても不当ではあるまい。その悪意の故に本来取消権行使の対象となるはずの受益者が、たまたま転得者を被告として取消権が行使されたために、全損失を転得者にかぶせて損失を免れる結果となるのは、転得者が悪意であったとはいえ、不公平である。悪意の受益者は取消権成立の第一次的責任者であり、転得者との関係で「まったく瑕疵のない権利を転得者に移転した」ものとは必ずしもいえないからである。担保責任の根拠規定を民法567条の類推適用に求め、同条3項の損害賠償については過失相殺で公平を図るのが妥当と考える。しかしこの点は意見の分れるところであろう。

因みに、近時、受益者あるいは転得者の債務者に対する不当利得返還請求権につき、我妻説を支持する見解が表明された（近江156以下）。すなわち、受益者あるいは転得者を被告とする取消権の行使が認められ、逸出財産

第6節　取消の相対効

が債務者の責任財産として回復された場合，それによって「利得を生じたのは債務者の一般財産（B〔債務者〕自身ではない）であるから（受益者から対価を得ている），不当利得の返還請求は可能である」(156)。この場合に，債務者の債務の免脱を不当利得とみるのは妥当でなく，「この場合の不当利得は一般財産の増価分から判断すべきだから，実際には，受益者の対価相当分がそれに当たる」(157)という。しかしこの説明には論理的に問題がある。たしかに，取消による目的財産の返還後，強制執行までの間，債務者の責任財産は対価相当分だけ計数上増えた形にはなってはいるが（実際にはほとんど残っていない），「利得を生じたのは債務者の一般財産であって債務者自身ではない」という以上，回復された責任財産に対して取消債権者が強制執行するまでの間は，債務者自身には「不当」な利得はないはずである。つまり，取消の効果は相対効で，債務者・受益者間では有効という以上，債務者は財産を譲渡した対価として金銭の支払を受けたのである（つまり法律上の原因がある）から，その対価の受領が不当な利得だというのは論理的におかしい。取消債権者が，その後，回復された責任財産に強制執行すると，その段階で債務者は債務を免脱されることになり，その債務の免脱は，債務者・受益者間では受益者の所有である財産への強制執行によってもたらされ，債務者自身にその効果が及んだものであり，債務者の保証人でもないのに，他人の債務を自己の財産から強制的に弁済させられ，損失を受けた受益者あるいは転得者は，債務者の得た債務の免脱を不当利得としてその返還を請求しうるものといえよう（求償権の行使といってもよい）。

第5章　債権者取消権の短期消滅時効

1　426条の立法の沿革と比較法

　債権者取消権の短期消滅時効に関する426条は旧民法財産編344条に若干の修正を加えて作られたものである。旧民法の規定は次のとおりである。「廃罷訴権ハ詐害行為ノアリタル時ヨリ30个年ニシテ時効ニ罹リ消滅ス若シ債権者カ詐害ヲ覚知シタルトキハ其覚知ノ時ヨリ２个年ニシテ消滅ス／右ノ時効ハ再審申立ノ訴権ニ之ヲ適用ス」

　ところで，旧ドイツ取消権法12条１項は，３条１号（故意否認の場合）に基づき取り消しうべき行為は，10年間に限りこれを取り消すことができる，とし，また同条３項は，取消は，法律行為をした時から30年経過したときは除斥される，と定めていた。そのほか，無償行為および債務者がその一定の親族と締結した有償契約については取消前１年以内の行為，債務者からその配偶者になされた無償行為については取消前２年以内の行為に限り取り消しうるものとしていた（３条２号，３号，４号）。

　これに対してドイツ現行法は，①故意による詐害行為については，取消前10年以内の行為（３条Ⅰ），②倒産法138条に定める緊密な関係にある者との間で締結した有償契約については，取消前２年以内の行為（３条Ⅱ），③無償給付については，取消前４年以内の行為（４条Ⅰ），④出資に替わる貸付（６条）のうち担保提供行為については，取消前10年以内の行為（６条Ⅰ），弁済等により満足を与えた行為については，取消前１年以内の行為に限り，それぞれ取消しうるものとした。なお，ここで定められている期間については，取消請求が裁判上主張された時から遡って計算すべきものとされている（７条）。

　フランス民法は，期間制限の規定を欠き，無制限説や30年説が唱えられている，という（仏蘭西民法Ⅲ〔現代外国法典叢書〕122参照）。

　これに対して日本法の沿革はどうかというと，現行民法の成立に際して，短期２年，長期20年の案が出され，穂積委員から次のような説明がなされた。「本条ハ財産編第344条ニ聊カ修正ヲ加ヘマシタノデアリマス乍併同条ノ実質ニ於テハ変ハリマセヌ即チ取消原因ヲ覚知ノ時カラ２年ト云フノハ之ハ余リ長イ間其受益者ヲシテ不確定ノ位置ニ置クノモ随分気ノ毒ノコトテアリマスカラ或ハ１年テモ重カラウカトモ思ヒマシタガ乍併既成法典ニ２

債権者取消権の判例総合解説　191

年トアルノハ酷トク長過キル方テモアリマセヌカラ其儘ニシテ置キマシタ既成法典ノ長イ方ノ時効期限カ30年ト為ツテ居ルノヲ20年ト改メマシタノハ之ハ既成法典ニ於テ消滅時効カ30年トアツタノヲ本案ニ於テハ20年ト直ホリマシタカラ矢張リ既成法典ノ主義ニ依テ唯ダ年限丈ケヲ改メタノデアリマス其他ハ書キマシタ順序ガ変ハリマシタ丈ケデアリマス」。ついで，2項の再審の規定は，民事訴訟法の規定に委ねるのが妥当と考えて削った，と説明している（法典調査会速記録3〔商事法務版〕133）。これが若干の文章の修正を加えて現行法となったのである（椿寿夫「詐害行為取消権の期間制限」時報55巻4号〔昭58〕17以下参照）。

2 426条の趣旨と内容

(1) 穂積委員の説明からも明らかなように，民法が詐害行為取消権についてとくに短期の消滅時効を認めたのは，取引の安全を考慮したものである（梅89-90も同旨）。

(2) 「取消しの原因を知った時」とは，債務者が債権者を害することを知って法律行為をなした事実を債権者が知った時をいう。そして，受益者に対してと転得者に対してとで，起算点を異にすべきでない。取消の対象は債務者のなした行為であって，受益者・転得者間の行為ではないからである。

【95】 大判大4・12・10民録21・2039

判旨「民法第424条ニ規定セル詐害行為取消訴権ハ債権者ヲ害スルコトヲ知リテ為シタル債務者ノ法律行為ヲ取消シ，債務者ノ財産上ノ状態ヲ其法律行為ヲ為シタル以前ノ原状ニ復シ以テ債権者ノ権利ヲ保全スルコトヲ目的トスルモノニシテ，詐害行為ノ目的タル財産ガ受益者ノ手ヲ離レ転得者ノ有ニ帰シタル場合ニ於テハ，債権者ガ受益者ニ対シテ取消権ヲ行使スルト転得者ニ対シテ之ヲ行使スルトハ其自由権内ニ属スト雖，取消権ノ目的タル法律行為ハ受益者又ハ転得者ノ行為ニアラズシテ常ニ債務者ノ行為ニ外ナラザレバ，民法第426条ニ所謂取消ノ原因トハ債務者ガ債権者ヲ害スルコトヲ知リテ法律行為ヲ為シタル事実ヲ云フモノト解セザルベカラズ。或ハ債権者ガ受益者又ハ転得者ニ対シ取消権ヲ行使スルニハ是等ノ者ノ悪意ナルコトヲ必要トスルヲ以テ，受益者又ハ転得者ノ悪意ナルコトモ亦所謂取消ノ原因タルベキガ如キモ，受益者又ハ転得者ノ悪意ハ法律ノ推定スルモノナルコト民法第424条第1項ノ規定ニ徴シ明白ナレバ，債権者ガ債務者ノ法律行為ガ詐害ノ目的ニ出デタルコトヲ知リタルトキハ，受益者又ハ転得者ノ悪意ナルコトヲ知ラザルトキト雖取消権ヲ行使シ以テ自己ノ権利ノ保全ヲ計ルヲ得ベシ。是ニ於テ之ヲ看レバ民法第426条ニ規定セル2年ノ時効ノ起算点タル取消ノ原因ヲ覚知シタル時トハ，債務者ノ法律行為ガ詐害ノ目的ニ出デタルコトヲ債権者ニ於テ覚知シタル時ヲ云フモノニシテ，受益者ニ対スルト転得者ニ対スルトニ依リ起算点ヲ異ニスルモノト解スベキニアラズ。若シ受益者ニ対スルト転得者ニ対スルトニ依リ起算点ヲ異ニシ，転得行為以後ニ於テ時効ノ起算点ヲ定ムベキモノトセンカ，数次ノ転得者アリタル場合ニ於テハ各転得者ニ対シ起算点ヲ異ニスル結果，転得者ノ権利ハ永ク不確定ノ状態ニ在リテ民法ガ短期時

効ノ制度ヲ認メ第三者ノ権利状態ヲ速カニ確定セントスルノ趣旨ニ反スルニ至ルベシ」

(3) また，債権者が特定の具体的な詐害行為の存在を知ったことを要し（最判昭46・9・3金法628・36），単に債務者が財産を処分したことを知るだけでは足らず，当時の債務者の財産状態からみて債権者を害するものであることを知ることが必要であるし【63】大判大6・3・31民録23・596），登記（所有権移転）の記載があるとの事実のみから，債権者がその登記の時から原因たる譲渡行為（詐害行為）を知ったものと認定すべきではない。

【96】 大判昭7・3・22民集11・346

[事実] Aがその所有土地をYに代物弁済として譲渡した行為をXが詐害行為として取消を求めた訴訟で，原審判決は，大正5年中にこの土地が代物弁済として譲渡された事実と所有権移転登記が完了した事実を認定した上で，若しこの行為が詐害行為であれば，上記登記の記載がある事実のみによってXからの反証なきかぎり，その当時つまり大正5年中にXは当該譲渡行為があったこと，及びそれが詐害行為であったことを知っていたものと認定すべきものとして，Xの詐害行為取消権はこの時から2年の経過により消滅時効に罹った旨判示した。Xより上告。

[判旨] 「然レトモ土地所有権譲渡ニ因ル登記カ為サルルモ譲渡ノ当事者ニ非スシテ単ニ譲渡人ノ債権者ニ過キサル上告人ハ特別ノ事情ナキ限リ右登記ニ関スル事実ヲ知ルノ機会ヲ有スルモノニ非ス従テ右登記ノ為サレタル事実ノミニ依リテ直ニ上告人カ登記ノ時ニ於テ已ニ右譲渡行為アリシ事実ヲ知リタルモノト推定シ得ヘキニ非ス譲渡行為ノ当事者ハ登記ニ因リテ其ノ権利移転ヲ第三者タル上告人ニ対抗シ得ルニ至ルヘシト雖之ヲ以テ登記ノ時ヨリ上告人カ既ニ譲渡行為アリシ事実ヲ覚知シ居リタルモノト推定スルノ理由ト為スヲ得ス然レハ原判決カ右乙号各証ニ存スル登記ノ記載ノミニ依リ上告人カ係争土地ノ譲渡行為ヲ其ノ登記ノ当時ヨリ覚知シタルモノト認定シタルハ理由不備ノ違法アリ」

(4) さらに，判例は，単に債権者が詐害の客観的事実を知っただけでは足りず，債務者に詐害の意思のあることをも知ったことを要するという。

【97】 最判昭47・4・13判時669・63，判タ288・77

[判旨] 「詐害行為取消の消滅時効は，取消権者が取消の原因を覚知した時から進行するものであるところ，右にいう取消の原因を覚知するとは，取消権者が，詐害行為取消権発生の要件たる事実，すなわち，債務者が債権者を害することを知って当該法律行為をした事実を知ったことを意味し，単に取消権者が詐害の客観的事実を知っただけでは足りないと解すべきである。けだし，債権者は，債務者の詐害の意思をも知るのでなければ，詐害行為取消権の行使を期待しえないからである。もっとも，一般の取引における債権者は，債務者の資産状態および弁済の意思等について知識を有するのを常とするから，特段の事情のないかぎり，詐害の客観的事実を知った場合は，詐害意思をも知ったものと推認するのを相当とする。」

本判決は，従来の通説（勝本・債権総論・中(3)450，於保・181，我妻＝水本・判コメ債権総論

147，松坂・総判238）にしたがったものである。しかし，学説には，債務者に詐害の意思のあることまで知る必要はない，というものがある（我妻207）。処分行為が行われたことを知る以上，詐害の意思の存在を後に知ったからといって，その時から時効が進行するというべき理由はないから，という。本判決は，従来の通説にしたがいつつも，特段の事情のないかぎり，詐害の客観的事実を知った場合には，債務者の詐害の意思も知ったものと推認するのが相当としているので，事実上詐害の客観的事実を知っていたことを立証すれば足りることが多くなるから結果的には我妻説と余り違わないことになろうとの指摘がある（法律時報本件判例解説）。なお，本件判旨は，本件原審は詐害行為取消訴訟が提起された時から2年以上前に債権者が詐害の客観的事実を認識していた事実も認められないと認定しているのであるから，詐害意思の認識について論ずるまでもなく時効の抗弁は採用されえないとも述べている。上記判旨の一般論は，将来の紛争に備え我妻説に応接しておくことで，実務上は両説にさほどの差異がないことを明確にしておいたものといえよう。

(5) 債権者が詐害行為を知ってから2年を経過したことは，時効を援用しようとする相手方（受益者または転得者）が挙証すべきである（我妻207，於保203，松坂「債権者取消権」総判民(7)239，飯原『研究』212，奥田・328）。

(6) 「行為の時から20年」という場合の行為とは，詐害行為である。転得者に対する関係でもこれを起算点とする（我妻207）。

(7) 判例は，詐害行為の目的物に対してその保全のためになした仮処分は，取消権行使を無益に終らせないための必要な手段であり，民法147条2号により取消権の時効中断事由になるものと解している。

【98】 大判大14・1・28民集4・19

[事実] 無資力のAがその所有不動産をYに譲渡し移転登記を完了した。そこで，Aに対し株金払込請求権を有するXが詐害行為取消訴訟を提起した。Yが取消権の時効消滅の抗弁を主張したのに対し，Xは取消権及び財産回復請求権の執行保全のために当該不動産に処分禁止の仮処分をしたので，時効は中断されたと再抗弁した。原審判決は，取消権は形成権の一種であるから，性質上判決の執行を必要とせず，また執行することを得ないとして，仮処分により取消権の時効が中断されることはないと判示した。X上告し，詐害行為取消権は単純な形成権ではなく，形成権と請求権とを包括する一種特別の権利，換言すると，一方的に法律行為を取り消しかつ原状回復又はこれに代る損害賠償の請求を求めうる権利だと主張した。

[判旨] 「民法第424条ノ取消権ハ債権者ヲシテ正当ナル弁済ヲ受ケシムル為債務者ノ詐害行為ヲ取消シ其ノ資産ヲ詐害以前ノ状態ニ復帰セシムルコトヲ目的トスルモノナレバ，同条ノ取消権ハ啻ニ詐害行為ノ効力ヲ喪ハシムルニ止ラズ，更ニ取消債権者ヲシテ総債権者ノ為受益者又ハ転得者ノ受ケタル利益若クハ財産ノ返還ヲ請求スルコトヲ得セシムルモノト謂ハザルベカラズ（大正10年(オ)第225号同年6月18日判決参照）。然ラバ返還請求ノ目的物ニ付現状ノ変更ヲ生ジ判決ノ執行ヲ不能若ハ

困難ナラシムル虞アル場合ニ於テ，其ノ保全ノ為仮処分ヲスコトハ詐害行為取消権ノ行使ヲ無益ニ終ラシメザル為必要ナル手段ニシテ，民法第147条第2号ニヨリ右取消権ノ時効中断ノ事由タルモノト解スベキモノトス」

　学説はこれに賛成するものが多いが（我妻207，柚木＝高木234ほか），反対説もある（勝本・中(3)451）。その理由は，取消権の時効期間を定めたことは立法上非難さるべきだから，解釈上において時効の中断事由は制限的に解すべきだとし，中断事由に該当すべき事由なし，というのである。

　なお，判例は，短期2年，長期20年ともに時効期間と解しているようであるが，長期20年は，行為の時から起算され，かつ中断がありえないので，学説は一般に除斥期間と解している（於保204，松坂116，星野122，奥田328，内田317，淡路319など参照。この問題については椿・前掲論文が詳細に検討している）。もっとも，近時，消滅時効と解すべきだとの主張があらわれている。その理由は，詐害行為取消権は，一般の形成権とは異なり意思表示のみで効力を生ずるのではなく，裁判上の行使によってはじめて効果が発生する。したがって，訴訟提起なくして，相手方の承認による時効中断を求めることの意味は大きく，消滅時効と性格づけ，中断効を認める実益が生じるからである，という（加藤〔雅〕266）。

　(8) 詐害行為取消権の相手方は，取消権の基礎とされている債権の消滅時効を援用しうるかにつき，前述したように（第3章第1節6），判例は始め否定していた。

【99】 大判昭3・11・8民集7・980（【42】）

判旨 「債務者ガ債権者ヲ詐害スル為法律行為ヲ為シタル場合ニ於テハ，其ノ相手方タル受益者ハ若シ債権者ノ債権ガ消滅時効ニ因リ消滅スルトキハ，其ノ債権者ガ詐害行為ノ取消権ヲ失フノ結果トシテ受益者ノ取得シタル権利ノ安固ト為ルベキ利益ヲ得ベキモ，其ノ利益タルヤ時効ノ直接ノ結果ニ非ザルヲ以テ，其ノ債務ノ消滅時効ヲ援用シ得ベキ当事者ト謂フコトヲ得ザルモノトス」

なお，次のような判例もあった。

【100】 最判昭45・1・23判時588・71

事実　XがS振出の手形債権を被保全債権として，SがYに建物を譲渡した行為の詐害行為取消を訴求した事件。Yは，この手形はSからAに振り出され，Aが買掛債務等の支払のためXに裏書譲渡したものであるところ，手形の原因関係をなすXのAに対する売掛債権等は消滅時効によって消滅しているから，XのAに対する手形上の権利もその基礎を失い消滅していること，したがって，この様な場合には，振出人であるSに対してもXが約束手形上の権利を行使することはできないと主張した。

判旨　上告棄却
「右原因関係上の各債権につきその債務者であるAにおいて消滅時効を援用した事実はYの主張立証していないところであるから，Yにおいて右各債権の時効による消滅を直ちに主張することはできない」

　この判例は従来消滅時効の援用について消

第5章 債権者取消権の短期消滅時効

極説に拠ったものと解する向きもあったが，判旨は，Aが時効の援用をした事実が主張立証されていないというにとどまり，Yの時効の援用権の可否について明示していないので，受益者の時効援用権を一般的に否定したものとはいえない（飯原『研究』443）。

この判例法理に対しては，反対する有力学説があり，取消債権者に対する関係で援用を認めるべしと主張していたところ（我妻208），近時，判例がこれを肯定するに至ったことは前述したところである（(第3章第1節6），【71】最判平10・6・22民集52・4・1195──受益者につき肯定）。受益者は取消債権者の債権の消滅によって直接利益を受けるから，145条の「当事者」にあたる，ということを理由とする。

また，詐害行為取消の訴えの提起は，取消債権者の債務者に対する債権の時効を中断しない（【65・94】大判昭17・6・23民集21・716，【93】最判昭37・10・12民集16・10・2130）。この点についても詐害行為取消の相対効との関係において前述したところであるので繰り返さない（第4章第6節参照）。

判例索引

【 】内は本書の判例通し番号，【 】右の太字は，判例通し番号掲載頁を示す．

大判明 30・10・15 民録 3・9・58 ……………………121
大判明 33・7・9 民録 6・7・31 ………………………48
大判明 34・4・26 民録 7・4・87 ……………【21】67
大判明 34・10・21 民録 7・9・76 ……………………68
大判明 35・12・3 民録 8・11・9 ……………【2】48
大判明 36・2・9 民録 9・132 …………………………57
大判明 36・2・13 民録 9・170 ………………………106
大判明 36・9・21 民録 9・970 ………………………82
大判明 36・11・27 民録 9・1320 ……………【36】77, 82
大判明 36・12・7 民録 9・1339 ……93,【72】132, 136
大判明 36・12・7 民録 9・1345 ……………………137
大判明 37・7・8 民録 10・1057 ……………【22】67
大判明 37・10・21 民録 10・134 ……………………85
大判明 37・12・9 民録 10・1578 ……………………79
大判明 38・2・10 民録 11・150 ……………………123
大判明 39・2・5 民録 12・136 ………………………84
大判明 39・3・14 民録 12・351 ………………………48
大判明 39・7・9 民録 12・1106 ………………………25
大判明 39・9・28 民録 12・1154 ……………【23】68, 153
大判明 40・3・11 民録 13・253 …………100,【50】101
大判明 40・7・2 民録 13・745 ………………【32】75
大判明 40・7・9 民録 13・816 ………………………81
大判明 40・9・21 民録 13・877 ……………………110
大判明 41・6・20 民録 14・759 …………………67,【24】68
大判明 41・11・14 民録 14・1171 ………………67, 69, 153
大判明 42・6・8 民録 15・579 ………………………134
大判明 43・12・2 民録 16・873 ………………………48
大連判明 44・3・24 民録 17・117
　………………………………26,【1】28, 123, 125
東京控判明 44・8・8 最近判 9・97，判例体系
　10-4・1443 ……………………………………25
大判明 44・10・3 民録 17・537 ………………………85
大判明 44・10・19 民録 17・593 ……………………124
大判大 4・12・10 民録 21・2039 ……………【95】192
大判大 5・3・30 民録 22・671 ………【13】57, 123, 150
大判大 5・5・1 民録 22・829 ………………【35】76
大判大 5・10・21 民録 22・2069 ………53,【39】80, 81

大判大 5・11・22 民録 22・2281
　………………………………【49】101, 102, 121
大判大 5・11・24 民録 22・2302 ……………………102
大判大 5・12・6 民録 22・2370 ……134,【75】135, 173
大判大 5・12・6 民録 22・2373 ……………………137
大判大 6・1・22 民録 23・8 ………………【5】50, 133, 172
大判大 6・3・31 民録 23・396 ………………………125
大判大 6・3・31 民録 23・596
　……………………29,【63】120, 151, 153, 154, 193
大判大 6・6・7 民録 23・932 …………………………85
大判大 6・10・3 民録 23・1383 ……………【68】126, 154, 155
大判大 6・10・30 民録 23・1624 ……【10】55, 65, 100
大判大 7・4・17 民録 24・703 ………………………133
大判大 7・4・29 民録 24・791 ………………………29
大判大 7・5・11 民録 24・915 ………………【19】66
大判大 7・5・18 民録 24・993 ………………………136
大判大 7・5・18 民録 24・995 ………………………137
大判大 7・7・15 民録 24・1453 ……………………100
大判大 7・9・26 民録 24・1730 ……………【29】72, 83, 85
大連判大 7・10・26 民録 24・2036 ……【3】48, 49, 166
大判大 7・10・28 民録 24・2195 ………………64, 81, 82
大判大 7・10・29 民録 24・2079 ……………………111
大判大 7・11・25 民録 24・2254 ……………………57
大判大 8・4・11 民録 25・808
　………………………………29, 134, 150,【92】181
大判大 8・4・16 民録 25・689 ………………………86
大判大 8・5・5 民録 25・839 ………………【57】110
大判大 8・5・20 民録 25・788 ………………【7】52
大判大 8・7・11 民録 25・1305 ……………86,【53】106
大判大 8・7・16 新聞 1611・16 ………………………86
大判大 8・10・28 民録 25・1908 ……………75,【59】111
大判大 9・5・29 民録 26・776
　………………………………【28】72,【67】125, 154
大判大 9・6・3 民録 26・808 ……………64, 81,【66】124
大判大 9・11・3 民録 26・1631 ……………【26】70
大判大 9・12・24 民録 26・2024
　………………………………【74】134, 137, 167

判例索引

大判大 9・12・27 民録 26・2096
　　………………………………【6】51, 52, 85, 106
大判大 10・3・24 民録 27・657 ………………70, 75
大判大 10・6・18 民録 27・1168
　　…………………………【62】119, 151, 182, 194
大判大 11・11・13 民集 1・649 …………………48
大判大 11・12・8 評論 12 民 176 ………………50
大判大 12・5・28 民集 2・338 ……………【34】76
大判大 12・7・10 民集 2・537 ……………………52
大判大 13・4・25 民集 3・165 ……………………85
大判大 14・1・28 民集 4・19 ……………【98】194
大判大 14・4・20 民集 4・178 ………………75, 105
大判大 15・11・13 民集 5・798 …………【33】76
大判昭 2・11・26 新聞 2804・9 …………………106
大判昭 3・5・9 民集 7・329 …………………53, 93
大判昭 3・5・11 民集 7・337 ……………………129
大判昭 3・11・8 民集 7・980
　　……………………………【42】85, 131, 132,【99】195
大判昭 4・3・14 民集 8・166 ……………………116
大判昭 4・7・10 民集 8・717 ……………………160
大判昭 4・10・23 民集 8・787 ……………………129
大判昭 5・3・3 新聞 3123・9 …………95, 111,【61】112
大判昭 6・3・17 民集 10・170 ……………………82
大判昭 6・4・18 評論 20 民 778 ………111,【60】112
大判昭 6・8・7 新聞 3311・11 ……………………86
大判昭 6・9・16 民集 10・806 ……………【25】69
大判昭 7・2・26 裁判例 6 民 42 …………………47
大判昭 7・3・22 民集 11・346 ……………【96】193
大判昭 7・8・9 民集 11・1707 ………………153, 154
大判昭 7・9・15 民集 11・1841 …………126, 150, 154
大判昭 7・10・14 法学 2・5・124 民 6 ……………93
大判昭 7・12・6 新聞 3504・4 ……………………134
大判昭 7・12・13 新聞 3605・7 ………………85, 104
大判昭 8・2・3 民集 12・175 ……………【76】135
大判昭 8・5・2 民集 12・1050 ………………79, 82
大判昭 8・5・2 民集 12・1057 ……………………85
大判昭 8・10・6 新聞 3621・14 ……………………110
大判昭 8・12・26 民集 12・2966 ……………………48
大判昭 9・2・22 法学 3・9・民 14 …………【20】67
大判昭 9・11・30 民集 13・2191
　　………………………141, 142, 149,【82】150, 158

大判昭 10・1・29 新聞 3801・15 …………………94
大判昭 10・3・30 新聞 3830・13 ………………95, 111
大判昭 10・10・15 新聞 3904・15 …………【51】102
大判昭 11・4・30 民集 15・744 …………………48
大判昭 11・7・31 民集 15・1587 …………………105
大判昭 11・8・10 民集 15・1680 ……………………7
大判昭 12・2・18 民集 16・120 …………………75
東京控判昭 12・4・22 新聞 4139・7 ……………53
大判昭 12・7・9 民集 16・1145 …………………129
大判昭 12・9・15 民集 16・1409 …………………110
大判昭 12・11・10 民集 16・1599 …………【31】74
大判昭 13・3・11 新聞 4259・13 …………………80
大判昭 13・4・20 判決全集 5・19・15 ……………81
大判昭 14・10・30 新聞 4493・9 …………………105
大判昭 14・12・9 新聞 4512・10 …………………93
大判昭 15・4・24 法学 10・93 ……………………160
大判昭 16・2・10 民集 20・79
　　……………………………【54】106, 107,【89】173
大判昭 17・3・17 法学 11・1287 …………………78
大判昭 17・6・23 民集 21・716
　　……………………………【65】123, 124,【94】183, 196
大判昭 20・8・30 民集 24・60 ………64,【30】73, 116
大判昭 20・8・30 民集 24・61 ……………………71
奈良地判昭 27・11・8 下民集 3・11・1582 ………63
最判昭 29・4・2 民集 8・4・745 ……94,【48】95, 109
仙台高判昭 29・12・28 下民集 5・12・2146 …126, 155
最判昭 30・7・5 民集 9・9・1002 ………………156
最判昭 30・10・11 民集 9・11・1626 ……【77】137
名古屋高判昭 31・2・7 新聞 7・3 ………………102
福岡高判昭 31・3・19 高民 9・4・220 ……………129
東京地判昭 31・6・28 下民 7・6・1649 …………124
東京地判昭 31・10・11 下民 7・10・2891 ……58, 59
最判昭 32・5・30 民集 11・5・843 ………………156
最判昭 32・11・1 民集 11・12・1832 ……【58】110
佐賀地判昭 32・12・5 訟務月報 4・2・163 ………53
最判昭 33・2・21 民集 12・2・341 ……………50, 100
最判昭 33・9・26 民集 12・13・3022
　　………………………………………【38】78, 94, 102
最判昭 34・2・12 民集 13・2・91 …………………156
最判昭 35・2・9 民集 14・1・96 …………………66
名古屋高判昭 35・4・11 下民 11・4・801 …………73

判例索引

最判昭 35・4・26 民集 14・6・1046
　　　　　……………70, 【37】78, 88, 110, 133, 【86】157
仙台高判昭 35・7・4 高民 13・9・799…………54
東京高判昭 35・9・14 判タ 110・69…………160
東京高判昭 35・12・12 訟務月報 7・445………155
福岡地判昭 36・3・30 下民 12・3・671 …………53
最大判昭 36・7・19 民集 15・7・1875…………【4】49,
　　　　　【27】71, 86, 105, 137, 141, 143, 155, 179
東京地判昭 36・7・28 訟務月報 7・1577…………155
新潟地判昭 36・12・27 訟務月報 8・57…………155
最判昭 37・3・6 民集 16・3・436…………【41】83
高松地判昭 37・9・24 下民 13・5・1940………58, 59
最判昭 37・10・9 民集 16・10・2070
　　　　　………………………………【88】167, 169, 174
最判昭 37・10・12 民集 16・10・2130
　　　　　………………………124, 【93】182, 184, 196
東京地判昭 38・2・15 判タ 145・70 …………58
大阪高判昭 38・2・23 高民 16・1・34 …………156
東京高判昭 38・5・9 下民 14・5・904…………160
最判昭 38・10・10 民集 17・11・1313…………50
最判昭 39・1・23 民集 18・1・76
　　　　　……………………………85, 86, 106, 151, 184
最判昭 39・1・23 民集 18・1・87………………64
最判昭 39・3・24 裁判集民 72・589, 判タ 162・64
　　　　　……………………………………………160
最判昭 39・6・12 民集 18・5・764………………121
大阪地判昭 39・7・2 下民 15・7・1697 …………102
最判昭 39・7・10 民集 18・6・1078 ……127, 【84】154
最判昭 39・11・17 民集 18・9・1851
　　　　　………………………76, 86, 【44】85, 88, 106
最判昭 40・1・26 裁判集民 77・129………………102
最判昭 40・3・26 民集 19・2・508……【69】130, 131
最判昭 40・4・20 判時 411・63 ……………94, 96, 109
最判昭 40・9・17 訟務月報 11・10・1457
　　　　　……………………………………126, 【85】156
最判昭 40・10・15 裁判集民 80・791………137, 141
最判昭 41・4・14 判時 448・33 ………………105
最判昭 41・5・27 民集 20・5・1004……78, 【43】85, 86
最判昭 42・5・2 民集 21・4・859 ……………………5
最判昭 42・6・22 判時 495・51…………………160
最判昭 42・6・29 裁判集民 87・1407, 判時 492・55

　　　　　………………………………………………93
最判昭 42・6・29 判時 492・55………………94, 105
最判昭 42・11・9 民集 21・9・2323
　　　　　…………………………44, 【45】91, 95, 112
最判昭 43・2・2 民集 22・2・85 ………44, 91, 112
最判昭 43・11・15 民集 22・12・2659………【70】130
最判昭 44・12・19 民集 23・12・2518
　　　　　…………………………44, 【46】91, 95, 112, 115
最判昭 45・1・23 判時 588・71 …………131, 【100】195
最判昭 45・11・19 判時 616・65, 判タ 256・122
　　　　　……………………………………【55】107, 109
最判昭 46・6・18 金法 620・55 ……………86, 106
最判昭 46・7・16 判時 521・136………………86
最判昭 46・9・3 金法 628・36 ………………193
最判昭 46・9・21 民集 25・6・823………【9】53, 147
東京地判昭 46・10・4 判時 658・51……………53
最判昭 46・11・19 民集 25・8・1321
　　　　　……………………………86, 102, 【90】174
最判昭 47・4・13 判時 669・63, 判タ 288・77
　　　　　……………………………………【97】193
最判昭 47・10・26 金法 671・56 …………【56】107
東京高判昭 47・11・30 判時 693・25…………94
最判昭 48・11・30 民集 27・10・149
　　　　　……………………………【47】94, 106, 107
東京地判昭 48・12・17 訟務月報 20・5・19………102
広島高判昭 49・4・24 訟務月報 20・8・17………102
最判昭 49・9・20 民集 28・6・1202………【14】58
最判昭 49・12・12 裁判集民 113・523, 金法
　　743・31………………………………………127
最判昭 50・7・17 民集 29・6・1119……………【8】53
最判昭 50・12・1 民集 29・11・1847……142, 【87】159
最判昭 50・12・19 金法 779・24 ………73, 【40】81
最判昭 51・7・19 金法 801・33…………94, 95, 107, 109
最判昭 52・7・12 判時 867・58 ……………95, 【52】102
神戸地判昭 53・2・10 判時 900・95……………63
最判昭 53・10・5 民集 32・7・1332
　　　　　………………………………50, 156, 【91】179
最判昭 54・1・25 民集 33・1・12………………141-143
最判昭 54・4・6 民集 33・3・329………………121
最判昭 55・1・24 民集 34・1・110
　　　　　………………………50, 【11】55, 65, 96, 100

債権者取消権の判例総合解説　**199**

判 例 索 引

最判昭 58・12・19 民集 37・10・1532 ……【15】59, 61
東京高判昭 61・11・27 判タ 641・128 ………… 153
最判昭 62・4・7 金法 1185・27 ……… 141,【79】142
最判昭 62・7・3 民集 41・5・1068 ………………… 7
最判昭 63・7・19 裁判集民 154・363, 判時 1299・
　70 ……………………………………【80】143, 144
最判平元・4・13 金法 1228・34 ……………… 133
東京地判平元・5・24 判時 1351・74 ……【83】153
最判平 4・2・27 民集 46・2・112 …………【81】143
最判平 4・3・19 民集 46・3・222 ……………… 131
最判平 8・2・8 判タ 906・237, 判時 1563・112
　………………………………………………【73】133
東京高判平 8・3・13(【18】原審) ……………… 97
最判平 9・2・25 判時 1607・51 …………【12】57, 129
最判平 10・6・12 民集 52・4・1121 ………【18】65, 96
最判平 10・6・22 民集 52・4・1195
　…………………………………97, 98,【71】131, 196
最判平 11・6・11 民集 53・5・898 …………【17】63
最判平 12・3・9 民集 54・3・1013
　……………………………28,【16】61, 121,【64】122
東京地判平 15・9・29 判タ 1181・140 ………… 139
東京高判平 16・10・13 判タ 1181・132 ………… 139
最判平 17・11・8 民集 59・9・2333, 判タ 1198・
　104 ……………………………………………【78】138

〔著者紹介〕

下森　定（したもり　さだむ）

略歴　1954　広島大学政経学部卒業
　　　1956　法政大学大学院修士課程卒業
　　　1960　東京大学大学院博士課程単位取得満期退学
　　　1969　法政大学教授
　　　2000　尚美学園大学教授
　　　2004　成蹊大学法科大学院教授
　　　法政大学名誉教授　尚美学園大学名誉教授

〔主要著作〕

著書　『注釈民法(10)』（〔共著〕債権者代位権・債権者取消権担当　有斐閣1987）、『西ドイツ債務法改正鑑定意見の研究』（法政大学現代法研究所叢書9〔共編〕日本評論社1988）、『安全配慮義務法理の形成と展開』（〔編者〕日本評論社1988）、『債権法論点ノート』（日本評論社1990）、『有料老人ホーム契約』（〔編著〕有斐閣1995）、『ドイツ債務法改正委員会草案の研究』（法政大学現代法研究所叢書15〔共編〕法政大学出版局1996）、『新版注釈民法(3)』（〔共著〕96条担当　有斐閣2003）、『履行障害法の研究』（〔共編〕法律出版社・中華民国2006）

論文　「G・パウルス『債権者取消権の意義と諸形態』」（法学志林56巻3号1959）、「債権者取消権に関する一考察(1)(2)」（法学志林57巻2、3=4号1959、1960）、「債権者取消権に関する一考察」（私法29号1967）、「不特定物売買と瑕疵担保責任(1)」（法学志林66巻4号1969）、「債権者取消権と不当利得」（谷口還暦記念『不当利得・事務管理の研究(3)』（有斐閣1972）、「債権者取消権の成立に関する研究序説」（川島還暦記念『民法学の現代的課題』岩波書店1972）、「民法96条3項にいう第三者と登記再論」（薬師寺米寿記念『民事法学の諸問題』総合労働研究所1977）、「債権者取消権の法的構成」加藤一郎＝米倉明編『民法の争点Ⅱ』増刊ジュリ（有斐閣　1985）、「瑕疵担保責任論の新たな展開とその検討」（山畠・五十嵐・藪古希記念『民法学と比較法学の諸相Ⅲ』（信山社1998）、「サブリース契約の法的性質と借地借家法32条適用の可否」（金融法務時事情1563～1565号1999）、「サブリース最高裁判決の先例的意義と今後の理論的展望」金融商事判例1191、1192号　2004）、「職務発明における特許を受ける権利の承継取得に関する一考察―青色発光ダイオード特許権訴訟―」（成蹊法学62号　2005）、「履行障害法再構築の課題と展望」（成蹊法学64号　2007）、「債権者取消権をめぐる近時の動向―①ドイツ法―」（遠藤元最高裁判事喜寿記念『実務法学における現代的諸問題』（ぎょうせい　2007）、「債権者取消権をめぐる近時の動向―②日本法―」（成蹊法学66号　2008）、「騙取金による弁済と不当利得に関する一考察」（成蹊法学68・69合併号2008）

信山社　労働法判例総合解説シリーズ
監修：毛塚勝利・諏訪康雄・盛誠吾

分野別判例解説書の新定番　　　**実務家必携のシリーズ**

実務に役立つ　理論の創造

判例法理の意義と新たな法理形成可能性の追求

労働法判例総合解説 12
競業避止義務・秘密保持義務
石橋 洋 著
重要判例とその理論的発展を整理・分析

戦後の労働契約上の競業避止義務と秘密保持義務をめぐる判例を整理・分析した待望の判例解説集。知的財産立国に向けての政策的誘導と知的財産法制の整備を背景として、また、2008年の労働契約法の成立も相まって、英米法の理論水準に達し、更には、日本独自の理論的蓄積がなされてきた昨今の状況を一冊に凝縮した、日本の現在の到達点を示す待望の書。
ISBN978-4-7972-5770-0 C3332　　定価：本体 2,500 円＋税

労働法判例総合解説 20
休憩・休日・変形労働時間制
柳屋 孝安 著
労働時間規制のあり方を論点別に検証

休憩時間と休日は、就業形態の多様化に伴い、従来の労働時間規制のあり方が見直しを迫られている。労働時間を自己管理する範囲の拡大、フレックスタイム制の導入、1カ月単位の変形労働時間制について、その実施要件や効果等々を論点ごとに判例を整理し検証する。論点目次もついて、わかりやすく便利。
ISBN978-4-7972-5770-0 C3332　　定価：本体 2,600 円＋税

労働法判例総合解説 37
団体交渉・労使協議制
野川 忍 著
団体交渉権の変質と今後の課題を展望

「労働三権」は団体交渉権を軸としており、労働組合の中心的な役割が団体交渉により個別労働契約の本質的な不均衡を補うことにある。今までの団体交渉システムがもたらした法的課題、それへの司法の取組みを概観することは非常に重要である。団体交渉の法的意義を捉えなおして将来を展望する契機とするだけでなく、曲がり角にある労働組合運動の将来を考えるうえでも不可欠の1冊。
ISBN978-4-7972-5787-8 C3332　　定価：本体 2,900 円＋税

労働法判例総合解説 39
不当労働行為の成立要件
道幸 哲也 著
不当労働行為の実体法理と成否を検証

格差問題やワーキング・プアの存在が注目され、いまさらながらセーフティ・ネットの重要性が強調されている。憲法論議においても、28条論はほとんどなされていない。労働組合法よりも従業員代表制度に関心が移りつつある。このような困難な状況において不当労働行為制度はどうなるか。判例を整理し判例法理を検討する。
ISBN978-4-7972-5789-2 C3332　　定価：本体 2,900 円＋税

労働法判例総合解説シリーズ刊行にあたって

戦後、労働基準法や労働組合法等の労働法制が整備されて60年、労働事件裁判例も膨大な数にのぼり、今日では労働判例を抜きにして労働法を語れないほど、労働法判例は実務のなかで大きな役割を果たすに至っている。しかし、紛争の解決の具体的妥当性の追求において産み出された判例法理のなかには、時代の変化のなかで制度疲労を起こしているものもあろう。また、近年における企業と労働生活をとりまく環境の激しい変化のなかで、いまなお有効な手だてを見いだしかねている問題も少なくない。

今日、法的紛争は、集団的紛争から個別的紛争に大きく比重を移すとともに、個別的紛争も、解雇、賃金、労働時間から、過労死、職務発明、企業再編までとかつてないほど多様化し、そこで追求する価値も伝統的な労働者の権利からその新たな捉え直しや人格権や平等権のような市民的権利にまでと多元化しているからである。

それゆえ、「実務に役立つ理論の創造」を共通のねらいにした本総合判例解説シリーズが、40を超えるテーマについて労働法において編まれることの意義は大きい。これまでの判例法理を精査しその意義を再確認するとともに、多様な法的問題に新たな法理形成の可能性を追求する本シリーズが、裁判官や弁護士、審判員、相談員等紛争の解決にあたられている実務家や企業内の労使関係当事者に有益な素材を提供するとともに、今後の労働法学に大きく貢献するものとなることを確信している。（監修者の言葉）

判例総合解説シリーズ

公共の福祉の判例総合解説	長谷川貞之	債権譲渡の判例総合解説	野澤正充
権利能力なき社団・財団の判例総合解説	**河内 宏**	債務引受・契約上の地位の移転の判例総合解説	野澤正充
法人の不法行為責任と表見代理責任の判例総合解説	阿久沢利明	弁済者代位の判例総合解説	寺田正春
公序良俗の判例総合解説	中舎寛樹	契約締結上の過失の判例総合解説	本田純一
錯誤の判例総合解説	**小林一俊**	事情変更の原則の判例総合解説	小野秀誠
心裡留保の判例総合解説	七戸克彦	**危険負担の判例総合解説**	**小野秀誠**
虚偽表示の判例総合解説	七戸克彦	**同時履行の抗弁権の判例総合解説**	**清水 元**
詐欺・強迫の判例総合解説	松尾 弘	専門家責任の判例総合解説	笠井 修
無権代理の判例総合解説	半田正夫	契約解除の判例総合解説	笠井 修
委任状と表見代理の判例総合解説	武川幸嗣	約款の効力の判例総合解説	中井美雄
越権代理の判例総合解説	高森八四郎	**リース契約の判例総合解説**	**手塚宣夫**
時効の援用・放棄の判例総合解説	松久三四彦	クレジット取引の判例総合解説	後藤巻則
除斥期間の判例総合解説	山崎敏彦	金銭消費貸借と利息の判例総合解説	鎌野邦樹
登記請求権の判例総合解説	鎌野邦樹	銀行取引契約の判例総合解説	関 英昭
民法77条における第三者の範囲の判例総合解説	半田正夫	先物取引の判例総合解説	宮下修一
物上請求権の判例総合解説	徳本 鎭・五十川直行	フランチャイズ契約の判例総合解説	宮下修一
自主占有の判例総合解説	下村正明	賃借権の対抗力の判例総合解説	野澤正充
占有訴権の判例総合解説	五十川直行	無断譲渡・転貸借の効力の判例総合解説	藤原正則
地役権の判例総合解説	五十川直行	**権利金・更新料の判例総合解説**	**石外克喜**
使用者責任の判例総合解説	五十川直行	敷金・保証金の判例総合解説	石外克喜
工作物責任の判例総合解説	五十川直行	**借家法と正当事由の判例総合解説**	**本田純一**
名誉権侵害の判例総合解説	五十川直行	借地借家における用方違反の判例総合解説	藤井俊二
即時取得の判例総合解説	**生熊長幸**	マンション管理の判例総合解説	花房博文
附合の判例総合解説	潮見佳男	建設・請負の判例総合解説	山口康夫
共有の判例総合解説	小杉茂雄	相殺の担保的機能の判例総合解説	千葉恵美子
入会権の判例総合解説	**中尾英俊**	事務管理の判例総合解説	副田隆重
水利権の判例総合解説	宮崎 淳	**不当利得の判例総合解説**	**土田哲也**
留置権の判例総合解説	清水 元	不法原因給付の判例総合解説	田山輝明
質権・先取特権の判例総合解説	椿 久美子	不法行為に基づく損害賠償請求権期間制限の判例総合解説	松久三四彦
共同抵当の判例総合解説	下村正明	事業の執行性の判例総合解説	國井和郎
抵当権の侵害の判例総合解説	宇佐見大司	土地工作物設置保存瑕疵の判例総合解説	國井和郎
物上保証の判例総合解説	椿 久美子	過失相殺の判例総合解説	浦川道太郎
物上代位の判例総合解説	小林資郎	生命侵害の損害賠償の判例総合解説	田井義信
譲渡担保の判例総合解説	小杉茂雄	請求権の競合の判例総合解説	奥田昌道
賃借権侵害の判例総合解説	赤松秀岳	婚姻の成立と一般的効果の判例総合解説	床谷文雄
安全配慮義務の判例総合解説	円谷 峻	婚約の判例総合解説	國府 剛
履行補助者の故意・過失の判例総合解説	鳥谷部 茂	**事実婚の判例総合解説**	**二宮周平**
損害賠償の範囲の判例総合解説	岡本詔治	**婚姻無効の判例総合解説**	**右近健男**
不完全履行と瑕疵担保責任の判例総合解説	久保宏之	離婚原因の判例総合解説	阿部 徹
債権者取消権の判例総合解説	**下森 定**	子の引渡の判例総合解説	許 末恵
債権者代位権の判例総合解説	佐藤岩昭	養子の判例総合解説	中川高男
連帯債務の判例総合解説	手嶋 豊・難波譲治	**親権の判例総合解説**	**佐藤隆夫**
保証人保護の判例総合解説〔第2版〕	**平野裕之**	扶養の判例総合解説	西原道雄
間接被害者の判例総合解説	**平野裕之**	相続回復請求権の判例総合解説	門広乃里子
製造物責任法の判例総合解説	平野裕之	**相続・贈与と税の判例総合解説**	**三木義一**
消費者契約法の判例総合解説	平野裕之	遺言意思の判例総合解説	潮見佳男
在学契約の判例総合解説	平野裕之	遺留分の判例総合解説	岡部喜代子
弁済の提供と受領遅滞の判例総合解説	北居 功		

［太字は既刊、各巻 2,200円～3,200円（税別）］

判例総合解説シリーズ

分野別判例解説書の新定番　　　　　　　　　実務家必携のシリーズ

実務に役立つ理論の創造

緻密な判例の分析と理論根拠を探る

権利能力なき社団・財団の判例総合解説
河内 宏　2,400円

民法667条〜688条の組合の規定が適用されている、権利能力のない団体に関する判例の解説。

錯誤の判例総合解説
小林 一俊　2,400円

錯誤無効の要因となる要保護信頼の有無、錯誤危険の引受等の観点から実質的な判断基準を判例分析。

即時取得の判例総合解説
生熊 長幸　2,200円

民法192条から194条の即時取得の判例を網羅。動産の取引、紛争解決の実務に。

入会権の判例総合解説
中尾 英俊　2,900円

複雑かつ多様な入会権紛争の実態を、審級を追って整理。事実関係と判示を詳細に検証し正確な判断を導く。

不動産附合の判例総合解説
平田 健治　2,200円

民法典の規定自体からは明らかにならない附合制度を紛争別に詳述。具体事例を通じ、総合的に理解できる。

債権者取消権の判例総合解説
下森 定　2,600円

学説・判例が多岐にわたる。債権者取消権を成立要件・行使・効果に区分し、分かり易く整理。

保証人保護の判例総合解説〔第2版〕
平野 裕之　3,200円

信義則違反の保証「契約」の否定、「債務」の制限、保証人の「責任」制限を正当化。総合的な再構成を試みる。

間接被害者の判例総合解説
平野 裕之　2,800円

間接被害による損害賠償請求の判例に加え、企業損害以外の事例の総論・各論的な学理的分析をも試みる。

危険負担の判例総合解説
小野 秀誠　2,900円

実質的意味の危険負担や、清算関係における裁判例、解除の裁判例など危険負担論の新たな進路を示す。

同時履行の抗弁権の判例総合解説
清水 元　2,300円

民法533条に規定する同時履行の抗弁権の適用範囲の根拠を判例分析。双務契約の処遇等、検証。

リース契約の判例総合解説
手塚 宣夫　2,200円

リース会社の負うべき義務・責任を明らかにすることで、リース契約を体系的に見直し、判例を再検討。

権利金・更新料の判例総合解説
石外 克喜　2,900円

大審院判例から平成の最新判例まで。権利金・更新料の算定実務にも役立つ。

借家法と正当事由の判例総合解説
本田 純一　2,900円

司法実務・学会で激しい論争が行われてきた借家借家法28条をめぐる「正当事由」を分かりやすく、かつ精緻に検討。

不当利得の判例総合解説
土田 哲也　2,400円

不当利得論を、通説となってきた類型論の立場で整理。事実関係の要旨をすべて付し、実務の判断に便利。

事実婚の判例総合解説
二宮 周平　2,800円

100年に及ぶ内縁判例を個別具体的な領域毎に分析し考察・検討。今日的な事実婚の法的問題解決に必須。

婚姻無効の判例総合解説
右近 健男　2,200円

婚姻意思と届出意思との関係、民法と民訴学説の立場の違いなど、婚姻無効に関わる判例を総合的に分析。

親権の判例総合解説
佐藤 隆夫　2,200円

離婚後の親権の帰属等、子をめぐる争いは多い。親権法の改正を急務とする著者が、判例を分析・整理。

相続・贈与と税の判例総合解説
三木 義一　2,900円

譲渡課税を含めた相続贈与税について、課税方式の基本原理から相続税法のあり方まで総合的に判例分析。

（各巻税別）